LIGHTS OUT

Pride, Delusion, and the Fall of General Electric

熄灯

傲慢、妄想和通用电气的没落

[美] 托马斯·格里塔（Thomas Gryta）泰德·曼恩（Ted Mann）著 马林梅 译

中国青年出版社
CHINA YOUTH PRESS

图书在版编目（CIP）数据

熄灯：傲慢、妄想和通用电气的没落 /（美）托马斯·格里塔,（美）泰德·曼恩著；马林梅译. —北京：中国青年出版社, 2022.7
书名原文: Lights Out: Pride, Delusion, and the Fall of General Electric
ISBN 978-7-5153-6575-6

Ⅰ.①熄… Ⅱ.①托…②泰…③马… Ⅲ.①通用电气公司(美国) —工业企业管理—经验 Ⅳ.①F471.266

中国版本图书馆CIP数据核字（2022）第102180号

Lights Out: Pride, Delusion, and the Fall of General Electric
Copyright © 2020 by Thomas Gryta and Ted Mann
This edition arranged with C. Fletcher & Company, LLC
through Andrew Nurnberg Associates International Limited
Simplified Chinese Translation copyright © 2022 by China Youth Press
All rights reserved.

熄灯：
傲慢、妄想和通用电气的没落

作　　者：	〔美〕托马斯·格里塔　泰德·曼恩
译　　者：	马林梅
责任编辑：	肖　佳
文字编辑：	步欣旻
美术编辑：	佟雪莹
出　　版：	中国青年出版社
发　　行：	北京中青文文化传媒有限公司
电　　话：	010–65511272 / 65516873
公司网址：	www.cyb.com.cn
购书网址：	zqwts.tmall.com
印　　刷：	大厂回族自治县益利印刷有限公司
版　　次：	2022年7月第1版
印　　次：	2022年7月第1次印刷
开　　本：	787×1092　1/16
字　　数：	280千字
印　　张：	20
京权图字：	01-2021-1072
书　　号：	ISBN 978-7-5153-6575-6
定　　价：	69.00元

版权声明

未经出版人事先书面许可，对本出版物的任何部分不得以任何方式或途径复制或传播，包括但不限于复印、录制、录音，或通过任何数据库、在线信息、数字化产品或可检索的系统。

中青版图书，版权所有，盗版必究

目录

第一章　　　　跌落悬崖/ 007

第二章　　　　"肉丸"标志/ 015

第三章　　　　"中子弹"杰克/ 020

第四章　　　　大个子杰夫/ 030

第五章　　　　角逐大位/ 038

第六章　　　　发出噪声/ 046

第七章　　　　爱迪生通道/ 054

第八章　　　　倦怠症/ 061

第九章　　　　派对即将结束/ 067

第十章　　　　买入卖出/ 072

第十一章　　　梦想启动未来/ 077

第十二章　　　大干一场/ 085

第十三章　　　更高的回报/ 092

第十四章　　　应用数学/ 095

第十五章　　　规模不重要/ 103

第十六章　　　搞砸了/ 110

第十七章　　　形势恶化/ 115

第十八章　　　发行票据遇到麻烦/ 119

第十九章　　　万全的准备/ 126

第二十章　　　严阵以待/ 132

Contents

目录

第二十一章	出售NBC环球	/ 138
第二十二章	别无选择	/ 142
第二十三章	绿色即美元	/ 147
第二十四章	重塑形象	/ 157
第二十五章	发现猎物	/ 161
第二十六章	新官上任	/ 168
第二十七章	玩转初创	/ 173
第二十八章	牛仔变农民	/ 178
第二十九章	哈勃计划	/ 183
第三十章	出售金融资产	/ 187
第三十一章	干票大的	/ 192
第三十二章	巴黎的晚餐	/ 197
第三十三章	在芝加哥的一天	/ 202
第三十四章	温和的建议	/ 205
第三十五章	"知道自己在做什么"	/ 209
第三十六章	高价买入	/ 212
第三十七章	欧文的锤子的问题	/ 218
第三十八章	"不知道在卖什么"	/ 222
第三十九章	杰夫想要的交易	/ 227
第四十章	成交费用	/ 233

第四十一章	意想不到的客人/ 236
第四十二章	总部搬迁/ 240
第四十三章	达成目标的渴望没那么强烈/ 245
第四十四章	调整数据/ 249
第四十五章	后湾交易/ 252
第四十六章	管理电力部门/ 255
第四十七章	不可撼动的目标/ 259
第四十八章	下一任CEO/ 262
第四十九章	幕后/ 267
第五十章	鉴别分类/ 273
第五十一章	换血/ 276
第五十二章	保守的计算/ 282
第五十三章	重置年/ 285
第五十四章	账单到期/ 287
第五十五章	玩忽职守/ 292
第五十六章	"考虑更大的问题"/ 296
第五十七章	中途换帅/ 298
尾声	"杰夫是朋友"/ 307
致谢	/ 317

/ 第一章 /

跌落悬崖

纽约州斯克内克塔迪市（Schenectady），2017年

7月下旬的一天，约翰·弗兰纳里（John Flannery）驾车驶入了莫霍克河（Mohawk River）边的一座小城。当他从世界上曾经最著名的电气化标志下经过时，脑子里正盘算着各种数字。很久以前这里就有比这个有名的标志更高的建筑了，但当弗兰纳里穿过大门、进入通用电气的诞生地和精神家园时，它仍然在37号楼的楼顶闪烁着耀眼的光芒。

电气城斯克内克塔迪是爱迪生机器厂（Edison Machine Works）的所在地。1892年，为了将发明家们最聪明的创意商业化，银行家们出资将几家公司合并，通用电气由此诞生。

在发明、制造、大规模生产、增长趋势势不可当的传奇文化的推动下，斯克内克塔迪曾一度繁荣兴盛，但现在，这个巨大的老工业基地给人一种空荡荡的感觉。在通用电气的鼎盛时期，这里曾有四万多名男女工人奔忙，到了2017年，这一数字仅为当时的十分之一了。

然而，体验历史并非弗兰纳里此行的使命，他的关注点在内部。通用电气电力公司是美国最著名的企业集团通用电气规模最大、历史最悠久的部门，而斯克内克塔迪是其总部所在地。

几周后，约翰·弗兰纳里将接手美国商界最著名的高管领导权，现在他来通用电气电力公司总部看望其领导人，并对他即将领导的公司的核心

第一章 / Chapter 1

管理层进行评估。

弗兰纳里就像一位候任总统,他即将成为世界上最著名、最受尊敬的公司的首席执行官(CEO)。除了他,担任过这一职务的仅有10个人。随着官方正式任命的公布,弗兰纳里开始组织自己的团队,准备迎接职业生涯中最艰难的挑战。

在外界看来,这只不过是又一次井然有序、精心安排的接任过程,它会像通用电气一直引以为豪的那样顺利。为了确保从通用电气的管理者队伍中遴选出来的接班人能站稳脚跟,并把公司的传统再延续10年左右,弗兰纳里的前任杰夫·伊梅尔特(Jeff Immelt)正在监督权力的和平移交。

但表象是有欺骗性的。实际上,此时的通用电气正在走向混乱与对抗,几周后,这一切便会进入公众的视野。通用电气看似平静的表面下实则暗流涌动。

在被公司董事会任命为新CEO后,弗兰纳里几乎没有准备的时间。在那个周末及接下来的一周时间里,他的行程被安排得满满当当。他马不停蹄地参加新闻发布会、接受媒体采访、参加内部会议和高管情况介绍会,这些都是他在接手世界上规模最大、最受关注的公司之前必经的步骤。

他做了大量的准备工作。他是一个求知欲很强的人,他的谈吐反映出他涉猎广泛,但他没有像一些企业领导人那样流露出傲慢之情。他是一个喜欢反躬自省的人,常常审视以往的谋划和决策,思考其中可能存在的问题,就像一名分析师在反复琢磨幻灯片上的内容一样。

他像银行家一样不断寻找新的视角,权衡备选方案的利弊,反复计算每一个数字,这样的本能做法源于他的冒险精神。正是因为具有这种精神,他和妻子才敢在异国他乡的泥泞道路上冒险前行。他还是一名猎手,时刻注意着猎物和隐藏的风险,寻找着还未被探寻的提供午餐的路边酒馆。

弗兰纳里身高不足六英尺,体型微胖,通常穿深色西装,这一点反映了他的金融业从业背景。他生性并不腼腆,但也不是一个容易与同事们打成一片的人，这与其他角逐CEO的人形成了鲜明的对比。通用电气的一些高管像竞选议员的人一样热情主动，但弗兰纳里表现得很谦逊，尽管有时也会流露出一种能打消其他人疑虑的自信。在参加公司为投资者和媒体举办的活动时，他嘴角经常露出一丝苦笑，这与其同事表现出来的那种通用电气标志性的热忱神情形成了鲜明的对比。

然而，他必须适应自己的新身份，因为他要在一家视自己如王国的公司中扮演王者的角色，但他现在还做不到这一点。像一位世界级的领导人一样，弗兰纳里需要习惯这样的生活：急匆匆地在不同的地方奔波，一切行踪都被详细记录下来，不断有汽车、飞机或直升机等着接驾。他的前任伊梅尔特视察通用电气在世界各地的附属单位时，不需要随行人员发话，当地就会早早地出现一些投其所好的安排：会议室的置物架上会摆放上硬糖果和大量他最喜欢喝的无糖汽水。有股票分析师传言，为预防酒店里的健身器材不够用，伊梅尔特乘飞机时会带一台跑步机。然而，还没有人知道约翰·弗兰纳里喜欢喝什么样的汽水。弗兰纳里当然不习惯这些。

当他走到通用电气波士顿办公大楼的电梯旁时，一位助理立即赶过来按下了电梯按钮，并连声为电梯没有等他而道歉。弗兰纳里对这位助理的努力表达了感谢，但皇室般的待遇似乎有点过头了，他提醒人们要注意这一点。

跟随伊梅尔特出行时，弗兰纳里曾目睹过这些安排，但现在他告诉人们，这些安排让人觉得有些窒息，也让人觉得有些荒唐。不过，这份工作就是如此。工作变得日益复杂，日程被安排得满满当当，要四处参加会议，助手需要随行，飞机和警卫随时待命。虽然不久后随行人员就会不离左右了，但他现在至少还有离开总部的好借口，比如这次去斯克内克塔迪，没人会质疑他此行的必要性。

驾车出行也有助于保持头脑清醒。6月12日，约翰·弗兰纳里被正式宣布为通用电气的新任CEO。他的父亲老约翰是康涅狄格州西哈特福德

第一章 / Chapter 1

（West Hartford）的一名银行家，已经退休，获悉他的任命消息后仅12天就去世了。对于年轻的弗兰纳里来说，让父亲得知他升职的消息、在有生之年看到他成为美国最杰出的企业的领导人让他感到很欣慰。不过，父亲的去世还是给了他沉重的一击，让他的满足感和自豪感大打折扣。

弗兰纳里战胜了另外三位竞争对手（均为通用电气的高管），成为了伊梅尔特的继任者。伊梅尔特执掌通用电气已经16年，但此前外界没有发现他准备退休的任何迹象，甚至那些有意继任他职务的人也没有看出来，直到他宣布即将卸任。

弗兰纳里是一位金融专家，是通用电气大型贷款业务的老手。考虑到该公司一直以来对工业部门及其领导人的重视，他成了CEO选战中杀出的一匹黑马。不过，通用电气的董事会清楚，现在需要重新审视公司的战略。伊梅尔特的战略陷入了泥潭，公司的利润数据堪忧，他那极其乐观的口头禅没有得到应验。

弗兰纳里从一上任就希望，他人在评判他任期内的功过时，不仅要看他做了什么，还要看他没有做什么。他不会拖延、掩盖问题，而是会揭掉"创可贴"，将公司内部的一些病症暴露在新鲜的空气和阳光下。这意味着无论事实是多么残酷，后果有多么严重，他都会坦诚面对。尽管他深知，这么做意味着改变公司的基调，但他依然选择这么做。在伊梅尔特的领导下，通用电气的氛围向喧闹、模糊和乐观转变，这样的变化不仅经受不住严格的推敲，而且削弱了公司在华尔街及员工中的信誉。

弗兰纳里认为，他的CEO任期至少会持续几年，通用电气董事会会给他一段时间。但他还是必须从一开始就树立新的基调，并立即着手做出改革，甚至清除一些东西。他知道通用电气内有很多东西需要被清除。

弗兰纳里为波士顿闪亮的通用电气新办公大楼带来了新的基调："再也没有成功剧场了。"

现在离正式上任仅有几周的时间了，他正夜以继日地对公司进行评估。

与所有的CEO一样，弗兰纳里希望对公司的各个部门进行实地考察，然后根据自己的所见所闻，包括对工厂、办公室、损益表和债务的评估，做出相应的战略部署。在此前的几周里，他已经会见了100多位投资者和金融分析师。在前往位于辛辛那提的通用电气航空集团之前，他视察了通用电气电力公司。

无论是从身体上看还是从情感上看，他都不是在孤军奋战。事实上，有时候他想独处以便思考问题，但难以做到。有时候他也无法看到他需要看到的东西。通用电气是孤岛式的组织，与它向外界展示的形象截然不同。弗兰纳里的足迹遍布整个通用电气：他在金融服务部门工作过，在亚洲（包括印度）和拉丁美洲开展过业务。在收购通用电气电力公司在全球的主要竞争对手时，他负责管理业务开发团队。

但这些跟在通用电气电力公司工作过不是一回事。

他不知道市场、产品、周期或人员的复杂性；不知道该公司的管理人员把数据层层上报到总公司、在弗兰纳里这样的高管看到这些数据之前，他们已经运用多少方法调整了会计数据、估值或风险。即使是通用电气的老员工，要了解电力部门的真实状况，唯一方法就是去其总部走一遭。

他们现在就在这么做。此刻他们来到了电力公司总部的会议室里，弗兰纳里和他的团队坐在一张大长桌的一边，电力公司的管理团队坐在另一边。当他们讨论业务问题时，两方的表情开始呈现出巨大的差异。

弗兰纳里对数字很满意，尤其是财务报表上的数字，他要从这里入手开启他在斯克内克塔迪的探究工作。但不一会儿他就发现了问题：翻阅财务报表时，他发现通用电气电力公司不知何故耗尽了现金。这一发现不仅令人震惊，而且让他感到不可思议。通用电气最大的工业部门竟然捉襟见肘了。仔细观察后他发现，该公司的利润似乎主要存在于账面上。经过多年形式上的调整后，这家公司看似正通过销售动力涡轮机及其服务获得可观的利润，但事实上，公司从客户那里获得的实际收入很少。更糟糕的是，

第一章 / Chapter 1

在全球涡轮机市场增速放缓之际，电力公司生产出了更多昂贵的大型机器，库存量在增加。弗兰纳里后来对一位观察家说："他们好像直接从悬崖上跌落了下来，连一点打滑的痕迹都没有。"

燃气涡轮机是通用电气的核心产品，是该公司生产的航空发动机的近亲：巨大的旋转转子带动了同样巨大的发电机，与爱迪生早期在曼哈顿下城（Lower Manhattan）安装的发电机没什么区别。就涡轮机的生产数量来看，没有哪家企业能与通用电气匹敌。运用通用电气制造的这种设备产生的电力占世界发电量的三分之一。

弗兰纳里在2017年视察通用电气电力部门时，该部门的新管理层才刚刚就任。在过去的十几年里，通用电气的老将史蒂夫·博尔兹（Steve Bolze）一直执掌该部门，但在CEO的角逐中败给弗兰纳里不久后，他就退休了。

接班人结果一揭晓，博尔兹就退出，这样的结果并不令人惊讶。但博尔兹未能当选却让一些人感到震惊，他们为他的出局感到很惋惜。博尔兹个子高大，长着方下巴，具有常春藤联盟足球队四分卫或电视气象播报员的外表和魅力。在通用电气董事会做出决定的前几天，他一直宣称，他是CEO接班人的不二人选。

从表面上看，博尔兹似乎是伊梅尔特接班人的合适人选。他管理着通用电气旗下规模最大的部门，帮助完成了通用电气有史以来规模最大的一次收购，他工作履历丰富，阅历深，经验多。像大多数雄心勃勃的通用电气高管一样，博尔兹也曾在集团的其他部门驻足过。他曾负责通用电气医疗集团（GE Healthcare）的海外业务，曾在总部的并购交易团队工作过，而且一些董事也支持他。在他执掌电力部门的12年里，该部门的增长势头强劲，这足以证明他应该被列入下一任CEO候选人的名单。

但弗兰纳里从电力公司的账簿中发现了问题。这让人不得不怀疑电力公司增长的真实性。博尔兹认为公司的现状是可持续的吗？他认为电力市场会复苏吗？或者他是打算在担任通用电气CEO后再处理电力公司的问题吗？因为若他报告了坏消息，尤其是向杰夫·伊梅尔特这样的CEO报告了坏消息，他获得最高职位的机会将被扼杀。

还是他压根就不知道也不关心实情吗，导致一切为时已晚？这是不可原谅的行为。在通用电气内部，业绩压力无处不在，完不成目标的后果可能是致命的，这是公司各个层面均遵循的传统。身为部门负责人，博尔兹不必知道下属的操作细节，而且这些细节也不重要，它们可在通用电气内部得到解决，但若他执掌的业务部门没有实现财务目标，那后果将是很严重的，会对通用电气造成无法弥补的损失。

不管怎样，随着博尔兹的离去，弗兰纳里需要立即着手处理电力公司的问题。他需要随行的CFO（首席财务官）杰夫·伯恩斯坦（Jeff Bornstein）施以援手。从某些方面来看，这位CFO与博尔兹截然相反，他身材矮小、精干、风趣，身处通用电气财务网络的顶端。和博尔兹一样，伯恩斯坦也是CEO人选的最终入围者，不过与博尔兹不同的是，在被弗兰纳里击败后，他选择留下来辅佐新任CEO。

弗兰纳里看着最近调整过的电力公司数据，脑子里一片混乱。他越是深究这些数字，就发现问题越大。市场上出现的任何风吹草动都会使电力公司处于不利地位，而且它也没有足够的资金解决自身的问题。在通用电气的投资者看来，该公司似乎一直在编造数字，虽然表面上获得了丰厚的利润，但一切都是虚幻的，公司只是运用了会计伎俩以未来的利润掩盖了当前面临的问题而已。

电力公司向许多客户出售了延续数十年的服务保证。通过调整对这些合同的未来履约成本的估值，它可根据需要报告利润的增长。弗兰纳里摇了摇头，他不敢相信通用电气如此重要的部门竟然给自己挖了这么深的坑。

环保理念并不是在一夜之间风行世界的，但随着更多的替代能源上市，燃气涡轮机的使用将越来越少，需要的服务也越来越少，而这项业务正是

第一章 / Chapter 1

电力公司真正的摇钱树。

未来燃气涡轮机的需求会继续下降,来自风能和太阳能的竞争会愈来愈激烈。与此同时,该部门有太多未售出的存货,不出售这些设备,公司就无法获得资金。在市场持续低迷之际,出售它们显然是不可能的。不知何故,在报酬颇丰的通用电气董事和众多高管的视线之外,通用电气最大的业务部门竟然出现了致命的问题,而且只有少数几个人了解实情,包括博尔兹和伊梅尔特本人。

现在,距离成为通用电气的CEO仅剩几周的时间了,身在斯克内克塔迪的约翰·弗兰纳里看出来灾难即将来临。为做好上任前的准备,弗兰纳里审查了这家业务繁杂的集团的账簿,视察了集团旗下规模最大、最重要,也是其立身之本的工业部门,从中发现了一个致命的问题:该部门本该有充裕的现金,但事实并非如此。

若不是弄虚作假的话,该公司的账面利润确实激励人心,但现在,在弗兰纳里的审视下,那些掩盖了实情的会计手段失灵了。在美国最具代表性的公司工作了30年后,约翰·弗兰纳里登上了人生的巅峰,但现在整个公司恐怕要陷入深渊了。

弗兰纳里一向行事沉稳,但此刻也不由得惶恐起来。他一只手掌向上,眉毛扬起,扭头看向了20年前就认识的CFO,厉声问道:

"你到底知不知道这件事?"

/ 第二章 /

"肉丸"标志

波士顿，2019年

通用电气拥有世界上最具有辨识度的标志：蓝色打底，白色的圆环上有四个精致的扇形小翼，寓意20世纪中叶风行的台式风扇的叶片，最中间是两个缠绕在一起的草书字母：GE。

在通用电气，这一标志的正式名称为"字母图案"，旧时人们还给它起了个很接地气的名字："肉丸"。

一个多世纪以来，这家企业集团的独特标志出现在了一系列令人眼花缭乱的物品上，这些物品反映了它开创、收购或短暂涉足过的业务，包括喷气发动机、超声波扫描仪、风力涡轮机、电视机、商业贷款协议、钟控收音机、烤面包机、核反应堆、灯泡、安全系统、硅胶填缝管、翼装旋转加农炮、机车和洗衣机等。据估计，以这一字母标记为代表的通用电气的品牌价值接近300亿美元。

自1892年成立以来，通用电气不仅仅是一家公司，还是一家特殊的美国机构。几十年来，对其数十万的员工来说，它是一张中了奖的彩票；对其股东来说，它是安全的下注对象；对其高管来说，它提供了商业精英教育；对一些人来说，它提供了发财致富的道路。通用电气为美国供电，也为美国最大的机器提供动力，很少有公司像它这样深入地融入了美国社会。它的规模如此之大，以至于它得到了与美国政府同等的金融信用和信任。

第二章 / Chapter 2

通用电气集托马斯·爱迪生的创造力与 J. P. 摩根的财力于一体，成长为了一个"巨人"。它与现代美国崛起的步调一致，为这个国家的军队、中产阶级和金融财富的爆炸式增长提供动力。

通用电气与国家一同发展，与时俱进，昂首步入了 21 世纪。在 2000 年的鼎盛时期，通用电气是美国最有价值的公司，其市值接近 6000 亿美元，业务线跨越国界，触及发达国家的各个生活领域。

通用电气生产的工业机械和消费品让电网通电，照亮了美国的家庭和厨房；它制造的发动机使美国战斗机、商业客机甚至空军一号翱翔于高空；它的贷款机构支持了麦当劳特许经营权的新主人，并将运送石油、谷物和木材的铁路机车出租到了北美各地；它的超声波图像被传送给了准父母，它的 X 光片能显示出是否骨折，它的核磁共振成像仪能扫描人体器官并确认肿瘤的位置；美国人从通用电气制造的冰箱里拿出零食后，返回到沙发上观看同样由通用电气制作的《宋飞正传》(*Seinfeld*) 和《老友记》(*Friends*)。通用电气是一家工业公司，但它似乎什么都卖。

可以想象到的是，不到 20 年后，"肉丸"仍然随处可见，但原来的那个通用电气已不复存在了。

尽管通用电气仍是一家拥有数百家工厂的大型企业，但其股价很低，仅为峰值的零头。该公司不再是媒体或分析师的宠儿，其股票也被剔除出了道琼斯工业平均指数，曾经丰厚的股息几乎没了踪影。通用电气的股票曾是新手投资组合的重要组成部分，但现在成了投机性押注的对象，这在之前是不可想象的。

从其业绩和员工数据来看，通用电气的衰落速度很快。领养老金的人和退休的人眼睁睁地看着他们账户里的钱蒸发；成千上万的员工失去了工作，留下来的人则前途未卜。许多刚开始没被解雇的人发现，他们已经不是在为熟悉的通用电气工作了，公司为了换取维持生存所需的资金，把他们从事的传奇业务卖掉了。然而，冰冻三尺非一日之寒，通用电气的衰落

"肉丸"标志 / The Meatball

实际上早就有迹可循了。

从一个重要的方面来看，通用电气的衰落产生的影响比其股价下跌，甚至比员工、高管及其家人深切感受到的痛苦和失望都要严重得多。一家教会了几代美国企业如何搞好管理的公司的衰败引出了一个至今仍未得到解答的重要问题。其他追赶和仿效通用电气的众多公司的成功有多少是真实的？有多少仅是想象的产物——也许是我们自己想象的产物？

在公司的传说中，高举着多产的传奇发明家托马斯·爱迪生的火炬的通用电气是坚不可摧的。与爱迪生的联系确立了该公司在美国历史中的独特地位。而且，对于一家销售灯泡的公司来说，这一联系也是非常有益的。

但通用电气的诞生，就像它之后的发展一样，更多的是为了赚钱，而不是为了发明创造。爱迪生与通用电气的联系微乎其微，它是金融巨头们将电气行业的多个早期参与者聚集在一起的产物，因为电气技术的发展需要庞大的规模，更需要大量的资本。

通用电气的创始人不是托马斯·爱迪生，而是 J. P. 摩根，正是出于上述原因，他把几家竞争对手合并在了一起。爱迪生的老公司财务状况堪忧，这位伟大的发明家别无选择，只能眼睁睁地看着他的公司被收购。除了在通用电气第一届董事会中担任挂名的领导之外，他没有担任过任何其他职务。公司在对外宣传时经常打着爱迪生的名号，但他只在公司董事会短暂地任过职。在通用电气成立几年后，爱迪生为了给其困窘的采矿实验筹集资金，出售了手里的通用电气股份，因而未能从该公司的快速增长中获利。

除了经常出现在市场营销材料中，这位发明家的遗产还存在于通用电气的研究文化中。这些研究将公司解决问题的方法制度化，并使发明成了团队的追求。爱迪生本人远不如他所代表的灵感那么重要，这是公司取得成功和声誉日隆的一个极其重要的因素。数十年来，通用电气的实验室产生了许多突破性的研究成果，获得了很多专利和诺贝尔奖。通用电气在资助实验室、向科学家支付报酬、将研究成果转化为适销对路的商品和机器等方面取得了举世瞩目的成就,随着其他公司的纷纷效仿,美国私营部门的研发进入了全盛时期。

该公司还向同行展示了公共关系、兜售影响力和编造神话的作用。库尔特·冯内古特(Kurt Vonnegut)的小说和故事中出现的荒诞夸张的伊利乌姆市(Ilium)就是现实生活中纽约斯克内克塔迪市的化身,那里是通用电气(GE)的注册地。冯内古特熟知这一点,因为他曾为公司的内部通信撰写过稿件。冯内古特的哥哥是斯克内克塔迪通用电气的一位科学家,他成功地发明了诱导云层下雨的方法。由于反垄断,通用电气未能参与美国广播电视网络的发展,尽管如此,它还是在电视黄金时代以直播电视赞助商的身份进入了流行文化领域。为了吸引消费者购买其家居用品,同时激发员工致力于公司推动的改变世界的创新热情,它聘请了名人做代言人,特别是一位正在走下坡路的电影演员罗纳德·里根(Ronald Reagan)。现代硅谷的每一家初创公司都声称其使命是改变世界,就这一点而言,通用电气至少在四分之三个世纪里击败了它们。

为了捍卫以保护公司股价和股息为首要需求的投资者的优势,通用电气还带领同行开展了一场更残酷、更成功的对抗有组织的劳工的战斗。通用电气负责劳动和社区关系的副总裁莱缪尔·博尔韦尔(Lemuel Boulware)在与蓝领制造业员工的谈判中确立了公司咄咄逼人的风格。该公司的第一次报价就是最终的出价,劳工要么接受要么放弃。人们把这种不妥协的态度与通用电气联系在一起,称之为"博尔韦尔制度"。认识博尔韦尔的人普遍认为,他的教诲促使公司代言人里根从一名普通的好莱坞民主党后起之秀成长为了美国第一位全国民选的右翼政治家。通用电气总是为它在里根登上总统宝座的过程中发挥的作用感到很自豪。

这家公司引领了20世纪的美国风潮,包括战后美国资本主义工业集团这一基本组织形式的兴起。通用电气集团的触角似乎延伸到商业、投资、通信和影响力等无限多个领域。对20世纪美国的小规模投资者来说,投资

"肉丸"标志 / The Meatball

通用电气的股票显然是明智之举。这只股票就像政府债券一样受人信任，它与令人自豪的国家创新遗产联系紧密，公司还支付了稳定的股息，而且股息只在大萧条时期被削减过一次。事实上，这家公司是整个美国经济的代表，因为它除了雇用杰出的工程师和经理外，还雇用了数十万经验丰富的商人。当它的一个部门陷入困境时，它的另一个工业部门可能会支撑起公司的运转。其运营是保守的。它名正言顺、光明正大地赚钱，它的崩溃是难以想象的。

对许多投资者来说，通用电气是适宜的投资对象：其业绩稳定可靠，价格不太可能飞涨，而且是可预测的。

在一代人中最伟大的企业高管的带领下，通用电气进入了最辉煌的时期，其间几乎看不出该公司存在什么问题。这位高管是一位来自马萨诸塞州的性格坚强的爱尔兰人后裔，他的名字叫杰克·韦尔奇（Jack Welch）。

/ 第三章 /

"中子弹"杰克

这位20世纪最有影响力的CEO出生于大萧条中期,他的父亲是一位铁路售票员,母亲是一位家庭主妇,两人都没有读完高中。其父在波士顿和缅因州的铁路上工作,长期不在家,因此身材瘦小的小约翰·弗朗西斯·韦尔奇(John Francis Welch Jr.)①常常和说话尖刻、雄心勃勃的母亲待在一起。

正是在母亲格雷斯·韦尔奇(Grace Welch)的熏陶下,小杰克记住了日后他最喜欢的这句话:"不要欺骗自己,事实就是这样。"

他母亲教他自信的方法和他开启商业生涯时采用的方法一模一样。他母亲让他在家里玩残酷的纸牌游戏,还可能严厉地斥责他。有一次,他母亲在学校当着其他队友的面斥责他没有气度。正是在母亲的培养下,他成了一个有胆有识、充满自信并渴望向那些怀疑自己的人证明能力的孩子。这个瘦小但好胜心强的孩子最终成了马萨诸塞州塞勒姆(Salem)高中冰球队的队长。在母亲对其学习的严格要求下,韦尔奇高中毕业后前往马萨诸塞大学阿默斯特分校(Amherst)学习化学工程。此后,他不断深造,在伊利诺伊大学(University of Illinois)获得了化学工程硕士学位和博士学位。

然而,韦尔奇对学术职业不感兴趣,他选择去做生意。他决心混出个名堂,多赚些钱。1960年,杰克·韦尔奇被通用电气塑料部门聘用。

---

① 杰克·韦尔奇原名。

韦尔奇说话时声音响亮刺耳，因其新英格兰蓝领家庭出身，带有口音。尽管他从小就与口吃作斗争，但他还是把在塞勒姆形成的强横风格带进了商界。对杰克来说，这个世界只有两种人：胜利者和其他人。对抗是他的常态。在工作之余，他通过不停地开体育玩笑、打高尔夫、酗酒，以及对同事和对手无尽的嘲笑来保持他的男子汉竞争意识。

杰克·韦尔奇总是房间里的灵魂人物。前高管们还记得，当他要传达重要的事情时，他那双蓝色的眼睛会穿透人群。通用电气的一位高管形容他"像雷雨云一样散发着噪声和能量"。尽管他获得了博士学位，但人们一直叫他杰克。

一开始，韦尔奇给人一种傲慢狂妄、华而不实的印象。即使他在通用电气工作的20年里不断高升，他的领导才华也没有得到所有人的认可。20世纪70年代末，时任CEO雷格·琼斯（Reg Jones）要求下属提供一份接班人候选名单时，韦尔奇不在其列。

琼斯是最符合通用电气传统形象的CEO：个子修长，备受赞赏，来自英国，行事谦逊、低调，曾两次受邀加入吉米·卡特（Jimmy Carter）总统的内阁。

根据公司的传说，一次，琼斯非常谨慎地向布里奇波特市（Bridgeport）（该市毗邻费尔菲尔德郊区，琼斯把通用电气总部从纽约迁到了费尔菲尔德）的市长作了自我介绍，市长误以为他是康涅狄格州地方办事处的经理，当他礼貌地澄清了事实时，市长惊呼道："你管理着整个通用电气？！"

韦尔奇，一个即使按照通用电气的标准来看也算忙碌的年轻人，没给任何人留下他不重要的印象。抛开行事风格不谈，琼斯对韦尔奇的战略规划印象深刻，纵然韦尔奇缺乏典型的"通用电气人"具有的那种优雅和矜持，这位CEO还是亲自把他列入了接班人候选名单。

在琼斯的领导下，公司的股票业绩惨淡，但他仍被视为通用电气及那个时代企业高管中的翘楚。通用电气的股票困境主要是由宏观经济环境造成的,不受公司控制,公司自身的实力是稳固的。在琼斯担任CEO的九年中,通用电气的收入和利润都翻了一番多,在20世纪70年代末波及面很广的经济动荡中,通用电气都保持了稳定的股息和庞大的个人股东基础。

在此期间,永不停歇的韦尔奇步步高升。韦尔奇离开通用电气的塑料部门后,进入了战略规划部门,正是在这里,琼斯第一次见到了这个年轻人。总部的战略规划部门负责制定多年期的业务发展、收购和精简公司资产组合的规划(这个部门是琼斯的骄傲,但韦尔奇觉得这里令人窒息)。后来韦尔奇再次被提拔,进入了通用电气的消费品业务部门,该部门为美国大众市场生产收音机和烤面包机等商品。

事实证明,消费品业务部门只是他的一块跳板。在短短的20年之内,杰克·韦尔奇就成了通用电气历史上的第九位CEO。

登上最高职位的韦尔奇一心想消除官僚体制,减少不必要的开支。他阐述并实施了定义了20世纪80年代和90年代并使他名扬天下的企业理念。他的核心使命是消除复杂性,去除公司内部层层积累的官僚作风,让这家规模庞大的公司变得更加灵活。他要尽最大的努力清除任何使通用电气运转变慢的因素。

通用电气的一位高管回忆说,在韦尔奇上任之前的几年里,战略性会议和审查都是一天一天地进行,主要讨论和预测未来20年的变化。韦尔奇认为,在需要不断更新、完善和改变企业、产品和人员组合的快速变化的经济时代,这些都是无意义的繁重工作。考虑到开发新产品及把新产品推向市场所需的投资额,琼斯等高管将工业业务的五年规划视为保守而必要的工具,但韦尔奇称这些规划是"扯淡"。

韦尔奇放弃了宽泛的规划,精减了人员。他把决策权下放至各个业务部门,但密切关注它们的经营细节。他敦促中层管理人员停止写长篇备忘录,丢掉厚厚的规划书。他说:"我不想制定规划,但我想要计划。"支持韦尔奇的人说,尽管他一直关注着正在改变全球业务格局的力量,如外包、贸易政策和日本的崛起,但他有一种不可思议的能力,能从通用电气的各条业务线中收集到详细的信息。

行政管理团队的任务是寻找需要消除的管理阶层。在一次参观位于马萨诸塞州林恩市(Lynn)的通用电气航空设施时,韦尔奇与工厂锅炉房的工人聊起了天。当他得知锅炉房的运行有四个级别的管理人员监督时,他感到很震惊,这正是他决心要在公司里消除的那种复杂性。

他确立了通用电气的新信仰:每项业务都应该成为各自领域内的佼佼者。韦尔奇出售了通用电气历史上的主要业务,终结了通用电气销售电视和烤面包机的时代。为了寻求新的利润源,他还积极进军新领域,包括1986年斥资65亿美元收购美国全国广播公司(NBC)的东家美国无线电公司(RCA Corporation)。

收购美国RCA的交易是通用电气向媒体界的一次大进军,这在今天几乎是不可想象的。在任何时代,收购不同类型的业务都会受到外界的质疑,因为生产重型机械和制作热门电视情景喜剧所需的技能截然不同。到了现在,由于激进投资者的崛起和专注型企业价值更高这一华尔街的共识,多元化经营更不受欢迎了。

企业集团的股票交易价格固然低于各个部门的总和,但从理论上说,该公司多元化的业务组合和更容易获得资本的优势能降低其股价的波动性。然而,在廉价的网络交易、管理型基金和指数基金流行的时代,所谓的多元化折价(conglomerate discount)已经不那么重要了。

在韦尔奇的领导下,通用电气实现了快速的变革。他在担任CEO的第一年发表了一篇题为《在缓慢增长的经济中快速增长》(Growing Fast in a Slow-Growth Economy)的著名演讲。通用电气的品牌优势增加了他战略的可信度,这位CEO在执掌通用电气的20年里监督了近千宗收购案,相当于每月完成约四宗交易,涉及的交易额超过了1300亿美元。

第三章 / Chapter 3

到了1985年，即韦尔奇担任CEO的第五年，他投资80多亿美元购入了机器人，对工厂进行了自动化改造。他还抓住了一个重要的新利润来源：当时被称为通用电气信贷公司（Credit Corporation）的金融服务部门。他在该公司投入了100亿美元以购买不动产和企业设备，然后由该公司出租给其他公司使用。

通用电气历史上最赚钱的部门由此开始壮大起来，这是业务部门和不动产的庞大组合，旨在利用通用电气大而稳固的资产负债表向客户提供融资，不仅使客户能购买通用电气的商品，也使通用电气从中获得利润。韦尔奇最伟大的创新就是对金融业务的重视，就像他广为人知的对管理培训和效率的重视一样，这改变了公司的结构和命运。到了1985年，源自金融服务部门的利润占通用电气年利润的六分之一，与韦尔奇刚上任时相比有了显著的增长。韦尔奇刚上任时，该部门的利润约占通用电气总利润的7%，在20世纪70年代的大部分时间里，这一数据基本没有变化。而早在20世纪80年代中期，通用电气的贷款业务规模就已经与美国最大的金融服务公司不相上下了。

在鼎盛时期，通用电气金融部门创造的利润占通用电气总利润的一半以上，这家美国最著名的工业公司已变成了美国规模最大、最神秘莫测的银行。

在韦尔奇及其追随者眼里，能证明他的方法取得了辉煌成功的就是数字，但荣耀的背后是巨大的人力成本。韦尔奇大肆裁员，让许多一直认为自己会在通用电气干一辈子的员工感到惶恐不安。他在20世纪80年代裁掉了10万多名员工，占通用电气全部员工的四分之一。他还将数以万计的工作岗位转移到了海外，那里没有工会，劳动力也很便宜。批评者质疑，韦尔奇除了削减成本之外似乎无计可施了，而且他们担心，员工士气低落会给公司带来不利影响。

工会和其他反对者开始称他为"中子弹杰克"，因为在厂房安然无恙时，人被他裁掉了（像中子弹一样，只攻其人，不损其城）。韦尔奇很讨厌这个外号，多年来，他作为通用电气的CEO名闻天下，但这个外号一直让他感到头疼。

另一个有名且富有争议的策略是"末位淘汰制"（rank-and-yank）。根据这一制度，管理者每年要按业绩对手下的员工进行排名，排在后10%的人会收到警示通知，倘若他们在新的一年里没有进步，那么他们就会被解雇。这种策略带来的持续压力只会加剧员工的紧张情绪。

末位淘汰制在通用电气的收购中发挥了良好的作用，为削减开支和从经营中榨取利润提供了一种方案，但一些管理者看不出这种制度有什么好处，尤其是在它被实施了几年之后，一些很有能力的员工最终也进入了后10%的行列。精减人员的程度是有限的。此外，一些人认为，这项政策实施后，工人为了能留下来而明争暗斗，尔虞我诈，致使管理者无法从公司的利益出发将工人团结在一起、发挥团队的效力。一位经理为了保住一名员工的工作，把一位最近去世的员工放在了后10%，这样的做法显然破坏了制度。

韦尔奇认为，公司的劳动力是其竞争优势，保持良好的业绩需要不懈的努力。不愿改善业绩是员工的自然本能，通用电气的管理机器有效地将克服这一本能的方法制度化了。

所有这些举措都让华尔街感到高兴。自韦尔奇上任以来，通用电气的股价就开始飙升，而且在他担任CEO期间，其股票分拆了五次。与前任琼斯和后任伊梅尔特不同，韦尔奇把通用电气带入了巅峰期。

韦尔奇的一些批评者认为，美国的经济繁荣是他的战略取得成功的主要原因。他的支持者对这种说法嗤之以鼻，他们认为，通用电气能蓬勃发展十年，韦尔奇居功至伟，有些人甚至认为，通用电气的成功实际上推动了美国经济的扩张。

工人们因股价的上涨而喜欢上了韦尔奇。从1980年到2000年，通用电气的净利润从15亿美元增长至127亿美元，营业收入增长了五倍多，增加至1299亿美元，股价飙涨了40多倍。

当时，韦尔奇年轻时炙手可热的那些企业集团正走向崩溃，它们不仅失去了投资者的青睐，而且失去了美国文化界的关注。20世纪六七十年代的庞大集团成了笨拙甚至傲慢的代名词，它们的经营范围过于广泛，行动过于缓慢，规模过于庞大了。

通用电气在一个同行无法生存的世界里茁壮成长。一些大型企业集团，如通用电气一直以来的竞争对手西屋公司（Westinghouse Corporation），正在逐渐消亡，而像美国电话电报（AT&T）这样的公司正承受着竞争加剧或政府监管带来的巨大压力。通用电气的成功使它更加坚信，在员工、文化和传统的综合作用下，它是一个例外。在韦尔奇时代，拆分通用电气的想法基本上被视为荒谬的。只要通用电气能够继续其实现盈利目标和超出预期的长期趋势，韦尔奇就能以一种不受市场法则约束的方式经营该公司，也就是说，该公司有权成为历史上最后一家大型企业集团。

韦尔奇给投资者带来的回报使他们不理睬与通用电气沾沾自喜的说法不相符的说法。负面的信息于20世纪80年代开始出现，包括1985年通用电气针对政府合同加班过多的指控的认罪答辩，以及通用电气为促进其金融业务而收购的投资银行基德尔—皮博迪公司（Kidder Peabody & Company）在1994年爆出的债券交易丑闻。

在韦尔奇任上，通用电气也开始面对历史遗留问题，尤其是旗下工厂几十年来造成的污染问题。多年的环保运动最终促使政府出台了相关的法律法规，要求通用电气这样的大型污染企业研究如何实施大规模的环境修复项目并为它们买单。

韦尔奇强烈反对这项工作，拒不接受国家环保局（EPA）的要求，后者敦促通用电气帮助清除多年来倾倒于纽约哈德逊河中的100多万磅多氯联苯。过去向河里倾倒这种化学品是合法的，但倾倒行为于1977年被政府禁止了，而且在韦尔奇接任CEO时，这些化学品被视为可能的致癌物。在韦尔奇的领导下，该公司竭力避免支付清理这些化学品的费用，这遭到了哈德逊河沿岸城镇居民的反对。韦尔奇很生气，他甚至对这种化学品有害的观点提出了质疑。他坚持认为，哈德逊河湍急的水流足以让其实现自我清洁。

韦尔奇自己成了一大品牌，因为华尔街甚至普通大众都被他的成功和行事风格迷倒了。他以直言不讳和咄咄逼人闻名，而且他鼓励其他人也这么对待他。随着他的步步高升和通用电气业绩的不断提升，他的意志变得越来越难以撼动了。

杰克·韦尔奇成了真正的名人。他是股东大会上的明星，对他仰慕不已的投资者会请他在公司年报上签名。

杰克·韦尔奇执掌通用电气的这些年也造就了他的神话。公司的财务业绩证明了韦尔奇的才华和非凡的意志，也证明了通用电气已把管理企业的日常工作变成了类似硬科学的东西。

到了20世纪90年代中期，通用电气和韦尔奇一直受到媒体和金融界的推崇，几乎在任何领域都没有遭受实质性的抵制。随着研究和公布的报告导致通用电气投资者关系部门做出严厉的正式回应，华尔街的批评人士受到了猛烈抨击。其他公司的高管们则前往通用电气位于克劳顿维尔（Crotonville）的管理培训中心参观，目睹让韦尔奇的公司名扬天下的一些企业内部培训过程。训练和团建、对商业推销和提案的无情剖析、下班后的举杯狂欢——所有这些培训特征都有助于塑造整整一代以韦尔奇为模板的领导人（不管怎样，都是最受欢迎的领导人）。

董事会的监督作用微乎其微。毕竟，韦尔奇的飞速成功让董事会没有了抱怨的理由。被任命为通用电气董事会的一员本身就是一项了不起的成就，领导者、商业巨头和有权势的人士都以此为荣。

董事会在很大程度上听从董事长的领导。在韦尔奇时代，一名新人对董事会缺乏辩论的气氛感到不可思议,他向资深的同事请教道:"通用电气董事会成员的职责到底是什么?"

"鼓掌。"后者回答说。

人一旦名气大了往往会变得自负和贪功。为了阻止霍尼韦尔(Honeywell)与通用电气在喷气发动机市场上的主要竞争对手联合技术公司(United Technologies)合并,韦尔奇决定收购该公司。为了完成这一交易,他草率地决定延迟退休,此时,他已经担任通用电气CEO一职近20年了,而且他早就忙着物色和培养接班人了。

若收购霍尼韦尔的交易能顺利完成,那么它将为韦尔奇的任期画上圆满的句号,但可惜的是,这笔交易失败了,欧洲的监管机构认为它仓促而危险。事实证明,与美国的专家和政客相比,欧洲人更不易受韦尔奇粗犷风格的影响。当韦尔奇得知无法打破僵局时,他变得怒不可遏。尽管通用电气竭力争取,但欧盟监管机构还是阻止了这笔交易。

人们对韦尔奇的态度也发生了变化。通用电气的股价多年来一直在飙升,一度成了全球市值最高的公司。但现在,在这位CEO任期的最后18个月里,通用电气的股价下跌了33%。尽管韦尔奇推动了筛选接班人的继任程序,但对公司的清算即将到来。

这家公司以及韦尔奇,真的有他们说的那么好吗?

与前任一样,韦尔奇在打算退休的前几年就开始物色下一任CEO了。他经常说,他的遗产将由他的继任者决定,因此选谁做接班人将是他职业生涯中做出的最重要的决定。

他想采用不同的方法寻找接班人。当年他角逐CEO职位时,被迫与另外两名高管展开了残酷的竞争。他们三人都在通用电气位于康涅狄格州的总部工作,每一位候选人都被任命为了公司的副董事长,但他们要事先同意,当他们中的一人出任CEO时,另两人要继续担任公司的这一高职。【其中的一位是爱德华·胡德(Edward Hood),韦尔奇上任后,他一直担任公

司的副董事长，直到1993年退休。】

杰克知道，他的高层管理人员备受企业界的重视。在他看来，他麾下的管理人才是如此优秀，以至于他们更适合执掌其他大公司。从某种意义上说，公开"王者之战"就是为了推销他最优秀的领导人，让他们获得下一份工作，与通用电气和韦尔奇一起提升地位。

1994年，通用电气公布了一份包含24名候选人的名单，并在几年后进行了删减。名单上消失的一些人未来在其他公司取得了巨大的成功，包括日后在霍尼韦尔任职的戴夫·科特（Dave Cote）和在尼尔森（Nielsen）、黑石（Blackstone）和波音（Boeing）任职的戴夫·卡尔霍恩（Dave Calhoun）。

尽管主导人是韦尔奇，但董事会还是参与了这一过程。董事会是由韦尔奇多年来精心挑选的人组成的，在他执掌通用电气的后期，很少有董事提反对意见，但董事会尽全力向公众隐瞒了候选人的信息。不管韦尔奇在不在场，董事们都会花时间和所有候选人互动。韦尔奇努力让董事们接触候选人，比如组队打高尔夫，精心安排活动等。

到了1997年，候选人只剩下了8位。到了2000年，名单上仅剩下了3人，此时，公司给这3名候选人安排了首席运营官的职位。通用电气的其他业务部门里没有设置这一职位，这一举措表明，新任CEO会从这三人中选定。

他们分别是电力部门的掌门人鲍勃·纳德利（Bob Nardelli）、喷气发动机部门的掌门人吉姆·麦克纳尼（Jim McNerney）和医疗部门的掌门人杰夫·伊梅尔特（Jeff Immelt），后者是热情洋溢的销售天才，在三人当中年纪最小，许多人都看好他。

/ 第四章 /

大个子杰夫

20世纪80年代后期，在通用电气塑料部门任职的年轻人杰夫·伊梅尔特正盘算着自己在公司的晋升之路时，一个意外的机会出现了。通用电气历史悠久的家电部门出问题了：其生产的冰箱压缩机突然开始泄漏氟利昂。

随着日本企业的崛起动摇了通用电气在家电市场的主导地位，通用电气的管理人员萌生了在冰箱压缩机内使用新部件的想法。从本质上说，新部件是冰箱的发动机，采用的是旋转式设计，而不是传统的活塞驱动装置。

正如日本企业所宣称的，这一改变能减少能耗，为客户节省成本，同时也让冰箱自身有了更多的空间。这是颠覆性的改变，但通用电气的设计师们信心十足，因为他们已把类似的设计应用到公司生产的空调上了。之后家电部门跳过了常规的现场测试环节，急匆匆地将新设计应用到了冰箱的生产中，仅用几个月的时间就完成了正常情况下需要数年的产品准备工作。

新冰箱上市后取得了巨大的成功，但不久后压缩机开始出故障了。

这些压缩机不只是偶尔失灵，在正常条件下，冰箱的这一关键部件在几个月后就会停止运转。此时惊慌失措的工程师们才表示，在他们售出的冰箱中，有三分之二会在一年半内出问题。

家电部门的经理们曾在韦尔奇面前大肆宣扬旋转式压缩机新设计的好处，甚至因此获得了建造新工厂的资金。问题出现后，他们一想到向暴躁的CEO汇报时可能出现的惨景就心生胆怯，因此他们选择了另一条路：虚报问题冰箱的数量。调整后的故障数据图显示,大多数冰箱在保修期之内出现故障的概率不大可能达到临界值。

但纸终究包不住火,事实上,这种掩饰没什么用。韦尔奇发现问题后,解雇了整个家电部门的管理团队。他下令该部门解决好该问题,即使需要大规模召回已售出的冰箱也在所不惜。韦尔奇认为,有一位高管适合处理这一问题,他就是雄心勃勃的杰夫·伊梅尔特。

伊梅尔特曾在通用电气的塑料公司管理过几百名销售和营销人员。接到韦尔奇的命令后,他立即把家搬到了通用电气大型家电园区所在地路易斯维尔市(Louisville)。他打算说服那里的7000名工人,让他们迅速修复千家万户厨房里的100多万台有故障的冰箱压缩机。

在伊梅尔特的带领下,工人们开始着手维修这些冰箱。伊梅尔特从家电园区的工程师那里学会了如何改造压缩机。当载着维修人员的卡车驶出工厂大门时,伊梅尔特经常是驾车的人。很快,这位从塑料部门抽调过来的年轻能干的高管就跪在客户的厨房里,帮着维修技术人员修复一台又一台因设计缺陷停止运转的冰箱了。

为愤怒的顾客维修100万台全新的冰箱并非获得丰厚季度利润的良方,解决这一问题既费钱又费时,而且还需要定期向韦尔奇汇报工作,包括对耗时耗力的细节的描述。尽管如此,伊梅尔特还是通过了考验,事实证明,他是解决这一问题的合适人选。

解决了冰箱的问题后,伊梅尔特最初得到的奖励是重返塑料公司工作,但伊梅尔特清楚,通过了韦尔奇的关键考验后,自己有望得到提拔。果不其然,升职令很快就下达了,他获得了一个新职位,负责通用电气塑料部门在整个美洲的经营,该部门的年营业额高达60亿美元。杰夫·伊梅尔特在关键的时刻得到了机会。

伊梅尔特于1956年2月19日出生在辛辛那提。他的母亲唐娜(Donna)是一名教师,父亲在通用电气工作了近40年,最终成了通用电气航空部门

第四章 / Chapter 4

旗下一家公司的负责人，该公司目前仍在伊梅尔特的家乡附近经营。

他的哥哥斯蒂芬（Stephen）为他开了个好头，他是芬尼敦高中（Finneytown High School）足球队的队长，也是该校的学生会主席。杰夫比哥哥小四岁，后来也担任了该校足球队和篮球队的队长。

他们出生于蓝领阶层，父母教导他们要独立解决面临的问题，要做领导者而不是受害者，要志向远大，要自信。

后来杰夫去了达特茅斯学院求学，踢足球仍是他的爱好。他于1978年毕业，获得了应用数学和经济学学位。在大学期间，他还担任联谊会的主席。暑假他会去家乡的福特工厂打工。

和当时许多胸怀大志的商人一样，毕业后他去了消费品巨头宝洁公司（Procter & Gamble）工作，与未来的微软CEO史蒂夫·鲍尔默（Steve Ballmer）共用一个小隔间。日后伊梅尔特偶尔会讲起与鲍尔默在工作中偷懒的往事。伊梅尔特的下一站是哈佛商学院，但在1982年毕业后，他拒绝了摩根士丹利提供的一份华尔街的工作。

伊梅尔特不想去华尔街，他想追随父亲的脚步去通用电气，这在当时是个明智的选择。通用电气能确保员工事业兴旺，工资和福利待遇也很好，一些工人称该公司为"慷慨的通用电气"。

进入20世纪90年代后，伊梅尔特在公司如鱼得水，他经常调换工作和职位，但主要是在塑料部门内部。他觉得，这样的变动能让人力资源部门了解自己的优势和劣势。与此同时，与公司里的许多人一样，他的个人生活和职业生活正在融为一体。伊梅尔特到达拉斯担任塑料公司的区域销售经理期间，遇到了一位名叫安德里亚·艾伦（Andrea Allen）的同事，俩人坠入了爱河。后来安德里亚打消了去芝加哥的念头，与伊梅尔特结了婚。当他们唯一的孩子出生时，安德里亚离开了通用电气，成了一名家庭主妇。

伊梅尔特也在不停地忙碌着。他每天工作12个小时，其中60%的时间都在旅途中。周末和晚上，他会尽量挤出时间承担做父亲的责任。伊梅尔特是个推销员，在韦尔奇视察通用电气工厂的期间，他充分展现了自己的销售才华。

伊梅尔特热情而夸张，同事们都被他的魅力所折服。他爱用足球打比方，总是面带笑容。他有时会假装单膝跪地恳求对方达成协议，这一点众所周知。

在韦尔奇的指导下，通用电气试图让高管之间建立合作关系，伊梅尔特积极地参加了团建和其他活动。通用电气通过这些活动选拔新的领导人。

因此，穿着黄色救生衣、裹着飓风岛蓝色方巾、高大魁梧的伊梅尔特会出现在缅因州佩诺布斯科特湾寒冷、雾气腾腾的水域里。一个周末，通用电气举办了一次拓展训练，要求各支队伍用木头和木桶搭建木筏，并在当天结束时喝下绿瓶装的进口啤酒。体格健壮的伊梅尔特是他所在队伍的前锋，也是队里身材最高大的人。他给他的队伍起了个特别的名字：章鱼队，因为队伍由八个人组成，而章鱼有八条触手，这个名字得到了一些队友的称赞。

在帆船比赛中，章鱼队一开始处在比较靠后的位置，队员们试图靠划桨提速。一位名叫丹尼斯·罗切劳（Dennis Rocheleau）的公司劳工谈判代表因长时间待在飓风岛的船上，再加上被伊梅尔特的船桨溅了太多的水花，忍不住爆发了怒气。

"你再溅我一次，我就用桨揍你，让你的扁桃体露出来！"罗切劳对伊梅尔特喊道，船上其他队员都惊呆了。伊梅尔特腾地跳了起来，船身剧烈地摇晃起来。他翘起下巴，脸几乎贴到了罗切劳的脸上。众人忙将两人拉开。这正是韦尔奇喜欢看到的那种火热的场景，它能展现出人在激烈的竞争中的对抗力。当一天的竞争结束后，人们紧绷的神经会放松下来，他们喝起了啤酒，休闲自在。从这场争吵中可以看出，伊梅尔特在挑战面前不会退缩，这也是这位年轻人在韦尔奇的管理层名单中排位不断提升的一个原因。

第四章 / Chapter 4

几天后，攀爬了很长一段路、从一个花岗岩采石场的地面上走出来的怒气冲冲的罗切劳偶然发现了伊梅尔特。伊梅尔特也走了很长的路，此时正被卡在一处岩石缝里。这位未来的老板当时身穿白色运动服，浑身是血，被夹在参差不齐的岩石中间。罗切劳想帮他一把，但被他拒绝了。

经营制造业部门对伊梅尔特来说是全新的经历，有很多东西需要学习。1994年，他在塑料部门担任新职。当后来被问及作为一名高管他什么时候学到的东西最多时，他经常会提及这一年，因为这一年他差点被解雇。

当时到底发生了什么外人不得而知，据伊梅尔特称，由于原材料成本上升，加上该部门签订的合同大多是固定价格合同，该部门的财务陷入了困境，利润受到了挤压。预计的利润增长率为20%，但实际的增长率仅为7%，比预期的利润目标少了5000万美元。

1995年初，通用电气在博卡拉顿（Boca Rato）召开了领导层年会，伊梅尔特尽力躲着他的老板韦尔奇，因为后者要与他谈谈其糟糕的业绩。他没有在晚上喝得酩酊大醉，也没有在白天打高尔夫，而是偷偷地溜去吃晚饭，然后早早地上床睡觉。最后一个晚上，当他偷偷地溜进电梯时，一只结实的手搭在了他的肩膀上。毫无疑问，韦尔奇逮到了他。

"杰夫，我是你最大的粉丝，但你这一年的业绩是公司里最差的。"韦尔奇告诉他，对于这一结果，两人心照不宣。韦尔奇说："这是最糟糕的一年。我爱你，我知道你可以做得更好，但如果你不能改变局面，我会让你走人。"

伊梅尔特没能避开他的老板，但说服他人是他的强项，他对韦尔奇说了对方想听到的话。

"如果结果不理想，不用您解雇我。"他对韦尔奇说，"我自己会离开。"

韦尔奇的威胁并非空穴来风。与伊梅尔特同龄的另一位杰出的高管戴夫·科特没有成为韦尔奇的接班人人选就是因为，他在执掌家电部门时没有实现预期的目标。

通用电气的大多数事情都没有表面看起来的那么简单。在伊梅尔特接手塑料部门时，该部门的前管理层一直在背后做文章。在韦尔奇的压力下，该部门竟然编造数据，包括谎报库存数据以降低销售成本。捏造库存数据，人为提高部门的利润率，表面上达到了预期的目标。

这一问题不是单次行动导致的，而是会计人员针对该部门下属的十几家工厂的操作导致的。他们运用逆向法确定利润目标数字，计算出达到目标所需的销售数据，然后每三个月向总部汇报一次业绩数据。也就是说，该部门的管理层没把心思花在经营上。

在伊梅尔特管理塑料部门的头几个月里，没有CFO帮他。由于不熟悉该部门的复杂情况，他花了几个月才明白该部门为达到目标一直在库存数据上玩把戏。当伊梅尔特真正明白了一切时，他陷入了进退两难的境地。如实向总部坦白可能会引起轩然大波，总部高层肯定不想看到这样的结果，再者，从他自身来看，他是很有才华的管理者，正想在公司建功立业，提升自己在通用电气的影响力，此时承认公司财务造假无疑有损他的形象。

伊梅尔特认为，既然他能设法维修好100万台冰箱，他肯定也能设法解决好这一问题，因此他自己承担了解决该问题的压力，但他要悄悄解决的不只是会计问题。在通用电气的高管看来，财务预测数据最重要，即高管承诺的在下一季度或下一年为公司创造的销售额和利润的增幅。由于塑料部门一直在编造数字，他必须在一年的时间里获得两年的利润才能实现既定的目标。

伊梅尔特承受的压力是巨大的，因为他要处理的问题很可能证明韦尔奇痴迷数字的文化是错误的。韦尔奇可能辩称，他想让下属实现既定的目标，但没有让他们弄虚作假。但是，纵然这位CEO本人没有违规行事，他也营造了一种压力环境，促使了下属违规操作。而他严厉的处罚也让伊梅尔特这样的高管在发现自己深陷困境时不敢坦白实情。照实说是诚实的做法，但这样做即使不会封堵了他的升迁通道，也肯定会对他未来的发展造成极为不利的影响。高管们都知道，一旦自己完不成任务、实现不了目标，杰克就会派其他人来。

伊梅尔特没有清理上一任管理层留下的账目，而是按照旧的预测继续推进各项工作——很快结果就出来了，他的部门没有实现目标。这是个污点，但也只算个小插曲。倘若伊梅尔特如实报告了塑料部门篡改数据的事实，他的职业生涯有可能改变。对于部门未能实现既定目标的结果，他给出的解释也很寻常：原材料成本的上升降低了通用电气在价格固定合同上的利润。伊梅尔特保住了职位。

伊梅尔特的强势推销具有侵略性，这几乎引发了另一场灾难。为了提高公司的收入和利润，伊梅尔特努力推动通用电气提高向通用汽车公司（General Motors）提供的塑材的价格。

当伊梅尔特和通用汽车的一位高管在一家餐厅会谈时，他们差点因价格问题大吵起来。这位年轻的高管太想提高收入和利润了，几乎毁掉了通用电气与一位至关重要的客户的关系。然而，这一关系最终没有破裂，伊梅尔特如往常一样，对此事一笑置之。他使用的招数很杂乱，但结果往往是对的。他称自己在塑料公司工作时，关注点完全变了。伊梅尔特再也不会忽视编造数据的小细节了。

韦尔奇原谅了伊梅尔特犯下的错误，而且韦尔奇也清楚，处在伊梅尔特那个位置，谁的日子都不会好过。韦尔奇早年间曾在位于马萨诸塞州皮茨菲尔德（Pittsfield）的塑料公司工作过，当时他负责建立新产品的生产线。在安装试验性设施时，主油箱突然爆炸了，屋顶被炸出了个窟窿。

总部让他亲自做出解释，他当时认为自己可能会被炒鱿鱼。不过老板对出现的问题以及解决问题的方式更感兴趣，这让他感到有些惊讶。韦尔奇说，他从这一经历得出的教训是，落井下石无意义。尽管韦尔奇以冷酷无情著称，但他并非心狠手辣之人，他明白，一名优秀的教练知道自己什么时候该闭嘴，让队员自己在场上获得教训。

伊梅尔特在实际的工作中学到了很多。这位年轻的高管后来负责通用电气在北美和南美的塑料业务。塑料部门在美国本地设有工厂，生产制造塑料产品所需的所有基本材料，大多是可被加工成不同形状的产品的塑料颗粒。在欧洲也是如此，法国和英国的通用电气工厂生产基本材料，但亚洲没有设立相应的工厂，亚洲的通用电气塑料公司有需要时会从其他地区购买。在这样的组织安排下，这位雄心勃勃的推销员看到了机会。

将通用电气的塑料部件从美洲分公司转移到亚洲分公司并不能给公司带来任何实际的收入，但会计就是会计，在公司的账簿上，这些转让被视为不同地区的销售。在一些财政季度即将结束之际，身在新加坡的另一位才华横溢的通用电气年轻高管、亚太区负责人约翰·赖斯（John Rice）的办公桌上的电话就会响起。毫无疑问，打来电话的是杰夫·伊梅尔特，他有求于约翰·赖斯。仅仅几笔内部订单就能帮助伊梅尔特实现利润目标，而且还能使他继续向高位迈进。

/第五章/
角逐大位

随着韦尔奇接班人竞争的加剧,最终的入围者被安排到了新岗位上接受考验。伊梅尔特被任命为通用电气医疗部门的CEO,这是对他经营大型企业的能力的又一次考验。医疗集团是通用电气的核心部门,在CT扫描仪、核磁共振成像仪以及其他医疗设备和用品市场上处于领先地位。对杰夫·伊梅尔特来说,这意味着他要把家搬到威斯康星州的沃克沙(Waukesha),即密尔沃基市以西几公里处。在那里,他将管理两万名工人,是塑料公司工人的四倍。

在一些人眼里,伊梅尔特是这一职务的最佳人选。他具有韦尔奇非常青睐的优势:对完成任何任务都充满自信。韦尔奇喜欢他的霸气,他总是会展现出胜利者的姿态。

伊梅尔特在新的岗位上充分发挥了自己的销售和营销才能,不过他涉入得更深了。他投入了大量的资金开发新产品,而且始终以增加通用电气的销售服务合同数量为目标,这些合同将使通用电气的设备运转多年。向医院和诊所销售大型机器是一项使命,但真正赚钱的是长期服务,后者能给公司带来稳定的、可预测的收入流,也能使销售团队与客户保持长期的接触。对于一名销售人员来说,争取与客户见面的时间可是个大挑战。公司的理念是,当客户知道了你的名字时,他们就不大可能从竞争对手那里购买产品了。

除了提供维修和保养服务外,伊梅尔特还推动该部门与客户开展有助于提高生产率的其他合作，这有利于改变客户对公司的整体印象，让他们觉得自己在任何时候都是通用电气的合作伙伴。伊梅尔特还推动该部门向海外扩张业务。

与此同时，与20世纪90年代的许多其他企业高管一样，杰夫·伊梅尔特爱上了互联网，他想知道如何让公司和自己得到网民的关注，得到商业媒体热情的报道。

从季度销售额和利润等传统指标来看，医疗部门的业绩很优秀，伊梅尔特和他的同僚们在通用电气的排名也不断上升。与此同时，美国其他经济领域出现了一场革命性的变化。像易贝（eBay）和亚马逊（Amazon）这样的新公司在一夜之间如雨后春笋般地涌现了出来，它们缺乏长期的可预测性和稳定性，而这正是通用电气、IBM和杜邦等蓝筹股公司的特点。与这些老牌公司不同的是，新科技公司几十年后如何赚钱还是个未知数，但这些公司乘着互联网连接和软件创新的东风，拥有了通用电气所缺乏的发展势头、活力和气质。

那些与互联网联系密切的公司正在把"网络公司"和"网站"等词加入其宣传材料中，它们的负责人希望靠20世纪90年代末的流行语促进网民对自己企业的关注，有时这么做的效果很显著。有时候，仅仅与某些互联网趋势建立某种联系就能使一家公司的股价飙升，股民们似乎根本不考虑企业的基本面。

杰克·韦尔奇对此不以为然，他对通用电气与新出现的网络公司进行合作的想法嗤之以鼻。像亚马逊这样的初创公司正在建造仓库、分销系统和生产设施，通用电气很早以前就在这些方面做得很完美了，而且通用电气知道如何做能获利。在韦尔奇和其他老派人士看来，经济引力规律最终会对这些互联网公司产生影响，它们终有一天会发现，它们只不过是通用电气所主导的拥挤市场上的又一个参与者而已。

但这并不意味着通用电气没有像其他公司那样谈论互联网。在伊梅尔特这样一位以市场营销为导向的领导人看来,渲染通用电气与能吸引全世界关注的主题之间的任何联系都是有意义的。韦尔奇也敦促通用电气的商业领袖们不要自甘落后,他向他们施压,要他们的部门建设网站并制定互联网战略。

1998年,"互联网"一词在通用电气的年报中仅出现了8次,一年后,这个词出现了56次。但之后,这个流行词就像90年代的互联网股市泡沫一样消失了。到了2001年,"互联网"一词又在年报中出现了10次,主要被用来描述公司的概况,这在股民心中泛起了阵阵涟漪,但之后它又从年报中消失了。

但互联网热潮在另一方面对公司产生了持久的影响,它使年轻、外表出众、有魅力的CEO继任者人选更有胜算了。在一家主要由白发苍苍的白种人经营的公司里,相对年轻的杰夫·伊梅尔特似乎是领导通用电气走向新商业世界的一个重要标志。在新的商业世界里,一些热门科技公司的领导人保持着鲜明的个人风格,说话像个本科生。伊梅尔特被任命为医疗部门的掌舵人时只有40岁,与韦尔奇被任命为整个公司CEO时的年龄很接近。

伊梅尔特的优势不只是年龄,他的成功经历也为他增色不少。在担任通用电气医疗部门CEO不到三年后,该部门的营业收入从42亿美元飙升至60亿美元,其中伊梅尔特收购的公司发挥了重要作用。

在怀疑者和竞争对手看来,伊梅尔特经验不足,而且可能还没有做好挑大梁的准备。他的市场营销和销售经验比较丰富,但这些经验主要是在塑料部门积累的。塑料公司曾是通用电气重要的部门,发明了热塑聚碳酸酯(Lexan)等产品,但通用电气并不看好该部门的未来。

伊梅尔特没有在关键的电力部门或在其父所在的航空业务部门工作过。通用电气金融服务公司的员工担心,尽管该部门创造了通用电气总利润的40%,但伊梅尔特并没有与他们合作过。而且自20世纪80年代初以来,伊梅尔特没有在通用电气总部工作过。伊梅尔特的批评者认为,让一位经验更丰富、年纪稍大、野心和欲望稍小的人（不太像20年前的韦尔奇）接班是合理的选择。

从理论上看，通用电气CEO的遴选过程是秘密进行的，公司尽可能地做了保密工作，但韦尔奇是名扬全球的人，谁会成为他的接班人受到了媒体和公众的高度关注。韦尔奇也对此事极为关注，这符合他的一贯作风。到了2000年，候选人名单上只剩下了三个人：经营电力涡轮机业务的鲍勃·纳德利、经营喷气发动机部门的吉姆·麦克纳尼和在塑料部门声名鹊起并执掌了医疗部门三年的年轻人杰夫·伊梅尔特。

和伊梅尔特一样，麦克纳尼毕业于常春藤联盟高校，在哈佛大学和耶鲁大学获得过学位，上大学时担任棒球队投手，曾是前总统乔治·W. 布什所在的联谊会的成员。麦克纳尼出身显赫，其父曾担任蓝十字/蓝盾（Blue Cross/Blue Shield）公司的CEO。麦克纳尼行事比较低调，但是位很出色的管理者。在他的领导下，通用电气的航空部门与波音公司建立了良好的业务关系，而且，为了预防自己在通用电气的工作出现问题，他也在物色其他公司的领导职务并与这些公司进行了沟通。

纳德利是三人当中最直言不讳的一个，他能说会道，而且总是能取得成绩。他出身于蓝领阶层，像伊梅尔特一样，他的父亲是通用电气的老兵，而且年轻的纳德利很早就梦想成为整个公司的CEO。

纳德利表现得很积极。1999年的一天，韦尔奇和其他高管去通用电气电力公司总部所在地，纽约的斯克内克塔迪视察。当他们乘坐的汽车驶入该市时，这群人被一块广告牌吓了一跳：广告牌上的巨幅纳德利头像正俯视着他们。为了纪念通用电气对当地一家慈善机构的支持，纳德利亲自委托广告公司制作了这块广告牌，这清楚地表明了这位电力部门领袖的竞选意图。

董事会将对下一任CEO进行最后的表决，但最终的决定权仍然在韦尔奇手里。尽管经过了五年多的严格规划、评估和分析，韦尔奇还是无法解

第五章 / Chapter 5

释他的最终选择的原因。公司有人私下里说，也许年龄是决定因素。就像韦尔奇上任时一样，年轻的CEO有较长的时间适应工作，确定公司的发展方向，而且能看到长期押注后的回报。也可能他只是喜欢一个符合自己形象设想的候选人——这是一个存在小瑕疵但无伤大雅的非正统选择，但韦尔奇就是韦尔奇，到最后他还是凭直觉拍了板。他选择了伊梅尔特。

董事会在审视伊梅尔特的资历和业绩时发现了一个值得警惕的现象：他经常以过高的价格收购企业。谈判时伊梅尔特的起价往往过高，有时会令参与交易的其他人感到意外，几乎没什么讨价还价的余地。为了让交易顺利完成，董事会经常批准伊梅尔特支付过高价格的请求。这种倾向也许反映了伊梅尔特作为推销员的经验，他总是要完成交易，而对于通用电气这样的大公司来说，多出点钱似乎不会引起任何担忧。

2000年《纽约时报》(*New York Times*)曾简单介绍过伊梅尔特达成的一次交易。一家医院的管理人员决定采用另一家公司的机器，伊梅尔特马上赶到了这家医院，试图说服对方改变主意。伊梅尔特最终赢得了这笔交易，他"在价格上毫不让步，但额外增加了一些服务和功能"。

就像汽车销售员将地垫扔进车里一样，提供额外的服务和功能是达成交易的传统方式。但这些地垫是有成本的，而交易中提供的额外服务和功能对通用电气来说也是有成本的。

CEO的最终决定是在2000年感恩节所在的那个周末正式做出的，当时全国的注意力都集中在悬而未决的总统选举上。董事会一致同意由伊梅尔特担任下一届CEO。

挑选一家公司的CEO没有任何科学性可言。一个人能否成功地应对瞬息万变的全球市场中的不确定事件，只有时间能给出答案。在大公司，继任决策由董事会做出，候选人由董事会提名。而在通用电气，CEO兼任董事长，这使他对决策具有更大的影响力。从这样的企业文化中我们不难看出，糟糕的决策是如何产生的或者有缺陷的战略是如何从根子上形成的。韦尔奇退休时，许多董事会成员和顾问都支持这一结果，即使是那些大肆批评伊梅尔特的人也承认，从当时掌握的信息来看，他们的选择似乎是正确的。

当最后的时刻来临时，韦尔奇把消息告诉了伊梅尔特，而且他让伊梅尔特和其他几位高管一起到他位于棕榈滩的家里进行庆祝。因为要严格保密，他们没敢去饭店，而且为了防止泄密，他们专门租用了一架飞机，没有乘坐通用电气的高管专机。在乘坐飞机的名单上，伊梅尔特的身份是一位高管的儿子。

那个周末晚些时候，韦尔奇乘着飞机完成了一次旋风式的旅行，他把坏消息告诉了另两位候选人。他在回忆录中详细描述了与两人对话时的情景。在辛辛那提的一个多雨多雾的夜晚，他在一个私人飞机库里把最终的消息告诉给了麦克纳尼，后者平静地接受了这一结果，并称赞韦尔奇做得很好。但后来麦克纳尼说，那是他职业生涯中最令人失望的时刻。

纳德利在纽约斯克内克塔迪附近的一个私人机场得知自己被淘汰的命运，但他并没有像麦克纳尼那样平静地接受这一结果。他当即表示，自己无法接受这一结果，他想知道自己为什么会被超车。纳德利辩称，他已经实现或超越了所有的既定目标，他还认为自己拥有伊梅尔特所缺乏的运营技能。

在最后一轮角逐中败北让两位候选人倍感痛苦。无论是公开还是私下里，参与如此激烈而漫长的角逐都是存在极大风险的，为了成为下一任CEO，候选人会投入所有的精力，失败者最终会倒下，没有其他选择，就像总统选举一样，没有什么第二名。

然而，这并不是一场选举，通用电气不会限制败下阵来的领导人另谋出路。相反，在伊梅尔特被选中后，另两位候选人有很多的外部选择。为确保他的高管们会受到追捧，韦尔奇甚至悄悄地与其他公司的CEO搭讪。其他公司则抓住机会挖走了韦尔奇调教出来的人才。鲍勃·纳德利在伊梅尔特上任几天后就离开了他曾经梦想执掌的通用电气，成为了家得宝

第五章 / Chapter 5

（Home Depot）的CEO。麦克纳尼也另谋高就了，他去了另一家工业巨头3M公司担任CEO。

在杰克·韦尔奇治下的通用电气，如果一项业务在业内没有排到数一数二的位置，那么它根本就不值得做，但事实证明，在他培养的一代领导人中，即使排名第二也不够好。

2000年11月，最终的CEO人选公布后，伊梅尔特和韦尔奇一同出席了新闻发布会，他们都身着深色西装和蓝色衬衫、没有打领带，他们声称，他们没有提前商量着装。身高六英尺四英寸的伊梅尔特，头顶一头灰白的头发，比韦尔奇高出了半头。

与他们一同出席发布会的还有两位副董事长，一位是通用电气金融服务公司的丹尼斯·达默曼（Dennis Dammerman），一位是NBC的鲍勃·赖特（Bob Wright）。这两位的出席向外界传达了这样的信息：继承了这个时代规模最大、最复杂的公司的这位长着娃娃脸的44岁老将不会孤独地站在舞台上。

伊梅尔特是推定的董事长，即公司历史上的第十任董事长，但他还没有完全接手这份工作。韦尔奇让这位继任者尴尬地等待了几个月才上任，因为他为了促成最后一笔大交易推迟了退休时间。

虽然伊梅尔特获得了CEO和董事长的头衔，但韦尔奇还在以各种方式强调收购霍尼韦尔的重要性。霍尼韦尔是一家大型工业公司，收购它将大大提升通用电气在航空市场的地位。十个月以来，伊梅尔特一直在忙着做这项工作，他通过电视宣传收购霍尼韦尔的好处或是淡化出售NBC的传闻。媒体的集中报道让伊梅尔特的优势得到了充分的展示。他积极建立联系，振翅欲飞。这位即将上任的老板会见客户，与华尔街的分析师会面，参加电话会议等，他的名字也频频出现在新闻稿中。

接下来韦尔奇身上发生了出人意料的事情：他没能完成收购霍尼韦尔的交易。一些观察家认为，韦尔奇总是能想方设法获得他想要的东西，即使是退休前对霍尼韦尔这种巨头的收购也是如此，虽然他看不到最后阶段的融合及其结果，包括业务和人员的合并、裁员和重组，通用电气的利润增加等，但完成交易应该不成问题。可惜的是，杰克·韦尔奇误判了美国企业在欧洲大规模收购航空企业时面临的阻力，以及为了让这笔交易得以通过要向欧盟监管机构做出的巨大让步。本来，这笔交易几乎成了板上钉钉的事情了，通用电气一些部门的员工甚至已经与霍尼韦尔的同行们开始合作了，霍尼韦尔的一些员工也已经开始向新老板汇报工作了，就好像这笔交易已经完成了一样。但不久之后韦尔奇惊讶地发现，欧洲监管部门的要求将使这笔协议变得不再合理了。即使韦尔奇和霍尼韦尔的领导层一样渴望达成交易，也不管在他们的影响下华尔街有多看好这笔交易，这笔交易也没有商业价值了。

韦尔奇回天乏术了。一个月后，由于欧盟监管机构的抵制，两家公司正式取消了这笔交易。不过这位通用电气历史上最著名的CEO不会等到这一消息公布才离开，2001年9月7日，他上完最后一天班就正式退休了。

杰夫·伊梅尔特独揽大权的时代来临了。

/第六章/

发出噪声

在杰夫·伊梅尔特正式上任的第一天,通用电气的工人们涌进了位于密尔沃基市中心的布拉德利中心(Bradley Center),这座钢筋混凝土建筑是NBA密尔沃基雄鹿队(NBAs Milwaukee Bucks)的主场,其巨大的空间容纳下坐公交车来听新CEO演讲的四千名工人绰绰有余。

大多数工人来自通用电气的医疗设备部门,也就是杰克·韦尔奇的接班人伊梅尔特最近工作过的部门,其总部离布拉德利中心仅几公里远。这位45岁的新老板当时并不在现场。当密尔沃基的摄像师把布拉德利中心的场景传给他时,他会通过一个巨大的视频屏幕向人群发表讲话,视频信号是从通用电气在纽约克劳顿维尔的管理培训中心发出的。

此外,在通用电气遍布全球的30万员工中,有三分之一的人观看了伊梅尔特的首次演讲。身着开领衬衫和毛背心的伊梅尔特讲了两个小时,他把通用电气在现代世界里快速发展、运用互联网以及不断获胜的所有亮点都讲了出来。

通用电气为这位运动员风格的新老板召开了这次动员大会。其间一群员工为高管层热烈欢呼,这样的场面在之前是不大可能出现的。所有的环节都是安排好的。就在伊梅尔特继续讲话之前,两名年轻的女子急匆匆地走进了密尔沃基的竞技场,人群随之骚动了起来。就像电视脱口秀节目录制时的舞台工作人员一样,她们面向通用电气员工举起了标语牌,上面写着"噪声"两个字。

杰克·韦尔奇在通用电气工作了40年,其中有一半的时间身居最高位,等到退休时,他早已名满天下了。在交出权力后的一周内,他仍在纽约。他在通用电气从特朗普公司获得的资产特朗普国际酒店大厦(Trump International Hotel and Tower)的第四十七层有一间公寓。这座奢华的大楼位于中央公园拐角处,从这里可以远眺曼哈顿中心的绿色海洋,景色之美令人叹为观止。

就在上周五,通用电气董事会召开了韦尔奇任内的最后一次会议。在这次会议中,韦尔奇完成了自己最后一项任务:正式确定杰夫·伊梅尔特为他的继任者。随后公司在韦尔奇一手打造的文化中心克劳顿维尔举行了一场退休派对。

星期二(9月11日)的早上,纽约的天空如水晶般湛蓝。对韦尔奇来说,这是漫长的一天。他撰写的《杰克·韦尔奇自传》(Jack: Straight from the Gut)即将上市,这是有史以来最受读者期待的商业书籍,而且他本人将在《今日秀》(The Today Show)节目中亮相,由此拉开新书发布会的序幕。

由于韦尔奇对该节目的主持人马特·劳尔(Matt Lauer)有知遇之恩(韦尔奇在将要兜售的书中讲述了马特·劳尔的精彩故事),因此他在参加节目时受到了后者的欢迎。没人会针对霍尼韦尔的交易提出尖锐的问题。这本书在他写之前就已经很受欢迎了,他一手打造了今日的通用电气,人人都想从他写的书里了解该公司的一些内幕消息。

韦尔奇的历史记录享有盛名,他周围的人也都对他赞不绝口。尽管收购霍尼韦尔的交易遇到了麻烦,通用电气的股价也经历了几个月的下跌,但韦尔奇因往日的辉煌记录而备受赞誉,并被视为了商业界的圣人。纽约证券交易所为纪念他的职业生涯专门举办了晚宴和鸡尾酒会。对韦尔奇的支持者来说,公司十年的辉煌证明了他打造的通用电气管理机器的效率。在他们眼里,韦尔奇是最伟大的领导者,是下一代领导者效仿的典范。

第六章 / Chapter 6

韦尔奇说，在20世纪80年代和90年代，通用电气的估值飙升，这使得仅有高中学历的工人们成为了百万富翁。长期以来，通用电气一直鼓励员工持有本公司的股票以获得股价飙涨的收益。当通用电气的股票业绩几乎超越了其他所有股票时，公司适时地推出了储蓄计划，以折价或补贴的方式让员工累积本公司的股票。

韦尔奇本人的形象放大了公司的神秘性。他受到新闻界和华尔街的推崇，成了家喻户晓的名人。他在节目中讲述了如何在信息时代来临之际为一家具有百年历史的工业公司谋发展的故事。不久之后他会在家里观看这档全国性的电视节目。

当第一架客机撞上世贸中心大楼时，韦尔奇正在通用电气大楼对面的洛克菲勒中心2号大楼里等待着《今日秀》节目的播出。他之前还从未上过电视。

当全世界的电视频道都在播放纽约、华盛顿和宾夕法尼亚州的袭击事件时，曼哈顿的手机网络变得拥挤不堪，随后陷入了瘫痪。美国最著名的CEO杰克·韦尔奇走到了第49街的拐角处，和成千上万的纽约人一起站在了有利的位置目睹着发生的一切。纽约的人独自或成群结队地注视着南方寂静的大街，很多人泪流满面，周围死一般的沉寂。他们注视着巨大的烟羽和火焰。韦尔奇和第六大道人行道上的人一样，与外界失去了联系。谣言四起，估计的空袭数字被疯传，但很少有人知道到底发生了多少起袭击事件或者还有多少起袭击事件会发生。军机的轰鸣声响彻了纽约的天空。

那一刻韦尔奇意识到，他的新书发布是"最愚蠢、最微不足道的事情"。

当日是杰夫·伊梅尔特正式就任通用电气CEO后的首个星期二，早上，这位"销售员"在位于太平洋西北部的西雅图与波音公司的人通过电话谈了生意。波音是全球最大的飞机制造商，也是通用电气最重要的客户之一。

身处太平洋时区的伊梅尔特忙着做例行工作。当第二架飞机撞上世贸中心大楼时，他正在健身器上一边锻炼，一边急切地观看着电视直播的北楼惨状。有线新闻记者们很快就达成了共识：这不是一起意外事故。由于航空禁令，伊梅尔特在上任后的第四天被困在了西雅图，而其他通用电气的高管则分散在全国各地。

这位新任CEO很快就与各部门的负责人和董事们通了电话。他还打电话给杰克·韦尔奇征求其意见。伊梅尔特知道，他刚刚上任，立足未稳，一场将对公司各个层面产生巨大影响的全球性灾难已经降临，在市场和公众有机会考验他的能力前，他最好中规中矩地加以应对。这场灾难也是对通用电气的一次考验，过去，无论是在战时还是在和平时代，公司都实现了蓬勃的发展。

伊梅尔特在健身器上一得知袭击的消息就意识到，它将对通用电气造成沉重的打击。通用电气的保险业务部门是被撞击大楼的承保公司之一，其电视业务部门的广告收入将大大减少，而且报道成本将激增；航空公司的飞机停飞将减少通用电气零部件的销售和喷气发动机的维修。这些业务现在在全国都处于暂停状态。

但真正的打击比这更深入。经济本就陷入了十年来的第一次衰退，这已经给通用电气带来了不小的压力，袭击事件则进一步加剧了经济衰退。

另外，杰克·韦尔奇尚在任时，通用电气的股价就已经在下跌了。随着韦尔奇CEO任期的结束，各种与他离婚有关的信息出现在了报纸和法律文件上，他领取高额津贴和奢侈消费的相关细节也被披露了出来，包括从欧洲空运鲜花、离婚官司等，这些信息不仅对富有的韦尔奇夫妇产生了恶劣的影响，而且也对通用电气产生了不良影响，因为它允许CEO奢靡消费并经常为其支付一切费用。就像"中子弹杰克"时期一样，这是对韦尔奇不讨人喜的一面的描述。更让人恼火的是，在韦尔奇任期内，通用电气的股价从峰值回落，这让人们不禁质疑，公司黄金年代的辉煌是不是因为会计造假导致的，而与他的才华关系不大。起初，人们在私下里表达这些疑虑，但该公司能实现让人无法理解的利润的持续增长肯定是有原因的，现在，杰夫·伊梅尔特必须出面回应这些疑问。

和他的前任一样，伊梅尔特也展现出了甩掉批评和不受欢迎的问题的能力。要消除人们的疑虑，最有效的方法当属取得经济上的成功。如今，尽管他很年轻，但他必须像韦尔奇一样，坚守防线，为公司的变化做出辩解。公司的批评者们想知道，该公司能否适应不断变化的全球经济环境。

伊梅尔特很快就适应了由杰出CEO组成的俱乐部的活动，这些CEO都是精英中的精英，大多管理着世界上规模最大的企业。他如饥似渴地读书，定时收听收看新闻，重点是商业和体育新闻。和韦尔奇一样，伊梅尔特靠幽默和直言不讳维持普通员工的支持。他保持了在俄亥俄州养成的习惯，在回答通用电气投资者提出的问题时，常夹杂着在芬尼敦高中做运动员时所说的行话。

利用学到的智慧，伊梅尔特一步一步地成长为了通用电气的CEO。同僚们认为，伊梅尔特早年似乎就对通用电气的经营非常有信心——通用电气的质量观念已经在所有管理者的心里扎根了，客户和同事也是如此——以至于他不必老是深究各个工业部门的细节了。他能够通过危机管理公司，并运用通用电气的管理机器激励他的团队取得成功，而且他自己也很积极上进，这也促使他的团队不断扩展目标以及为实现更高的目标而努力。这是很有通用电气特色的管理方式。

在矩阵式的管理架构下，通用电气由一座座"孤岛"组成。它拥有多重错综复杂的管理层，员工们通常向不止一个上司汇报工作。例如，一个业务部门的CFO向该部门的领导汇报工作，但他也要向通用电气财务部的主管汇报工作，后者受总公司CFO的领导。

伊梅尔特是从销售通用电气产品和服务的人中脱颖而出的，他很少对错综复杂的生产、运营效率、研发或财务问题负责。然而，像韦尔奇一样，伊梅尔特很相信自己的直觉，但这可能是一个缺陷。他的同僚们说，在敲定一笔交易或进入某个新业务领域时，他很少偏离最初的立场，内部分析师向他出示相反的证据时，他常常表现得很恼火。伊梅尔特不愿听到坏消息。

"那只是你的看法，"他会说，"但你的看法不对。"

但时代在变化，而且万事万物都在快速地发生变化。恐怖袭击标志着美国进入了一个充满不确定性和恐惧感的新时代。毫无疑问，20世纪90年代的繁荣与安全已成为过去，就连通用电气的稳定性和权威性也将受影响。

被困在西雅图的伊梅尔特和他的顾问们估算了此次事件对通用电气的具体影响。这一事件导致通用电气租赁给航空公司的数千架飞机停飞，数万台通用电气生产的发动机停止运转。只有这些发动机在空中运转时，通用电气才有钱可赚。通用电气的保险部门也面临着困难，全球不稳定的前景抑制了该部门为电力部门和医疗部门输血的能力。

几天后，通用电气的投资者关系部门公布了"9·11"恐袭事件对公司造成的直接财务损失：6亿美元，这意味着下一季度的收益将略低于分析师的预期。

和美国大多数企业一样，通用电气遭受了沉重的打击。在此次袭击中，该公司失去了两名员工。不过，当曼哈顿市中心仍在冒烟时，该公司却趁机完成了一次成功的营销。41岁的公关高手、通讯部主管贝丝·康斯托克（Beth Comstock）之前在NBC公司新闻部工作，后被即将交棒、正寻找通讯部门负责人的杰克·韦尔奇招至麾下。伊梅尔特上任后留下了康斯托克，二人一拍即合。"9·11"事件爆发后，她的团队提出了这样的广告创意：宣扬通用电气的爱国主义，表达对袭击后重建工作的支持。广告中将展示自由女神挽起袖子着手工作的画面。

伊梅尔特很喜欢这一创意，指示她落实这一广告。尽管通用电气长期以来的广告代理商天联广告公司（BBDO Worldwide）和几乎所有知道这一创意的人都讨厌它，但反对意见无关紧要。

第六章 / Chapter 6

"我们听到了大家的意见,但我们没有采纳它们。"康斯托克后来在回忆录中写道。广告播出后很受欢迎。在一片反对声中取得的这次成功是伊梅尔特的重大胜利,他欣赏那些凭直觉行事、坚持己见的领导人。这则广告的成功也为康斯托克日后在公司的发展奠定了基础。

伊梅尔特得到了一所房子的钥匙,但这所房子很快就着火了。这位新上任的CEO感觉到,他的公司现在出问题了,而且好像各个方面都出了问题,冲着他一个人来了。

几周后他说:"在我就任董事长的第二天,公司租出去的一架飞机,靠着公司制造的发动机飞行,撞上了公司承保的一栋大楼,而且公司旗下的电视网络进行了全程报道。"

伊梅尔特没有袖手旁观。恐怖袭击可能摧毁航空业;停飞四天不仅使所有的空中交通陷入瘫痪,而且乘客不愿乘坐飞机出行的状况会持续数年。为了帮助航空公司适应新的形势,通用电气团队向它们提供了至关重要的财务支持:他们允许航空公司延迟付款,还向它们提供了50亿美元的直接融资。

事后,伊梅尔特有了与韦尔奇同样的认识:当形势恶化时,通用电气的CEO在很大程度上要依赖于通用电气金融服务公司。在股市谨慎地重新开放、企业艰难地恢复运营的忧心时刻,该公司还有一种选择:确认巨额费用。会计上的巨额损失不仅可以反映通用电气在灾难发生后已知的所有财务损失,包括发动机业务、保险业务、宏观经济前景等方面的损失,也可以反映通用电气投资者尚未完全了解的不确定性带来的财务损失,比如其不透明的金融部门存在无法被日常投资者评估的弱点,以及在高水位时,它的价值可能并没有看上去那么高。巨额亏损可能引发投资者抛售公司股票,但它也能起到类似于重置的作用——在国家清算的时刻,这是一种可以被理解的调整,或许它意味着新的开始。

但通用电气选择淡化遭受的打击。到了后来人们才发现,"9·11"事件对通用电气造成的伤害明显超过该公司当时承认的程度。

公司2001年第四季度的利润增长了近10%，达到了华尔街的预期。喷气发动机业务遭受了重创，NBC也遭受了重创，但强劲的金融服务业务适时地填补了它们的窟窿。

2002年1月，伊梅尔特在福克斯新闻网（Fox News）上宣布公司取得了胜利，他指出通用电气靠多元化的业务度过了危机。他说："我认为公司的做法是可行的。"他指的是公司的数字化改革和众所周知的六西格玛法的应用。"我们良好的财务纪律保证了我们的收购，而且在低迷期间保证了我们的持续增长。"

但是，通用电气的多元化业务堡垒无法抵御经济衰退以及随之而来的对其产品的需求的下降，公司即将裁员。

/第七章/
爱迪生通道

2001年初，通用电气金融服务公司在各地收购房地产资产，每笔交易的金额都高达数十亿美元。这是杰克·韦尔奇任上完成的最后几笔交易，通过这些交易，通用电气的资本进入了汉堡王（Burger King）和饼干桶（Cracker Barrel）等连锁餐厅以及迈达斯消音器店（Midas Muffler Shops）和OK便利店（Circle K）等企业。

这些收购带来了数千笔与遍布全国的房产相关的贷款，它们与制造喷气发动机和销售冰箱的业务没有一点关系，它们只是通用电气金融服务公司需要的业务，后者是当时全球规模最大的非银行金融服务公司。

一年后，穆迪公司（Moody's）将1.64亿美元的通用电气资产支持的证券的信用评级下调，理由是这些工具背后的"不良贷款比例上升"。但在通用电气看来，扩大规模才是最重要的，它进军房地产的步伐并没有放缓。

伊梅尔特上任后没有改变这种趋势。2001年12月，通用电气斥资40亿美元收购了证券资本集团（Security Capital Group），这进一步增加了通用电气金融服务公司的地产业务。它还与金科房地产信托公司（Kimco Realty Trust）成立了一家合资企业，收购了其附近的购物中心。到了年底，通用电气的商业地产资产额已增加至240亿美元左右。

通用电气的管理机器很神奇，它内部有一套能利用这些交易帮助公司实现利润目标的复杂机制。现金流不如每股收益重要，而通用电气的每股收益正是让华尔街为之倾倒的原因。2001年夏，伊梅尔特甚至在消费者新闻与商业频道（CNBC）宣称，通用电气不会让华尔街失望。"（利润）不会减少。"他在广播中说。

他之所以底气十足，是因为通用电气金融服务公司会给他支持。

财务粉饰不是通用电气独有的做法，但该公司过于依赖这种做法了。在每个季度的最后一刻，管理层都会调整数据和交易，这都已经习惯成自然了。

这种管理财务业绩的方法不是伊梅尔特发明的，也不是什么秘密。通用电气的高管们承认，他们一直在努力确保公司的利润始终保持平稳的增长。

韦尔奇最重要的副手之一、前CFO丹尼斯·达默曼在接受《财富》杂志采访时表示："我们认为，利润的一致性和稳定性非常重要。"

达默曼身材魁梧，于1967年加入通用电气，1984年担任CFO，大部分金融服务交易都是在他的监督下完成的。在一些人眼里，达默曼是防止通用电气财务失控的安全网。他喜欢收集经典的汽车和赛马，使用通用电气公务机的次数比其他高管都多。与他共事的人说，"他讲话时总是咄咄逼人。"而且，他还要下属听从他的吩咐。当听到某个项目的提议时，他可能会大声反对说"这是我听过的最愚蠢的想法"，然后目瞪口呆的提议者会做出改变，当他听到令人信服的观点时态度可能会软化一些。不过正是由于他这种粗犷的风格，许多人有时不敢向他提出不成熟的新想法。

达默曼以近乎狂妄的态度为通用电气不透明的结构和令人惊讶的稳定利润进行辩护。他表达的意思是，只有通用电气才能理解自己是如何赚钱的，投资者只需要愉快地接受结果就行了。

他说："我们是一家非常复杂、多元化的公司，外面的人无法理解它的全部细节。投资界只需要记住这一点：我们有很多不同的业务，我们能利用它们实现一致、可靠的利润增长。"

为实现这一目标，通用电气管理层会首先设定绩效目标，之后确定实现这些目标的具体方法。他们会把数字分解到各个业务部门,各个部门要按目标进行操作。

源源不断的收购保证了公司的盈利势头。通用电气可利用工业公司异常高的市盈率作为高价值货币支付交易费用。收购市盈率较低的公司后,通用电气的利润会自动增加。

举个例子,若通用电气的市盈率是40,那就意味着,当它的股价为40美元时,其每年的每股收益是1美元。若通用电气收购了一家市盈率为10的公司,则该公司每40美元股票的收益为4美元,通用电气基本上是用1美元的利润换取了3美元的新利润,但它除了完成一笔交易之外什么也没做。

利用低成本融资也可以达到同样的效果。通用电气的借贷成本非常低,它可以收购一家利润超过其借贷成本的公司。

通用电气的股票不会永远保持这样的估值,它不得不做更多的交易或采用其他方法产生利润。其中的一种方法是利用会计规则使收购看起来更加有利可图。

例如,通用电气可以收购一家拥有数千套房屋的房地产公司,并给予其较低的估值,这种策略可以减少折旧对利润的影响,而且当房产以较高的价格被出售时,通用电气可以获得巨额的利润。但该策略只有在能找到买家的情况下才有效,对此,通用电气金融服务公司有解决办法。

与此同时,美国最大的公司之一正走向崩溃。得克萨斯州的安然公司(Enron)从事能源贸易和其他业务,包括宽带,在鼎盛时期,该公司自称是企业创造力的标杆,营业收入超过了1000亿美元,但该公司突然爆出了大范围的会计欺诈丑闻。

安然的高管们从事内部交易,操纵利润,账目混乱。其高管层利用复杂的组织体系来隐藏债务,而且对资产的估值极为离谱。他们武断地确定投资在未来产生利润的时间,然后据此计算其现值。这种做法被曝光后,该公司的股价暴跌,投资者和其他机构纷纷撤离。

爱迪生通道 / The Edison Conduit

在安然倒闭之前，企业会计界的情况大不相同。安然与白宫有直接的联系，似乎永远不可能破产，而且在互联网时代，该公司因依靠创新战略来增加利润，这一点曾经广受赞誉。

一些投资者最担心的是，安然并不是个彻头彻尾的骗子，它拥有大量的实物资产和业务。安然倒闭后，它的许多业务部门幸存了下来。该公司被不良行为和不法分子搞得四分五裂，比如其CFO安迪·法斯托（Andy Fastow），他密谋建立和经营复杂的企业，然后让这些企业与安然公司做交易，他自己从中渔利，最终他被捕入狱。这类欺诈行为遭到了揭露，不法分子也被绳之以法，但很多此类行为都是安然为管理其业务部门和平衡其账目做出的，而且从表面上看其账目是完全合法的，这让一些人开始担心，其他公司也可能存在类似的欺诈风险。

通用电气不是安然，但它的做法更不透明，而且在许多投资者和分析人士眼里，通用电气与安然一样，都是神秘的公司。该公司可能对其部分业务做出解释，但其大部分业务仍然是黑匣子，尽管这些业务一直在盈利。

该公司利用的一个工具是爱迪生通道（Edison Conduit），这是一个庞大的特殊目的实体（SPE），从会计认定上看，它独立于通用电气，通用电气的资产负债表不反映该公司的财务状况。但问题是，这家公司受通用电气的控制，由通用电气金融服务公司提供担保，这意味着通用电气承担了该公司所有的风险，但投资者们不知道它的存在。

通常情况下，通道是出售商业票据的机构，这种商业票据是一种短期债券（期限最短为几天，最长为九个月），一般由持有闲置资金的公司购买，目的是获得短期收益。公司出售商业票据以便为其运营提供资金。在大公司里，资金流入流出，但公司不一定在任何时候都有足额的现金，为了向供应商付款、向员工发放工资，公司需要快速获取现金。商业票据是必要的工具，它容易获得、值得信赖。通过爱迪生通道购买商业票据的买家能进一步得到通用电气及其3A评级的支持，他们确信这些票据是值得信赖的。与此同时，爱迪生通道的资产组合产生了收益，待到商业票据到期时，通用电气可用这些收益兑付投资者持有的票据。

然而，爱迪生通道还有更重要的用途：它以高于账面价值的价格从通用电气金融服务公司购买资产，从而使后者产生了更高的利润率。当然，通用电气并没有转移持有这些资产的风险，因此它实际上是以内部交易的方式产生利润。但在当时，这样做并不违反会计法。

在康涅狄格州的斯坦福德（Stamford），爱迪生通道背后的团队为他们的计划颇为自豪：这是一个巨大的利润引擎，投资者对它一无所知，他们只能看到稳定的利润，却看不到产生利润的风险。由于通用电气支持这一机制，一旦出现问题，它将不得不兑付通过通道出售给投资者的商业票据，数额可能高达数十亿美元。但在通用电气金融服务公司的人看来，这样的结果是不可能出现的。他们认为自己非常聪明，绝不会做出误判，而且通用电气卓越的信用评级也保证了它很容易获得现金。

通用电气有许多未在资产负债表上反映出来的特殊目的实体，它们与通用电气做交易或者彼此之间做交易。安然事件爆发后，随着会计改革的实施，通用电气逐步取消了这些操作。

在2000年的年报中，通用电气宣称，金融服务公司并非其表外融资的工具。第二年，安然公司倒闭，通用电气在当年的年报中披露，这类特殊目的实体的资产超过了550亿美元。它在年报中警告称，信用评级下调可能迫使其为兑付已发行的商业票据支付550多亿美元的现金。通用电气还在年报中透露，它当年向这些实体出售资产的交易带来了13亿美元的利润。2003年，通用电气不得不将这些表外实体纳入其账目，当年其资产增加了363亿美元，同时该公司声称，这些实体将不再开展新业务。通用电气并没有鲁莽地以大量做交易的方式获取巨额利润。当它向爱迪生通道或其他实体出售资产、获得收入时，它用难以分辨的重组费用来抵消这些收入。对于大多数实体来说，利润激增是好事，但对于一家要与上一年的业绩做比较的上市公司来说则不然。在股东眼里，一年业绩好、几年业绩差不是什么好现象，业绩连续多年出色才能给人留下公司运行良好的印象。通用电气的业绩确实给人们留下了深刻的印象，但其取得好业绩的方式却跟人们想象的不一样。该公司实际上实施了盈余管理。

CFO达默曼承认，公司为降低出售资产的巨额收入进行了盈余管理。他对《财富》（Fortune）杂志的记者表示："我们有相当统一的说辞，那就是：'好吧，我们将获得这些巨额收入，而且我们会以自行确定的成本和重组费用来抵消它们。'"

通用电气掌握了将会计费用与类似的收入相匹配的技巧。有时候，为了给未来的利润提供更大的提升空间，它会把下一年的预期成本计入今年。当有人质疑该公司出现了棘手的问题时，它予以了反驳。高管们否认公司使用了"蜜罐"（用来掩盖业绩不佳的现金储备），不过他们的伎俩产生了与"蜜罐"相同的结果。

通用电气的养老基金也是其提高利润的重要工具。公司通过估算储备基金的回报率并推算其现值来确定养老金的预留金额。若公司10年后需要支付100万美元的养老金，那么公司现在需要预留的资金要比这少得多。通过提高预期回报率，该公司现在为履行未来的义务需预留的资金会变得更少，这样它就可以把节省下来的钱记为利润。即使在经济不景气的年份，通用电气也提高了预留养老金的回报率，但这样的回报率似乎不太可能出现。

该公司还将自己的股票纳入了养老金计划，这样，其高回报的股票增加了投资收益，进而产生了能维持股价的更多利润，形成了良性循环。

尽管涉及盈余管理的操作听起来有些离经叛道，而且毫无疑问，通用电气的这些策略对投资者来说并不透明，但这种做法在很大程度上符合会计准则和公司治理原则。

《财富》杂志的卡罗尔·卢姆斯（Carol Loomis）写道，当她有一次对

第七章 / Chapter 7

韦尔奇说平滑利润的做法很糟糕时,韦尔奇坚决不同意她的观点。他问道:"当通用电气这样的企业集团的利润不可预测时,哪位投资者会愿意买它的股票呢?"

但大环境在改变。安然的破产和其他会计丑闻导致了上市公司信息披露制度的改革。股东是这些公司的所有者,他们想知道公司在做什么。对于通用电气这样的公司来说,提高其透明度在所难免。美国证券交易委员会(SEC)主席阿瑟·莱维特(Arthur Levitt)警告称,在那些为了实现利润目标而做出糟糕决策的公司里,"一厢情愿的想法可能凌驾于如实反映的要求之上"。

2002年《萨班斯—奥克斯利法案》(the Sarbanes-Oxley Act)的颁布实施使公司治理和公司内部控制发生了翻天覆地的变化。根据该法案,上市公司将面临更多的会计监督,将需要披露更多的信息,做出欺诈行为时将面临更严厉的处罚,此外,公司高管要对他们报告的结果担责。通用电气操纵其账面利润的能力被大大削弱了。

正如通用电气的一位董事所说的:"对杰夫而言,最糟糕的不是'9·11'事件的发生,而是《萨班斯—奥克斯利法案》的实施。"

/第八章/

倦怠症

杰夫·伊梅尔特的任务很明确：让通用电气的利润引擎像在韦尔奇治下时一样继续保持运转，这样的结果能表明，公司的成绩并非一人之力造就。但伊梅尔特和他的顾问圈子也知道，今时已不同往日了，他无法享有韦尔奇当初享有的一些优势，尤其是他不能像韦尔奇那样利用金融服务公司提高困难时期的利润率、轻松实现利润目标了。

盲目崇拜的岁月已经成为过去了，有关通用电气金融工程的新传闻开始出现了。这位新老板尚未站稳脚跟时就感觉到，做通用电气的老板变得越来越难了。

因此，当伊梅尔特有一天在会议室里向通用电气的各位董事极力宣扬全新的优先事项时，董事肯·朗格（Ken Langone）感到有些惊讶。伊梅尔特想成立一个由知名CEO组成的小组，共同商议工作中遇到的陷阱以及面临的独特问题，希望大家集思广益，互相学习。

与他人一起创立了家得宝的亿万富翁、大企业家朗格简直不敢相信自己的耳朵，他认为，通用电气的新任领导人需要关注公司的经营，而不是与其他CEO过从甚密，尤其是当前公司面临着极为不利的经济环境时。

这位脾气暴躁的元老把新任CEO拉到一边。"我知道你在干什么。"他对伊梅尔特说，"不过恕我直言，你与其在这件事上花工夫，还不如与公司内潜力大的领导人或客户待在一起。"

伊梅尔特听完朗格的话后，用犀利的眼神盯着他。

第八章 / Chapter 8

"我很清楚自己在做什么。"杰夫·伊梅尔特说。

朗格的心里咯噔了一下。"哦，该死。"他心想，"才两个月他就患上了倦怠症。"

杰夫·伊梅尔特上任时，整个世界已经发生了翻天覆地的变化。经济衰退和恐怖袭击后的不确定性抑制了全球的经济增长，通用电气的工业业务前景黯淡。安然丑闻爆发后出台的新会计规则要求通用电气对其金融部门资产负债表上的大量金融资产负责，这使得该公司无法在艰难时期利用金融部门调节其账面利润了。

伊梅尔特知道，要解决第一个问题，他需要找到经济增长点。他不得不为通用电气的重型机械寻找新市场，并为新发动机、涡轮机和医疗设备的开发提供资金，只有这样，通用电气在美国的销售才会有起色。他还要让曾经为通用电气着迷的投资者们相信，通用电气与安然不一样。

伊梅尔特也越来越多地反思韦尔奇取得的成功。韦尔奇治下的通用电气曾连续9年实现了两位数的利润率增长，其中公司对财务数据的粉饰（如果不算赤裸裸的操纵的话）发挥了多大的作用？如果通用电气一直依靠这种可能导致其他公司破产的会计策略，那么它的成功是真实的吗？

这是重大而剧烈的转变。多年来，通用电气一直深受广大投资者的信任，其良好的投资者关系广受赞誉，而且在20世纪90年代，该公司因"以股东为导向"受到了一本商业出版刊物的特别关注。在此期间，通用电气甚至没有像竞争对手那样召开过讨论季度业绩的会议。该公司的业绩发布会通常都很简短，披露的细节信息不多。投资者往往不清楚该公司是如何实现目标的，但由于其股票表现优异，他们也没有怨言。

从表面上看，大多数通用电气的股东对收益感到满意，他们不太在意公司是如何实现这些收益的。股票收益率飙升，股票随着价值的增加被分拆，股息纷至沓来。这家美国最著名的工业公司的数百万股东每个季度都会得到一点股息。直到安然公司会计造假事件被突然曝光且该公司破产时，许多投资者才开始对通用电气平稳的季度业绩产生了怀疑，而且他们开始怀疑韦尔奇年代的辉煌是否能持续下去。

纵使伊梅尔特和他的副手越来越难以证明韦尔奇留给他们的公司和广告宣传的一样可靠，韦尔奇依然是成功的象征。在伊梅尔特看来，要摆脱压力就要找到新的增长点。

问题是他在这方面没什么经验。管理这个庞大的企业集团与管理一个业务部门截然不同。伊梅尔特告诉他的同事："每项工作都是看起来容易做起来难。"

部分困难源于通用电气的组织结构。管理一个部门时，伊梅尔特需要为其部门确立拟实现的销售和利润目标，但日常的财务决策并非他的工作。业务部门的领导人不必考虑为确保增长采取何种投资策略，不必考虑为满足市场需求投资而开发新产品或建设新工厂。孩子们在街角摆摊卖柠檬水都需要做出一些基本的决策，但通用电气的精英管理人员却可以回避这些基本决策，他们只需要向总部申请资金。

一位跳槽到另一家公司担任CFO的通用电气前高管很快就发现了前东家的漏洞，这位高管从来没考虑过现金问题，因为每个季度通用电气的财务部都会把各个分支机构的现金抽走，然后再统一进行分配。他到新公司工作了几周后才突然醒悟过来这一点。当时他的财务主管打电话对他说，公司可能没有足够的现金支付工资了，他觉得这有些不可思议。发不了工资对他来说是完全陌生的事情，他不知道管理公司的资金流是自己分内的工作。

在通用电气，粉饰资产负债表基本上是无风险的，因为公司，或者更准确地说，是韦尔奇，会处理好这个问题，现在轮到伊梅尔特了。

这项任务与更换冰箱压缩机完全不同。伊梅尔特对他的朋友们说，在刚上任的头几个月里，他觉得自己快喘不过气来了。

伊梅尔特清楚，与韦尔奇一样，通用电气的股价就是衡量他成败的标

第八章 / Chapter 8

尺,而且会为他离任后得到的评价定下基调,但伊梅尔特依然是自信的:他认为目前的股价下跌只是暂时的现象,他只需要向投资者大力宣扬他的设想就能重拾他们对公司的信心。2002年初,伊梅尔特对外宣布:即将实施的大变革将使通用电气转向新的利润和增长源,而且为了让投资者相信业绩的真实性,该公司将史无前例地公开账目信息。

他对《华尔街日报》(Wall Street Journal)的记者说:"年报和季报可能像纽约市的电话簿一样厚,但这就是人生。"

2002年3月的一天,杰夫·伊梅尔特来到了克劳顿维尔的大礼堂。应通用电气的邀请,120名股票市场分析师和投资者来到了这里,伊梅尔特及其团队要向他们介绍公司提高透明度的新措施。但有一位重量级人物缺席了此次会议。

太平洋投资管理公司(Pacific Investment Management Company,PIMCO)是世界上规模最大的债券投资机构,管理着主权财富基金和中央银行的资产,其意见可能左右整个市场。那一天,该机构著名的联合创始人比尔·格罗斯(Bill Gross)没有出现在克劳顿维尔,该机构的其他人也没有现身。杰夫·伊梅尔特很快就知道了对方缺席的原因。

格罗斯的研究笔记享有盛名:里面记录了他对生活和人性的思考心得,偶尔也会记录他对公司、政治家和高管的品质或缺点的敏锐判断。格罗斯于3月22日上午在太平洋投资管理公司网站上发布的说明让通用电气的前任和现任领导人目瞪口呆。他抛售了价值10亿美元的通用电气债券并向读者解释了他这么做的原因,他说:"该公司的诚实性令人怀疑。"

格罗斯抨击的正是伊梅尔特所夸耀的方面:通用电气的透明度,特别是对太平洋投资管理公司等债券投资者不够透明。格罗斯指责该公司最近发行了110亿美元的债券,三天后又宣布准备发行500亿美元的债券。对于抢购了通用电气第一次发行的债券的投资者而言,这一公告会立刻让他们遭受惨重的损失。格罗斯认为,通用电气的拙劣做法表明其内部存在更深层次的问题。

格罗斯对CNBC的记者说:"通用电气多年来一直笼罩在迷雾中。机构投资者一直想知道,为什么一家公司能够连续多年、连续多个季度实现15%的利润增长。"

在格罗斯看来,这样的结果可能是不真实的。

他认为,通用电气稳定的利润是收购的产物,而收购资金主要来自公司股票和商业票据。管理着2500亿美元资产的格罗斯称,他不会购买通用电气的长期债券,因为其收益率与潜在的风险不对称,韦尔奇的所有成功可能都是虚假的。

然后格罗斯向通用电气的商业票据,也就是短期债券,"投掷了一枚手榴弹"。

这位"债券大王"不打算购买通用电气的短期债券,因为他认为这些债券没有足够的信贷额度支持。通用电气出售的是基于市场信任的短期债券,当市场冻结或失去对通用电气的信任时,该公司就会破产,因为它没有其他方式兑付账单。

格罗斯的言论是对通用电气金融服务公司的一记猛击,该公司通过短期债券和商业票据借入巨额资金,然后以更高的利率借出,从中获得巨额回报。就在格罗斯发起攻击时,穆迪也发布报告称,通用电气金融服务公司的短期债务(包括商业票据和12个月内到期的债务)总额达到了惊人的1270亿美元,其中只有24%,或者说310亿美元的债务有银行信贷额度支持,而这310亿美元是这家"世界上最大的商业票据发行公司"在无法展期的情况下,唯一可以用来偿还短期债券的信贷资金。在格罗斯看来,通用电气所欠的债务与危机来袭时它能偿还的债务之间存在着巨大的差距,这是十分危险的。他指出,其他公司都受投资者要求的财务参数的约束,但通用电气没有。

格罗斯再次证明了其影响市场的能力,在他发声后,通用电气的股价

第八章 / Chapter 8

应声暴跌，因为华尔街不知道通用电气的黑匣子里面有什么，不确定该公司能否抵御经济或金融体系的意外冲击。

但也不是人人都赞同格罗斯的观点。通用电气安然挺过了"9·11"后的经济衰退，正准备进军新市场。伊梅尔特及其巨大的公司投资者关系机器向投资者们保证，一旦世界适应了新时代，安全、水、能源、金融等新市场的需求将会激增。按这种观点来看，格罗斯对风险的态度过于偏执了，他过早地放弃了对通用电气金融服务公司这台能生产大量收益的机器的投资。

伊梅尔特也发起了宣传活动。这位CEO出现在了CNBC的节目上，他否认通用电气的会计报表存在问题，并吹嘘说，这家多元化的企业集团能够抵御经济衰退的风险。公司一直蓬勃发展，能够经得起任何风浪。通用电气在网络上发表长篇大论驳斥格罗斯的分析，还在《纽约时报》上刊登了整版的广告。在与投资者举行的一对一谈话和小组会谈中，该公司向各方均做出了有力的保证。格罗斯判断错了，通用电气依然很强大。

整个过程中，伊梅尔特一直表现得很自信。有一次，他开玩笑地说，他可能越来越不受欢迎了，因为他无数次出现在电视上为公司进行辩护。通用电气的一位高管私下里承认，该公司严重地误判了投资者要求的透明度水平。想要消除格罗斯引发的疑虑，他们还有很多工作要做。

/第九章/

派对即将结束

通用电气金融服务公司的员工对杰夫·伊梅尔特保持着警惕。

该部门产生的利润推动了通用电气20年的迅猛增长,韦尔奇深知这台机器对公司业绩的影响有多大。虽然韦尔奇本人有深厚的金融知识功底,但他也明白,在面对错综复杂的金融业务时,自己是有局限性的。他把最重要的盈利机构交给了值得信赖的CEO加里·温特(Gary Wendt)和CFO丹尼斯·达默曼打理。伊梅尔特上任时,他们向他汇报了工作。

但在金融服务公司的员工眼里,伊梅尔特仍然是个未知数。他从未在金融部门工作过,而且从他多次的讲话内容来看,他似乎对金融不太感兴趣,他更感兴趣的是推广从工业业务中得到的好创意以及将通用电气的业务扩展到世界其他角落。

韦尔奇选了位推销员而不是银行家做他的接班人。伊梅尔特相信,进入新世纪后,随着全球贸易壁垒的降低,新的市场会被开辟出来,通用电气要积极在这些新市场寻找机会,而自己的销售才华将会派上用场。但一些站在金融服务公司角度观察通用电气的人并不确定伊梅尔特是否清楚这个为杰克·韦尔奇的经营提供了重要支持的部门是如何赚钱的,也不知道这位新老板是否在乎该部门。

整个过渡期内都在通用电气工作的人员表示,整个公司对营销的关注导致了对风险的疏于管理。在通用电气金融服务公司内部形成了这样一种趋势:当增加的风险能被更高的销量所抵消时,该部门对风险的容忍度就

第九章 / Chapter 9

会提高。当时金融服务公司的员工们所持的理念是，不良交易的影响将被更多的交易所淡化，巨额利润会使失误显得微不足道。然而，通常情况下，更高的投资回报只有在风险增加的情况下才能实现。在老前辈眼里，这样的思想往好了说是天真的，往坏了说是十分危险的。这种错误的逻辑摧毁了许多公司，尤其是金融服务业的公司。

金融服务公司早期存在的问题，包括比尔·格罗斯的抨击和安然倒闭导致的连锁反应及经济的放缓，促使伊梅尔特把斧头对准了该部门。他在上任后的第一年内裁减了该部门一万名员工，而且彻底改组了该部门。

他任命丹尼斯·内登（Denis Nayden）为该部门的领导人，并将其分拆为四个独立的业务部门，包括商业金融、消费金融、设备管理和保险。这些部门的新领导人将直接对伊梅尔特和达默曼负责。

这是伊梅尔特为了让华尔街相信通用电气没有陷入困境或隐瞒任何事情而采取的措施，他要向华尔街表明，金融服务公司将会得到更多的监督。他声称，自己一直希望与金融服务公司的团队有"更多的直接接触"，这释放出了一个明确的信息：他现在是大老板了。

金融部门的老员工们怒不可遏，他们竟然因为连续多年取得了好成绩而遭受了惩罚，而公司的工业部门还要继续仰仗他们。他们认为，伊梅尔特改变了韦尔奇的方针，而且使用了不光彩的方法。

通用电气金融服务公司是一家非常优秀的金融机构，在某些业务上甚至胜过华尔街，伊梅尔特要么是不明白这一点，要么是根本不在乎。该公司的业务水平跟摩根大通和高盛的不相上下。这次清洗只会使金融服务公司的员工更加坚信，伊梅尔特跟他们不是一条心。

尽管伊梅尔特改组了金融服务公司，但他仍然依赖于这个部门。事实上，在他上任后的最初几年里，该公司的业务规模在不断扩大。和韦尔奇一样，他很难抗拒更容易赚钱的金融服务业的诱惑。随着通用电气的业绩下滑和股价下跌，金融服务公司的作用显得比以往任何时候都更加重要了，因为它能为通用电气盈利机器的运转提供润滑剂。

为了履行通用电气与信用评级机构达成的协议,韦尔奇和他的团队曾承诺限制通用电气对金融部门的依赖,将该部门对通用电气利润的贡献率控制在40%以内。韦尔奇本人并没有对设定这一限额的强烈愿望,但得到评级机构的认可对整个企业的发展至关重要,因为只有这些评级机构维持通用电气的3A债务评级,该公司才能获得巨额收益。

在伊梅尔特治下的通用电气,这一限额形同虚设。之前设定限额部分是由于形势所迫。通用电气需要来自金融服务公司的更多利润来支撑其运转,但在持怀疑态度的人看来,金融服务公司利润份额的上升意味着伊梅尔特认不清形势。倘若源自金融部门的利润过多,通用电气可能面临来自信用评级机构的压力,这些机构会要求通用电气解决结构性风险。金融服务公司的秘密武器——由于被视为一家工业公司而不是一家银行,它获得了一流的信用评级,这使它能以低廉的成本获得借款——可能处于危险的境地。

伊梅尔特的支持者认为,这样的批评是不公平的。通用电气最大的工业产品线电力设备的销售额在经历了多年的高速增长后出现了严重的下滑,因此这位CEO才倚重金融服务公司。他们认为,正是由于工业业务的发展缓慢,金融服务公司的业务规模才显得过于庞大。

在减少了对金融业务的监督的同时,伊梅尔特还悄悄地减少了董事会对金融事务的参与。2002年,他解散了董事会下设的金融委员会,该委员会负责监督"退休计划、外汇风险敞口、航空公司融资和其他涉及通用电气资金重大用途的事项"。对此他没有做出任何解释。

事实上,委员们没有收到任何通知,包括具有丰富风险管理经验的董事,如摩根大通公司的前CEO桑迪·沃纳(Sandy Warner)和亿万富翁赛车手兼企业家罗杰·彭斯克(Roger Penske)。2002年年报中赫然在列的金融委员会在下一年就消失不见了。

第九章 / Chapter 9

尽管提高了透明度，通用电气要保持利润增长仍然需要采用复杂的策略。在欺诈行为导致安然、泰科（Tyco）和世通（Worldcom）等公司倒闭后的几年里，企业面临着充满风险的竞争环境。在这样的背景下，新的会计规则出台了，美国证券交易委员会要求上市公司提高信息披露的频率。与前任们不同，伊梅尔特和通用电气的CFO基思·谢林（Keith Sherin）现在要在财报上签上自己的大名以证明其准确性了。

然而，与监管机构带来的压力相比，更令该公司担忧的是，他们更加重视的一个群体，即投资者的不安情绪日益加剧，他们越来越对掩盖了工业部门短期内小问题的金融工程不耐烦了。

2002年秋，身在康涅狄格州费尔菲尔德总部的高管们意识到，通用电气大部分核心业务的销售额和利润将低于预期。经过简单的核算后他们发现：大量的支出和费用将侵蚀利润，近三个月的利润必然低于投资者的预期。几乎可以肯定的是，一些失望的投资者会抛售通用电气股票，股价将下跌，这一点是最致命的。

但通用电气并不甘心接受这样的结果，它还有一个"储钱罐"可以利用：这家公司到处是收入，包括意外的退税和来自想取消订单的客户的现金返还。最让人振奋的是，出售通用电气的电子商务部门产生了3亿美元的收入。这笔收入能使通用电气实现利润目标，避免惹恼华尔街，但银行家们难以在季度末完成这笔交易，此时通用电气金融服务公司登场了，当买家无法筹集到所需的资金时，该公司购买了其价值2.35亿美元的债券，致使买家完成了交易。

通用电气获得了收入并实现了利润目标。正是韦尔奇采用的这种策略为通用电气赢得了创造力和财务诡计的名声。

但这些举措不像以前那么奏效了。怀疑论者问道，该公司为什么会给私人投资者提供资金买走自己的一个部门？在投资者看来，这样的做法存在风险，而且他们会思考通用电气采用这样的策略多久后会爆出问题。伊梅尔特根本无法像韦尔奇那样使用一些工具，韦尔奇当年使用这些工具时没有遭到分析师和专家的批评。

　　大投资者也变得不满了。美国最大的养老基金CalPERS以股东身份对通用电气的高管薪酬提出了质疑，该基金希望公司的高管依绩效获得薪酬。

　　派对似乎要结束了。

/第十章/
买入卖出

由于通用电气未能实现预期的增长,其股价仍处于低位,这让人很恼火。韦尔奇治下的那种令人难以置信的增长也没有推动股价恢复上涨。每当伊梅尔特上电视时,总有人问他股价的问题。他知道股价是衡量企业领导人成败的最重要、最不近人情的标准。

2003年秋,通用电气的股价比伊梅尔特就任CEO当天下跌了23%。和前任韦尔奇一样,这位新老板也看出了通过收购实现利润增长的门道,换句话说,他打算通过交易来获得成功。10月份,通用电气连续三天公布了三项重大的举措,显示出了公司的勃勃雄心。

第一天,它宣布以140亿美元的价格收购维旺迪(Vivendi)在美国的影视资产,将其并入全国广播公司(NBC),成立NBC环球公司。

第二天,它宣布以24亿美元的价格收购芬兰医疗设备制造商英迈杰(Instrumentarium),试图将其医疗部门的业务向技术和患者监护领域进一步拓展。

第三天,它宣布以95亿美元的价格收购英国生命科学公司阿默森(Amersham),这是通用电气有史以来规模第二大的收购案。

对于一家业绩出现了问题、年轻的CEO刚上任两年的公司来说,这些都是很难做到的事情。几个月前,通用电气斥资54亿美元从荷兰的保险业巨头荷兰全球保险集团(Aegon)收购了其旗下全美金融服务公司(Transamerica Finance Corporation)的大部分金融放贷业务。

在一些人看来，这些交易看起来像是通用电气在绝望中出台的一系列举措。10月中旬，《经济学人》（Economist）评论说："目前还不清楚公司的老板杰夫·伊梅尔特是在走出困境，还是把自己陷得更深。"

从战略层面讲，这些交易对通用电气的相关部门是有意义的。收购阿默森的交易将使公司的医疗部门更接近医学的前沿。伊梅尔特认为，这笔交易是对医学未来发展的长期押注。尽管如此，很少有人能忍受他为此付出的代价。

按交易消息公布前一天的数据计算，通用电气支付的价格比阿默森的股价高出了45%。虽然伊梅尔特和谢林极力为这笔交易辩护，但分析师们仍然对如此高的溢价提出了质疑。在华尔街看来，更糟糕的是通用电气为了达成这笔交易率先发行了自己的股票，这对原本就表现不佳的股票造成了冲击，而且还增加了股息成本。

这笔交易给许多通用电气的观察人士留下了深刻的印象。一些董事后来说，这笔交易让这些观察人士对伊梅尔特的交易技巧产生了不良印象。他们批评他追逐潮流，反应太慢，而且支付的价格过高。一家与通用电气存在竞争关系的公司的CEO开玩笑地说，伊梅尔特是在玩"时尚冲浪"。

这并不是说韦尔奇的交易记录就是完美无缺的，一些人就质疑过全国广播公司对通用电气的价值，但韦尔奇十分喜欢CNBC，因为该公司受到了各国CEO、交易部门和投资部门的密切关注，为宣传通用电气发挥了不小的作用。韦尔奇曾就播出的故事和报道的内容向该频道提供过建议，他称该频道是"宠物项目"和能给人带来安全感的朋友。

伊梅尔特以一种自以为是的决心对待这些交易。他早期完成的一些交易算是比较出色的，比如在一次破产拍卖中以3.58亿美元的价格收购了安然公司的风力涡轮机制造业务，后来该业务成了通用电气重要部门的支柱，而且这笔交易使通用电气在可再生能源领域有了一个重要的立足点。

但他也有很多糟糕的押注。"9·11"事件爆发后，伊梅尔特开始着手建立一个安全业务部门,向家庭和企业销售安全摄像头、火灾探测仪及相关的系统。这个部门经营得一直不景气,后来被出售了。

随后,经过一系列的交易,伊梅尔特领导通用电气进入了水处理业务领域。但是,为了实现他在世界各地建设过滤水的基础设施并从中获利的梦想,该公司的销售人员向潜在客户兜售了相互竞争的技术。

一些目睹了伊梅尔特疯狂地收购新工业业务的高管怀疑这位CEO误解了通用电气管理"魔法"的意义和局限性。该公司以培养优秀的管理人才而自豪,为了取得更大的成绩和提高业绩,这些管理人员可在集团内不同的业务部门任职,但他们不能做力不能及的事情,不能指望他们解决战略性问题,尤其是通用电气是否应该进行收购的问题。通用电气的管理体系不能替代战略原理。

伊梅尔特没有耐心考虑这些问题。当一位高管对通用电气这一时期的大肆收购表示了担忧并因此被逐出公司时,公司的老员工们都大受打击,士气非常低落。韦尔奇也曾大量买进卖出、进入或退出某些业务领域,也曾不停地寻找价值更高的业务,但相比之下,一些批评者认为,伊梅尔特的快进快出更多的是为了防止通用电气变得暮气沉沉和疲惫不堪,以及追逐时髦的新事物。伊梅尔特声称,他这么做是为了清除资产组合中可能产生较大危害的部分。

同时,伊梅尔特对运动的热爱也使他成了一名不屈不挠、令人信服、不达目的决不罢休的推销员。伊梅尔特的同事说,当伊梅尔特觉得交易有意义时,买入价格就不重要了。他对把目标公司整合到通用电气后的美好设想——所有新市场都会对通用电气打开大门,使得价格变得无关紧要了,同时也使不做交易是否更合理成了一个不值得考虑的问题,至少他是这么认为的。即使伊梅尔特的一些副手认为他应该放弃交易时,他也不会这么做。他认为,领导人在面对怀疑时要保持定力。反对收购的人不只是在表达异议,性质要比这糟糕得多。在伊梅尔特看来,在关键的时候提出反对意见是一种背叛。伊梅尔特不只是疯狂地买入业务，他还在不断地卖出业务。

随着韦尔奇退休，通用电气的巨额保险押注恶果显现。与其他试图在这项业务中赚钱的公司一样，由于此前的估算过于保守，通用电气必须增加准备金才能保证未来的履约能力。伊梅尔特在成为通用电气CEO的头五年里，不得不向保险业务部门注入了94亿美元以增加准备金。

问题出在再保险业务上，即通用电气出售给其他保险公司的保险。通用电气出售这类保险是为了帮助这些公司降低业务风险，这些公司支付的保费与达到赔付门槛的风险水平挂钩。

再保险协议可以保护公司免受过大的损失。对出售再保险的公司来说，门道在于确定能获利的价格。另一方面，出售再保险的公司可以利用收取的保费进行投资，进而获得更高的回报。通用电气从中看到了获利的机会。

1984年，韦尔奇以10多亿美元的价格收购了雇主再保险公司（Employers Reinsurance Corporation，ERC）。由于通用电气要进军这一看似可轻松获利的利基市场，其他交易便接踵而至了。但韦尔奇后来改变了想法，他承认通用电气对这项业务的了解不够，对它的管理不完善。通用电气过于冒进了，而且定价有误，这对保险公司而言可能是致命的。结果，通用电气不得不在20世纪90年代末提供数亿美元的准备金。

但韦尔奇热爱这项业务，他曾宣称，通用电气的保险从业经验"给了我们信心，使我们可以做得更多"。他写道，通用电气的这些收购"是锦上添花"。然而，伊梅尔特上任后，这些业务爆发了危机，他先是为这些保险业务提供了支持，然后又退出了这个行业。伊梅尔特开玩笑说，通用电气在这个不久前才开始出售宠物保险的行业里没有业务。

伊梅尔特知道，退出和进入新行业都能证明他作为韦尔奇接班人的价值。他认为保险业是一个可以退出的行业。他会在市场触顶之际把握好时机，不会等到一场严重的金融危机挤压该部门的利润时才出手。新老板的

第十章 / Chapter 10

判断没有错。

尽管包括CFO谢林在内的通用电气高管多年来一再宣称再保险业务的风险已不复存在，但更深层次的信贷危机正在到来。伊梅尔特本人在致《巴伦周刊》（*Barrons*）的一封辩解信中指出，公司的审计人员已经在账目上签了字。"每个季度和每个年度，通用电气都遵循了严格的程序来审查再保险业务的理赔情况并估计准备金。"他写道。

2004年，通用电气将旗下大部分保险资产剥离给了金沃思金融服务公司（Genworth Financial），并于两年后将其余大部分保险业务出售给了瑞士再保险公司（Swiss Reinsurance Company），但交易合同中规定了一些细节问题。

金沃思金融服务公司经营大量再保险业务，包括各种长期护理险，涵盖了养老院和辅助生活的费用。这类保险很受客户欢迎，但其定价是完全错误的，最终对整个行业造成了严重的伤害。

在为剥离给金沃思金融服务公司做准备时，通用电气的银行家们建议，不要将长期护理险纳入此次分拆，因此，为了使这笔交易更具吸引力，通用电气同意承担这类保单的赔付责任。

简而言之，通用电气金融服务公司对这些保单负责。那么这么做有什么风险呢？会对通用电气的"提款机"产生什么威胁呢？

/第十一章/

梦想启动未来

现代通用电气是杰克·韦尔奇一手打造的,但杰夫·伊梅尔特的行为已经表明,他计划让公司做出一些改变,他想在公司打上自己的烙印,哪怕只是表面上的。

他让人给公司的喷气式飞机重新喷漆。通用电气有一个机队,包括一架波音737,公司的高管们乘着这些飞机穿梭于全球各地。根据董事会的要求,通用电气的CEO伊梅尔特出行时只能乘坐本公司的飞机,而且不能乘坐商用飞机。公司做出这样的规定是为了确保他的安全(其他大公司也使用这一借口),但很少听到有关这种"规定"的抗议。

新领导让人对飞机重新喷漆的举动令公司高层感到困惑,尽管这项工程的费用不会让这家大公司感到吃力,但它确实花了不少钱。此外,这些飞机本来就不需要重新喷漆,喷漆的原因大家不得而知。这体现了杰夫·伊梅尔特的另一个特点:他想做什么就做什么,最好不要问太多。

通用电气的资产组合仍在持续变化,因为它一直在买进卖出部分业务线。伊梅尔特意识到了华尔街的担忧,他急于给公司打上更具他个人色彩的烙印,为此他提出了一个目标:有机增长。

这是华尔街的行话,指的是通过现有业务而不是收购实现增长。比尔·格罗斯等一些投资者指责韦尔奇和伊梅尔特采用了无机增长策略,伊梅尔特急于向世人证明,他不需要通过收购获取丰厚的利润,他可以通过重组通用电气现有的部门增加收入,进而提高通用电气的竞争力。在分析

第十一章 / Chapter 11

师看来，伊梅尔特的计划听起来不错，不过，只有当他和他的团队能够找到只产生新收入却不增加大量额外支出的方法时，这一计划才会奏效。

伊梅尔特在上任头几年里面临的不利因素并没有消失：经济依然低迷，投资者的审查依然严格，股票回报率依然很低，但他承诺的稳定的有机销售增长是带领通用电气跨入新世纪的一条明路。走这条路也有一个好理由，即它可以让伊梅尔特专注于市场营销这个自己最喜欢的业务领域。他认为通用电气在市场营销方面具有优势。

伊梅尔特坚信通用电气的品牌实力和价值，事实上，他相信，仅靠公司广泛的认可度和全球化举措就能提高销量。不过，他也想更积极地向媒体和公众宣传公司，向社会展示公司及其产品给人们留下的深刻印象。

贝丝·康斯托克一直在通用电气旗下的NBC从事媒体关系工作，2003年，伊梅尔特任命她为通用电气的首席营销官，通用电气已经有20年没有设置这一职位了。伊梅尔特认为，虽然康斯托克缺乏营销经验，但她是一位"变革者"，能够重塑通用电气在公众心目中的形象，助他增加公司的销量。他想加大营销力度。康斯托克上任后，立马进入了角色，她阅读营销书籍，学习基础知识，并与其他首席营销官建立联系。

在选择康斯托克时，伊梅尔特和韦尔奇一样，都是凭直觉行事的，他想要的不仅仅是一位富有进取心的新营销主管。伊梅尔特明确表示，康斯托克的使命是"重振公司的市场营销"，他想在通用电气的品牌上打上自己的烙印。通用电气的字母标识早已名满天下，品牌知名度很高，价值数十亿美元，但伊梅尔特认为，通用电气的品牌需要与时俱进，要能体现21世纪现代化的形象。

因此，这位新老板把目光投向了该品牌最具标志性的元素：通用电气自1979年以来一直使用的广告语。"通用电气带来美好生活"是美国人耳熟能详的广告语，电视上播放的灯泡、收音机等通用电气商品的广告中总是会出现它。

伊梅尔特想要一个更新颖、更轻松、更能反映他重视的技术创新的口号，他认为，通用电气最核心的贡献是技术创新。新口号要使公司更彻底地摆脱韦尔奇时代的影响，减少人们对他和韦尔奇的比较，谁都知道他的这点小心思。

伊梅尔特随即向通用电气合作了数十年的广告代理商天联广告公司提出了要求。他的要求非同小可。在公众心目中，旧的广告乐曲和口号仍然与通用电气有着千丝万缕的联系。这首乐曲是由资深广告乐作曲家大卫·卢卡斯（David Lucas）创作的，其作品每天都会出现在大公司的广告中。尽管伊梅尔特认为韦尔奇忽视了营销职责，但在韦尔奇执掌通用电气的最后一年，该公司仍然投入了2亿多美元用于广告宣传。伊梅尔特现在想抹掉这些投入。

天联广告公司向伊梅尔特提出了一个令人惊讶的建议：别动那句广告语。广告公司的人表示，通用电气改变广告语的决定是鲁莽的，除了可口可乐，通用电气的品牌仍然是市场上最强大的。

但伊梅尔特听不进去，他不想要渐进性的变化，他想要革命性的变化。他反驳道，如果天联广告公司想不出更好的广告语，"我就更换广告公司"。

天联广告公司只得服从命令，经过一番冥思苦想后，广告创意人员想出了一句广告语，它完美地体现了伊梅尔特对公司新面貌的期望，反映了能实现客户一切梦想的组织意识，这句广告语就是："通用电气：梦想启动未来。"

伊梅尔特很喜欢它。新的广告语概括了通用电气的创新之处，传达了通用电气在高科技驱动的新世界里的新创意和无限潜能。通用电气不再只是生产灯泡、涡轮机或发动机的制造商了，它梦想着开启一个能产生改变世界的发明的新时代。

事实上，伊梅尔特并没有像他认为的那样彻底摆脱通用电气的过去。韦尔奇曾对股东说，公司所说的设定"远大的业绩目标本质上是用梦想设

第十一章 / Chapter 11

定业务目标，但并不知道如何实现它们"。就像选择接班人一样，韦尔奇相信，雄心勃勃的目标总是能被积极进取、意志坚定的员工们实现——或者即使他这一任无法实现，那么他的下一任也会实现。尽管如此，新的广告语仍然标志着公司的大转变——无论说辞多么模糊，它也标志着伊梅尔特领导下的通用电气发生了重大的转变，这是伊梅尔特想要的结果。

伊梅尔特宣称："梦想启动未来不只是一句口号，它也是公司存在的理由。"

改变一直在发生。通用电气对心爱的"肉丸"标志进行了调整，将字母组合的图案放在一个淡蓝色的背景中。为了使客户更容易了解通用电气生产和销售的产品，沃尔夫·奥林斯（Wolff Olins）的营销顾问将公司的3500种业务划分为了11个类别。

通用电气甚至还请人设计了字体，从广告文案到新闻稿的所有领域都使用这种字体。公司表示，这一字体的"设计灵感"源于通用电气的标志，它将新字体命名为"英斯佩拉"（Inspira）。(该公司称："推出英斯佩拉字体时，其圆润的流体形曾引发了一些人对其开放性的质疑，而其他人则觉得它新颖、鼓舞人心。"）

新广告语确定后，一场声势浩大的宣传活动便开启了。天联广告公司在宣传中将通用电气过去和现在的形象混杂在一起，有力地证明了该公司的技术成为了塑造世界的力量。一艘帆船超越了奋力划船的维京人，这凸显了通用电气风力涡轮机驾驭风力的能力。在小鹰镇（Kitty Hawk），莱特兄弟的飞行器现在都由通用电气的喷气发动机提供动力。爱迪生很自然地出现在了一则介绍电子病历的广告中，运用这种病历，相关的信息在几秒钟之内就能被发送给医生。

伊梅尔特认为公司的品牌重塑很成功，但有人持不同意见。新老板是在为自己的地盘做标记吗？做这些都是为了解决问题吗？那些博人眼球的新广告是不是太肤浅了？新广告语的真正含义是什么，尤其是与旧广告语相比？人人都知道"通用电气带来美好生活"意味着什么。

通用电气金融服务公司的员工表现得尤其明显。异想天开的广告和想象力漫谈很适合作为超级碗的广告，但通用电气金融部门处理的是确切的数字。考虑到对会计和透明度的广泛审查，金融部门的一些人认为，新的口号即使算不上有风险，也是很无礼的。该部门认为自己是一家精英金融机构，比华尔街那些守旧的银行家们都要优秀，而且它还要支撑这家庞大的企业集团的业绩。金融部门的人认为，他们在工作中不需要想象力，也没有运用想象力的必要。

伊梅尔特对这些看法不屑一顾。他觉得新的通用电气就应该是这样的，一些人可能跟不上他的变化，但那些跟得上的都是具有远见卓识的人，他们明白，公司自身的故事是其战略的核心，不能只靠销售产品。公司不仅要制造小部件，还要创造未来。伊梅尔特自得其乐，不愿意听到质疑声。

伊梅尔特对一家报社的记者说："我的职责是让公司运转，我要确保除我之外无人定义公司。"

质疑者很快意识到，"梦想启动未来"不仅仅是一句广告语。伊梅尔特想把市场营销置于通用电气战略的核心，也就是说，市场营销不仅决定公司如何销售其产品，而且决定公司要生产什么。与之前的韦尔奇一样，康斯托克和伊梅尔特也提出了新的术语来表达他们希望公司遵循的程序。通用电气各业务部门的领袖们将汇聚一堂进行"创想突破"，就公司应该设计和销售的产品献计献策。

伊梅尔特希望各部门负责人能就新产品和服务提出富有想象力的建议，进而创造出有机收入，实现他的设想。这是一项极为艰巨的任务，它需要一系列的产品创意，每项创意都要带来1亿美元的新销售额。更重要的是，伊梅尔特希望这样的"创想突破"会议由每个部门的营销团队领导。营销团队通常负责广告和品牌推广，现在他们却要履行产品工程师的部分职责了。伊梅尔特这一指令的灵感源于他读到的一篇文章，这篇文章提到一家

第十一章 / Chapter 11

名为丹纳赫（Danaher Corporation）的小规模工业集团为了开发能够推动收入和利润增长的新创意成立了内部孵化器。这家公司的CEO是个名叫拉里·卡普的天才，刚年满37岁，比伊梅尔特担任通用电气CEO一职时还要年轻。

整个公司的营销重点非常明确。伊梅尔特成立了由"公司内最优秀的销售和营销人员"组成的商业委员会，他本人担任该委员会主席。在接受《哈佛商业评论》（Harvard Business Review）的采访时他说："这是件大事。该委员会旨在分享最佳的实践做法和制定增长计划，但更重要的是，增长创意的开发成了程序性的工作。"

现在由营销人员负责通用电气的增长战略了。公司关注点的变化导致了大量的新支出和大量的广告活动。公司现在做每件事时都必须配个故事，所有的决策和战略也是如此，否则它们在新的高层团队眼里毫无意义。

康斯托克认为，讲故事就是一种策略。

编故事花了很多钱。为了能以较低的成本增加销量并获取利润，伊梅尔特改变了通用电气的主叙事，但执行其策略的成本越来越高。在整个伊梅尔特时代，监督各项业务的部门不断扩张，其成本不断增加、复杂性不断增大。在这位CEO看来，这家企业集团的真正优势是，它能将分散的各个部分汇集于强大的组织之下，能对它们进行全面的监督。

公司的人称集研究、销售、信息技术和后台支持于一体的中心为"博格"（Borg），这个词出自电影《星际迷航》（Star Trek），本意指的是一个外星种族，它能将其他种族同化，抹去他们的个体意识，使他们严格奉行集体意识。

伊梅尔特利用韦尔奇时代的理念呼吁通用电气员工进行"无边界销售"，即不仅销售各自部门生产的产品，还销售公司其他部门的产品。更进一步说，是要销售产品组合。一位在德里销售机车的高管可以寻找X光机、电气开关设备或资产支持商业贷款的潜在买家。

所有这些销售人员都依赖于博格的支持，博格为他们的工作、为他们所销售的重工业产品的研究和生产提供资金。这样的安排是为了让多家工业公司依靠同一资金源以及重叠的人才库和专利实现最终的销售协同效应。伊梅尔特认为，在中东、中国、非洲和南美等新兴前沿地区，争夺市场份额的竞争异常激烈，这一策略很适合这些地区。

公司面临的一大挑战是确保销售利润高于博格不断增长的成本，因为各个层级的营销、研究、融资和对工业部门的其他支持都需要花钱。不过，伊梅尔特相信，未来销售额的增加能够抵消博格不断增加的成本。

伊梅尔特认为自己是在真正地搞创新，因为他证明了集团组织结构的价值。在其他地方，这种结构不受欢迎。例如，丹纳赫的组织结构比较简单，仅有几百人监督旗下的公司。由亿万富翁投资者沃伦·巴菲特（Warren Buffett）经营的企业集团伯克希尔－哈撒韦（Berkshire Hathaway）甚至更简单，高管只有几个人，所有其他职能都被划归到了各部门，这样各部门能够根据实际情况管理和控制成本。

相比之下，通用电气的组织结构不仅会妨碍管理者提升独立经营业务所需的技能，而且也会使他们无法准确了解部门的业绩或健康状况。不考虑所有成本得出的利润数据会扭曲各业务部门及其管理层的业绩。这倒是很好地为投资者呈现了企业成功的画面。不太确定的是，从长远来看，增加层级是不是一项可靠的战略。杰克·韦尔奇大幅削减了通用电气的官僚阶层，但伊梅尔特却反其道而行之。被韦尔奇视为大患的科层体系现在换了个名字。

杰夫·伊梅尔特设想中的另一个要素现在决定了通用电气的战略。公司的命运与不断增长的收入密切相关，因此公司需要找到能增加销量的市场。就电力设备、机车、喷气发动机和医疗器械而言，关键的市场不太可能出现在欧洲或美国，通用电气过去多年来一直专注于这些市场。虽然几十年来该公司的足迹遍布世界各地，但大多只是留下了足迹而已。伊梅尔特认为，一波源于新市场的销售增长将永远改变通用电气的收入构成。简而言之，通用电气将不得不去外国。

通用电气不是第一家大胆进军国际市场的公司，但它面临着独特的挑战。开拓国际市场并不像在外国城市设立办事处那么容易，它需要与地方、地区和国家政府建立深层次的关系。此外，通用电气不销售手机，也不销售任何其他单个产品。其机器的售价往往高达数亿美元，使用寿命长达数十年。通用电气需要了解当地市场并在那里深耕细作。

进入新市场，包括那些政局不稳或特别欢迎美国企业的市场，也可能极为复杂和危险。有几次在不稳定的地区过夜时，为安全起见，伊梅尔特睡在了公司的飞机上。在腐败泛滥的国家里很难获得业务，特别是通用电气这样的企业，它常常声称自己是少有的诚实经营的跨国公司。

不惜一切代价地实现增长、抢占市场份额以及建立业务部门都是在前沿市场销售的关键，但在扩张的同时难以盈利对伊梅尔特来说是可以接受的。他认为该公司在这些市场具有规模和新客户关系的优势，将来自然能够获利。

伊梅尔特马不停蹄地在美国境外旅行，他对同事们说，他大约有四分之一的时间都在旅途中。他有专门的旅行计划和伴他出行世界各地的随行人员。有迹象表明，世界也对他的努力做出了回应。

全世界似乎都听到了杰夫·伊梅尔特和通用电气的新故事。

/第十二章/
大干一场

股市不认可通用电气的价值,这让杰夫·伊梅尔特很抓狂。

他的顾问声称,他不会留意每日的股票走势,但他的行为出卖了他。股市是追踪他表现的最终计分牌。但是,他没有去努力消除投资者对公司业绩、未来增长和透明度的担忧,而是搞了一次推销。

"股票目前的市盈率是十年来最低的。"他在2006年初致投资者的信中写道。通用电气拥有"一支卓越的团队,他们创造了优异的业绩,经营着增长前景辉煌的高价值业务"。

"投资者决定股价,但我们喜欢通用电气的定位方式。我们知道,是时候大干一场了!"他写道。

伊梅尔特有安抚人心的神奇能力。他的镇定自信表明他知道自己在做什么。当遭受挑战时,他会机智地用老生常谈解释他这么做的原因。他大声的狂笑和轻松地拍打对方背部的动作能缓解紧张气氛、结束争执。

但这些招数对华尔街无效,或者说是不再有效了。安然、世通和泰科那些高谈阔论的领导人让华尔街产生了刻骨铭心的戒心,而经验丰富的投资者根本不考虑伊梅尔特对通用电气的乐观设想。股票的走势要靠公司的业绩而不是承诺推动。

但这并没有阻止伊梅尔特试图推高股价,有时,当伊梅尔特试图以数据证明自己的成绩时,华尔街的人对他的行为都感到迷惑不解。

他宣称,通用电气将实现持续的有机增长,即在不收购其他公司的情

第十二章 / Chapter 12

况下，靠现有业务产生更多资金，其增长率将是全球GDP增长率的两到三倍。根据世界银行的数据，2005年，全球GDP增长率为3.8%。在很多观察家眼里，通用电气在长期不可能实现这么高的增长率。

《哈佛商业评论》写道："没有一家公司实现过通用电气所追求的那种增长，当然也没有1500亿美元的收入基础。"该评论还指出，实现这种增长的路径也是不明确的。

尽管如此，伊梅尔特仍然在宽泛、模糊地阐述他的战略。其中的一个举措是让员工向他提供好创意。他的作用就跟"项目经理"一样，为员工提供"实现梦想"的平台。

"规模促进增长。它给了我们振翅高飞、传播成功经验和从失败中吸取教训的机会，"他在致股东的信中写道，"我们已经建立了一个能在短期和长期促进增长的创想突破大通道。"

他预计通用电气每年将产生100多亿美元的自由现金流，他还解释说，通用电气并不需要这些现金，它们是支付股息后剩下的。"我们的工业业务增长不需要太多的投资，而我们的金融服务业务一直有较高的净资产回报率。"他向股东解释说。在承诺另一个250亿美元的股票回购计划时，他向股东保证说："未来几年通用电气大有可为。"

2006年，通用电气的股价上涨了5.2%，而标准普尔500指数上涨了15.6%。

◆

诺沃克（Norwalk）通用电气金融服务公司的人不太关注梦想，不指望什么创想突破，也无意在公司转型时振翅高飞。他们认为，他们就只是在赚钱而已。

对回报的追求永无止境。金融服务公司的人一直在寻找融资交易、购买资产和经营业务的机会。从墨西哥玉米卷饼到远洋货轮，他们一直在用通用电气的钱赚钱。

但金融服务公司多年的成功也为它日后的发展埋下了陷阱。正如大投资者和其他金融公司发现的，公司规模越大，做成交易的难度就越大。该部门只有承担更多的风险才能获得更高的回报，它别无选择，只能退而求其次，收购此前可能被它拒绝的业务。

庞大的规模也使它比较容易进入新市场。在通用电气的高信用支持下，它利用每天不得不投入的数亿美元进行操作并从中获利。2006年的次级抵押贷款就是这样的市场。火热的房地产市场催生了一系列贷款，银行和抵押贷款机构甚至向信用评级很差、完全不了解的借款人发放了抵押贷款。

在通用电气金融服务公司的高管们看来，进入次级抵押贷款市场并非难事，他们的工作本来就是利用公司的资金进行投资并从中获利。销售大型机械并提供相应服务的工业公司在进入抵押贷款市场之前应深思熟虑，这也是理所当然的事情。金融服务公司已经发展成了规模庞大的金融企业，而通用电气的业务范围是早就确定好了的。它是一家工业公司，但它也播放《老友记》，卖保险，旗下还拥有众多早已收购了的公司，包括吉布森吉他（Gibson Guitars）、澳大利亚的大型冶金煤矿企业、蒙哥马利沃德百货公司（Montgomery Ward）等。

它有什么理由害怕增加一些住房贷款资产组合呢？

2004年，金融服务公司断然以约5亿美元的价格从私募股权公司阿波罗全球管理有限责任公司（Apollo Global Management LLC）手中收购了惠好抵押贷款公司（Weyerhaeuser Mortgage Company）。阿波罗于七年前从惠好公司收购了这家贷款单位。惠好公司是一家木材公司，也是美国最大的私人土地所有者之一，当时该公司管理层决定简化资产组合，出售贷款业务，专注于核心业务，但通用电气正朝着相反的方向前进。

在金融服务公司的管理层看来，利用惠好抵押贷款公司很容易赚到钱。该公司给购房者提供贷款，然后转手把抵押贷款卖给想将一系列贷款转化

第十二章 / Chapter 12

为债券的投资银行。惠好抵押贷款公司先从这些银行拿到钱，之后寻找借款人。

1995年，金融服务公司资产负债表上的所有资产总额不足2000亿美元，但它仍然是现代工业公司经营的规模最大的金融部门，而且通用电气的领导层表示，该业务部门与其他业务部门一样安全、易管理。韦尔奇在任时，通用电气依靠该部门创造利润和平滑收益，到了伊梅尔特接任时，该部门的资产规模已增加至4250亿美元。到2006年底，金融服务公司的资产规模迅速增加了三分之一，达到了5650亿美元，而且规模还在不断扩大。

金融服务公司不仅创造了利润，还培养了高管人才。其中一位是身材矮小、脾气暴躁的缅因州刘易斯顿市人。此人最初是公司的审计师，后来一路擢升，成了贷款部门的重要管理者。他喜欢钓鱼，对愚蠢的问题极为不屑，他就是杰夫·伯恩斯坦。

和很多来自常春藤联盟高校的同事不同，伯恩斯坦进入通用电气之前就读于位于波士顿的东北大学（Northeastern University），专业是金融学。毕业后他进入了通用电气的电力部门，并参加了严格的财务管理培训。为期两年的培训相当于让年轻的通用电气入职人员上MBA课程，完成该培训的人员要在通用电气的各业务部门轮岗。这是那些具有雄心壮志、想成为公司高层领导的员工迈出的第一步。

在电力部门任职时，伯恩斯坦参加了公司审核员工（Corporate Audit Staff，CAS）项目，这是又一个精英轮岗的财务项目，利于守护通用电气的企业文化，也是通用电气最有抱负的年轻高管的升迁通道。该项目的历史可以追溯到20世纪初，每年仅有几百名员工参加，通用电气的高层管理人员大多参加过这个项目。参与该项目的人都很疲累，因为根据项目要求，他们在处理生活中的一切事务时，包括安排日程、履行家庭义务、获取外部利益等，都要考虑公司和他们的任务要求。

CAS小组会下沉到通用电气的各个业务部门审查财务、运营和其他相关事宜。为全面了解公司，CAS小组每隔几个月就会轮换到不同的业务部门。CAS的身份，加上对其他部门拥有警察般的查账权，使这些小组拥有很大的权力。项目负责人直接向CFO汇报，这实际上把CAS变成了一个信息网络，只有CFO和通用电气其他少数几个人才能获得各个业务部门的内部运作信息。

CAS小组还与通用电气的外部审计机构毕马威（KPMG）密切合作了一个多世纪。这家会计师事务所通常依靠其员工的调查结果来指导对通用电气财务状况的审计工作。事实上，考虑到通用电气惯于采取激进、有问题的会计操作，双方的关系还算是比较融洽的。面对像记者和市场分析师这样的局外人时，通用电气领导人称CAS是独立的审计部门，其职能与毕马威非常相似。但实际上，通用电气的审计人员总是会考虑本公司的利益。如果说有什么区别的话，那就是，CAS小组的人与他们所审核的业务部门的一些高管一样，都有责任挖掘获得新利润的机会。

连毕马威都很少质疑通用电气的操作，公司的审计人员就更不可能这么做了。事实上，当通用电气的会计操作有问题时，他们会尽可能地在内部消化这些问题。CAS小组深入到各业务部门以确保它们的正常运转，同时他们也在寻找增加利润的方法。换句话说，这支名字中含有"审计"二字的精锐团队也在寻找提高通用电气季度利润的方法。

获得通用电气CFO关注的一条捷径是赢得公司审核员工制度奖（Corporate Audit Staff Honor），该奖项的首字母缩写正是"现金"（CASH）一词的拼写。这一奖项的获得者通常是那些发现了大量可做出会计调整之处的员工，即在法律允许的范围内调整数据，进而提高通用电气向华尔街公布的利润。

CAS项目为期两年，项目结束时，成功的参与者可在五年后成为真正的公司高管。参与期的工作强度很高，规则是"要么升职，要么走人"。大多数雄心勃勃的候选人会被淘汰，最后留下来的只是少数人，他们会被邀

第十二章 / Chapter 12

请继续参加更高级别的项目。尽管如此,如果参与者的表现不错,即使最终被淘汰,这一经历也会为他们日后在通用电气的事业发展奠定坚实的基础。通过CAS一年考核的员工名单会被递交给工业部门的人力资源主管,他们会从这份名单里选拔人才,若这些员工足够优秀,他们可能踏上通往通用电气最高领导层的内部擢升通道。

杰夫·伯恩斯坦顺利过关,最后成了审计经理。在参与项目的过程中,他还认识了妻子吉尔(Jill),后者也参加了通用电气的两个项目,最终在信用卡部门任职。

从那时起,伯恩斯坦便在公司内一路高升。1996年,他成为通用电气航空部门的CFO,两年后成了通用电气的高管,在通用电气高管中排名前200位,那时他年仅33岁。他的迅速崛起清楚地表明,他正在被培养成为公司的高层之一。

当伊梅尔特将通用电气金融服务公司拆分为四个由他直接领导的部门时,伯恩斯坦被任命为了商业金融部门的CFO。在四个部门中,该业务部门的规模最大,管理着约1800亿美元的资产。

2005年,伯恩斯坦被任命为通用电气金融服务公司的CFO。之后,他加入了一个小组,这个小组的人常常聚集在位于办公大楼顶层的属于CEO迈克·尼尔(Mike Neal)的办公室外吃午餐。伯恩斯坦和尼尔的关系也因此变得亲密起来,他们会悄悄地溜到屋顶一边抽烟一边谈业务问题。

岁月如梭,十年一晃而过,其间这对搭档不懈地追求新交易,通用电气金融服务公司的规模也变得越来越大。他们从波音公司购买了20亿美元的商业金融资产,波音公司出售这些资产是为了专心经营只针对其产品的融资业务。与通用电气不同,波音公司不想成为银行了。

通用电气金融服务公司随后买入了韩国现代金融株式会社(Hyundai Capital Services)和迪拉德国民银行(Dillard National Bank)40%的股份,后者经营自有品牌信用卡业务。它还收购了庞巴迪(Bombardier)的存货融资部门，斥资10亿美元收购了CIT集团的飞机资产，斥资18亿美元买入了土耳其第三大银行25%的股份。2005年底，它收购了安塔瑞斯资本（Antares Capital），为与私募股权基金进行合作的中间市场融资增添了一股重要的力量。

在交易中，通用电气金融服务公司给人留下了财大气粗的印象。它无限制地收购其他公司不想要的资产只是为了扩大其资产的规模和数量，通用电气似乎有无限多的资金可供它使用。公司的交易者——一位高管称他们为销售人员——不得不找花钱的地方。

他们还把手伸向了世界的另一头。2006年，通用电气以5亿美元的价格收购了新西兰的超级银行（Superbank）的抵押贷款组合业务，后者是一家旨在将主流银行业务引入超市的合资企业。虽然这一非同寻常的业务只持续经营了三年，但通用电气得到了它想要的：它的资产负债表上有了更多的资产。

/第十三章/
更高的回报

随着金融服务公司规模的不断扩大，这家老牌的工业企业集团正在发生变化，而杰夫·伊梅尔特和他的助手们都是从工业部门发迹的。从许多方面来看，这样的改变是沿袭了通用电气的传统。杰克·韦尔奇曾急切地淡化通用电气的工业企业身份，因为他对这些业务感到厌倦了，尤其是那些倾注了上一代领导人心血的业务。他接任CEO后迅速退出了大规模的采矿业务，包括在澳大利亚的采矿业务以及在美国西部的勘探权。韦尔奇认为该公司的资源开采业务没什么优势。他也同样厌倦了一些变得大众化的业务，比如小家电业务。这些业务都是20世纪80年代和90年代为跟上日本人销售钟控收音机和烤面包机的步伐而开办的，它们既无趣，也不是盈利很好的业务。

伊梅尔特也对通用电气的资产组合进行了类似的审视。鉴于全球化迅速发展，跨大洋的供应链形成，制造业出现了颠覆性的变化，他特别警惕小家电这类大众化的通用电气产品线。伊梅尔特对某些经全面改造后能够提高利润率的产品进行了投资，同时也对一体式荧光灯泡和酒店用的高效节能空调等新产品进行了投资。

伊梅尔特对那些销售人员在单价上竞争最激烈的工业部门表示怀疑。通用电气拥有世界上最出色的喷气发动机，这些发动机的售价可能让公司损失100万美元。可是，在大约10年或更长的时间后，当对这些发动机进行二次和三次维修时，公司当初非常高的设计、制造、销售和安装发动机的费用就值得了。这样它们就像动力涡轮机一样，源源不断地产生纯利润。但这种策略不适合洗衣机业务，现在，该部门正受到来自韩国等新兴制造业巨头的时尚和低成本机器的冲击，而且该部门面临的消费者阶层对通用电气过去承诺的耐用性和熟悉度不感兴趣。

在使用几年后就扔掉（如手机和电脑）的文化中，没人会期望烘干机会被整整一代人使用。通用电气的人还发现，当三星洗衣机的售价下降了20%时，国家忠诚度也不再是美国消费者购买国产洗衣机的理由了。与韦尔奇一样，伊梅尔特也以冷血著称，他不想经营依赖于过时的期望的业务了。于是，通用电气开始悄悄地为其位于路易斯维尔家电园区的工厂寻找买家了。二战后，通用电气在这里生产的家电曾进入了美国的千家万户。

其他资产被更快地处理掉了。伊梅尔特以38亿美元的价格把欧洲的特种材料资产、硅树脂业务和先进材料业务出售给了私募股权公司阿波罗集团（Apollo Group）。在公告中，通用电气的副董事长劳埃德·特罗特（Lloyd Trotter）表示，这笔交易将帮助通用电气工业部门实现"更快的增长和更高的回报"。

接下来被处理的是一个更具传奇色彩的部门。

培养了韦尔奇、伊梅尔特、伯恩斯坦和其他许多通用电气领导人的塑料部门也被出售了。该部门成立于1930年，对马萨诸塞州皮茨菲尔德市的繁荣发挥了重要的作用，而且热塑聚碳酸酯的发明改变了世界。它的塑料粒料在世界各地被加工成了各种产品。它为苹果公司的iMac G3生产塑料外壳。iMac G3是一款彩色台式电脑，它的问世预示着CEO史蒂夫·乔布斯（Steve Jobs）王者归来。

伊梅尔特曾一如既往地花钱推广塑料部门的产品，试图使热塑聚碳酸酯和其他产品变得家喻户晓。塑料营销团队希望消费者认准其产品线，就像英特尔通过使用"内置英特尔"（Intel Inside）的标签，作为质量的标志，成功地让更广泛的公众了解其电脑芯片。

在早期内部的互联网实验中，通用电气建立了一个名为"Polymerland"的网站，它听起来更像是一个由化学工程师设计的命运多舛的游乐园。该网站旨在促进家用电器和电力设备生产中使用的塑料的销售。

这一举措的效果不太明显，即使是互联网时代最流行的语言和产品标签也无法阻止该部门利润率的下降。石油价格上涨导致塑料部门的原材料成本大幅增加。伊梅尔特了解实情后，把该部门以116亿美元的价格卖给了沙特基础工业公司（Saudi Basic Industries）。

伊梅尔特表示，这笔交易将有助于通用电气经营"增长更快、回报更高、盈利持续性更好的业务"。当然，部分资金也将被用来回购通用电气的股票。

伊梅尔特一边疯狂地做交易，一边向投资者保证，通用电气知道自己在做什么。他信誓旦旦地说，这家实力雄厚的蓝筹股公司与以前一样可靠，只不过现在它正在开辟一条能在未来引领其他公司的创新之路。

他认为公司的风险也得到了很好的管理。在2006年致投资者的信中，伊梅尔特吹嘘说，通用电气管理着5600多亿美元的金融资产，"损失低于行业平均水平"。他盛赞通用电气金融服务公司每月召开的董事会会议所发挥的监督作用，其中包括首席风险官吉姆·科利卡（Jim Colica）撰写的备忘录，后者在这些备忘录里写下了自己对每笔交易的评价。伊梅尔特说，他还专门花了一个小时与科利卡"审核了每一笔交易"。

然而，内部的批评声依然存在。其他人发现通用电气的文化与伊梅尔特公开声明的截然不同，这导致他们怀疑伊梅尔特是否真的了解金融服务公司的运营模式，但有一件事是肯定的：通用电气要依靠该公司确保利润的稳定。

/ 第十四章 /

应用数学

在通用电气,最糟糕的事情是实现不了既定的目标。

这家集团公司以业绩为导向,拥有自上而下的复杂管理结构。高管们把目标分派给下属,而不是由基层员工向上级传递信息,所以预期是基于市场现实做出的。

按照要求,各个部门每个季度都要实现预期的目标。为了满足华尔街的预期,每个季度末,还未完成目标的部门都会忙着赶进度。自韦尔奇时代以来,通用电气大多数时候都能实现季度目标,这样的结果并不让人意外。

通用电气金融服务公司庞大的资产为集团其他部门提供了充足的筹码,有需要时可把它们变现。当某个季度的数据看起来不太漂亮时,只需要卖掉一些资产就可迅速获利,比如一栋大楼、一个停车场、一架飞机,或者通用电气"宝库"里的任何"宝物"。

各个部门的工作都很紧张。正如一位前高管所说,感恩节后通常没有太多的休息时间,因为他们要在年底前把所有事情都处理好。

一些通用电气的员工没有和家人或朋友共度新年,他们得待在办公室里加班。食物和酒水被带进了办公室,但不是为了聚餐,员工们要在办公室里处理最后时刻的变化和订单。

年底正是冲刺的时候。医疗部门的人可能会在最后一个小时打电话给医院的CFO,向对方快速出售核磁共振成像系统或其他设备。有时候,最

第十四章 / Chapter 14

后时刻的销售会导致疯狂的行为，比如为了赶在午夜的钟声敲响、会计年度正式结束之前将交易数据记录在账，相关人员会快速地将设备装车起运。

在通用电气的娱乐部门，会计师们正忙着审核大预算电影的数据，看看它们的利润是否达到了预期，尤其是在某个至关重要的季度即将结束之际。在通用电气的会计核算中，环球制作的电影是其资产，仅仅是资产负债表中的投资。在电影上映前，会计人员以预期的票房收入减去制作成本，从而计算出电影的预期价值。但是，如果评论糟糕，或者票房低于预期，导致这项资产的价值降低，那么公司对这部电影的估值的变化必须反映在账面上。

几年前电影《金刚》(*King Kong*)就经历过这样的命运。这部影片是对好莱坞经典同名电影的重拍，演员阵容强大，而且由彼得·杰克逊执导，他执导的《指环王》(*The Lord of the Rings*)当时刚刚大获成功。制作方期待这部电影能够引起轰动、票房大卖。其预算超过了2亿美元，是有史以来制作成本最高的电影之一。

这部电影播出后，影评家们都很友善，但观众们却不买账。从最后的结果来看，这部电影虽然是盈利的，但利润远低于通用电气在其账目上列出的估值。会计师认为，公司需要调整这部电影的账面价值，但这么一来，通用电气的利润就会减少。当财务人员提醒老板这一问题时，他们得到了一个意想不到的回复：不要做调整。

这群人陷入了困境。他们不能简单地假装这部电影突然实现了预期的目标；他们知道数据最终将不得不下调。于是，整个团队的人聚集在一起想办法。最终他们想出的解决办法是：发行这部电影的加长版DVD。

他们的理由是，加长版DVD将会受到《金刚》铁粉的欢迎，而且预计能获得足以弥补票房缺口的利润。根据这些新的预期，通用电气不必降低其特许经营权的价值，不必进行减值，也不用告诉投资者其制作的电影没有实现预期的盈利。

通用电气的员工告诉自己说，根据会计规则，这些操作是合法的，审计师，包括毕马威的独立审计师，已经同意了这些做法。外部会计师事务所的审计师与CAS小组成员一起审查公司的账簿。公司的财务人员注意到，与他们直接开展合作的毕马威员工往往比政府部门的同僚们更支持通用电气的会计决策。

2007年，通用电气会计账目的其他部分引起了不太赞成它的人的注意。是年1月，美国证券交易委员会波士顿地区办事处告知通用电气，它正在调查该公司对冲其发行的大量商业票据的利率风险的方式。

通用电气发行短期商业票据筹集资金并以更高的利率长期放贷的做法导致其资金源和后续贷款的期限不匹配。商业票据必须在九个月内兑付，但贷款的还款期可能是几十年。由于期限不匹配，在长期贷款利率固定的情况下，商业票据的利率可能随时间的推移而提高。利率的变化可能会挤压通用电气的利润，因此它使用了衍生品对冲风险。为了避免这些衍生品价值的定期变化导致利润率波动，美国证券交易委员会允许公司使用专门的套期保值会计核算方法进行对冲，但通用电气违反了这些规定，而且根据调查，该公司掩盖了其做法以避免从其利润中减值2亿美元。据称，毕马威会计师事务所（KPMG）的审计师未经政府主管部门批准擅自同意了该公司的不当做法。

8月份，形势更加严峻了，美国证券交易委员会耗时数月审查了公司的文件和记录后发出了正式的调查令。通用电气面临的指控是严重的，特别是考虑到有人怀疑该公司的稳定利润是在其复杂组织结构的掩护下实现的。在一些人看来，发起调查就证明该公司存在不当行为，而通用电气利用其规模和声誉掩盖了这些行为。

随着美国证券交易委员会调查的展开，"狼"也进了家门。调查人员深入审查了通用电气的会计决策，没有将调查范围局限于商业票据套期保值问题。根据授权，他们可以审查公司以往的文件，确认公司多年来的会计

第十四章 / Chapter 14

操作是否有误导性，而且调查人员可以随时进行调查。

通用电气能做的只有配合、提供要求的信息和回答问题。调查小组很快发现了一系列可疑的操作，这些操作表明，通用电气的行为已经超出了合理范畴，它没有严格遵循政府针对上市公司规定的保护投资者的会计规则。

调查人员发现，当通用电气为提高季度利润决定出售一项资产但又无法马上找到买家时，它有时会让与其关系密切的机构购买该资产。2002年和2003年，通用电气向银行出售了大量柴油机车，知道几个月后银行会再转售这些机车。尽管通用电气承担了保留这些机车并让它们在通用电气内部运行的风险，其中的六笔交易仍得到了内部审计师的批准。

在一片混乱中，调查人员发现通用电气喷气发动机及部件的销售账目可疑。该公司将低利润率的发动机销售与高利润率的零件未来预期销售混在一起以获得更高的"平均"利润率，由此人为提高了喷气发动机的利润率，然后，它使用了模糊的资产负债表条目，以便随时间的推移分摊差额。

早在1999年，通用电气的会计师就开始担心公司的会计做法不恰当，这一点也得到了公司内部审计师的证实，这些会计师还担心修正账目会导致10亿美元的减值。尽管他们担忧这些问题，但在无审计师反对的情况下，通用电气决定继续对发动机业务进行这样的会计操作，同时为延期余额的减值提供资金，以免其继续增加。用外行的话说，这家公司为掩盖这些不当行为预留了资金。

发动机部件的会计账目还存在一个特别的问题：通用电气的一个业务部门得知，它向另一个业务部门支付的零部件价格比向一些外部客户支付的都高。为了在会计核算中使用更低的价格，该公司想到了一个变通办法。由于这些部件是客户服务协议（CSA）涉及的内容，相关收入以协议期间发生的成本计入账目。若价格下调至更具竞争力的水平，履行合同义务的总成本将下降，这马上会导致收入和利润增加，这被称为"累积追补"

（cumulative catchup）。这种方法使通用电气能够调整现有合同的盈利能力，更新合同价值，进而反映资产的真实价值。

不难理解一家企业这么做的原因，但通用电气的一位会计师却严厉驳斥了这一想法，他提醒说：内部价格的调整不会增加整个公司的利润。

通用电气又想到了另一种解决办法：将发动机零件按成本价转让给签订客户服务协议的企业（而不是内部销售），这样，合同的利润率会提高，而且会触发合同的账目调整。结果是获得巨大的收益，这些收益能够抵消发动机业务部门的其他损失。所谓的"追补"操作给公司增加了约10亿美元的收益，抵消了将部件移除出平均化方案带来的8.44亿美元损失。

当然，这种做法是违反会计规则的。它与通用电气的其他会计操作不一致，根据规定，公司不得做出此类调整。

而这一调整产生的1.56亿美元的差额怎么办呢？通用电气对它的处理似乎也违反了规定。该公司没有将这笔收益记账，而是沿用了据称在韦尔奇时代就开始使用的方法：将其存入银行，以便抵消后来因内部价格变化而造成的利润短缺。

伊梅尔特一直对外宣称，通用电气严格地管理了风险，公司的管理层十分可靠，但美国证券交易委员会披露的信息与他宣称的形成了鲜明的对比。伊梅尔特说通用电气金融服务公司具有众所周知的"管理魔法"，胜过与其竞争的银行。就连通用电气内部的一些人也看得出来，他的说法与实际不符。

"我们的金融服务部门比传统的银行或其他金融服务公司更有价值。为什么？因为我们比其他人更了解终端用户市场，我们在这些市场做出了重要的全球创新。"伊梅尔特在这段时期致投资者的信中如是说。

伊梅尔特给投资者的安慰也只能到此了，因为整个美国金融体系的支柱开始摇摇欲坠。2008年年中，美国最大的抵押贷款银行国家金融服务公司（Countrywide Financial）被低价收购，这震惊了本已动荡不安的市场。

第十四章 / Chapter 14

美联储在2007年的最后几个月里已经大幅降息，在2008年1月又两次降息。

自杰夫·伊梅尔特执掌通用电气以来，金融服务公司一直让他感到焦虑和担忧。他喜欢该部门的员工，也赞赏他们取得的成绩，他还喜欢与华尔街的重量级人物一起露面。但最终，金融服务公司仍然是心腹大患。它非常复杂，充满了风险，它的触角延伸到了通用电气的每一个角落。此外，整个市场已经失去了昔日的耐心，不再容忍大型工业企业涉足高风险的金融业务。

涉足金融服务业已经摧毁了通用电气的老对手西屋电气公司。通用电气金融服务公司的一些办公室里还张贴着分析西屋电气在20世纪90年代垮台的原因的文章。该公司垮台与过度涉足金融服务和商业房地产业务有关，同时也与其对核心电力业务的糟糕押注有关。

为了实现增长愿景，伊梅尔特认为他必须从长远考虑，优化通用电气的资产组合。这一愿景成了他关注的焦点。他相信自己有把握未来战略机遇的能力，就像他相信通用电气的运营的严谨性一样。他面临的挑战是带领公司走上成功和盈利的正确道路。传奇的管理精神已深深地融入到了公司的基因里，这一点将确保公司采取正确的步骤执行他的计划。杰夫就是通用电气这艘轮船的船长，他的职责是掌好舵，而不是去错综复杂的机舱里工作。

在工业部门的员工眼里，这种靠直觉驱动的管理风格是合理的或者至少解释得通，但伊梅尔特的许多宏伟构想在金融服务公司都落空了，这可能导致他对该部门产生了厌恶之情。伊梅尔特在通用电气工业部门实施的以市场营销为根基的商业战略并没有真正地转化为金融服务，他乐观的管理风格、鼓舞士气的演讲和克服任何障碍的获胜决心，与不到一个百分点来衡量成败、总是依靠定量因素分析的部门不太相称。金融服务公司的领导人知道自己在做什么，他们也很了解自己从事的业务，但他们要实现目标也面临着巨大的压力，当然也有许多激励因素。

金融服务公司的人很难相信伊梅尔特和他的市场推广战略。许多人认为，通用电气总部发布的一些声明反映出那里的人根本不了解金融服务业，他们认为，在家电销售部门行得通的方法在金融服务公司未必行得通。

伊梅尔特对通用电气金融服务公司的复杂性有多了解呢？它的收益和承担的风险对通用电气的其他业务部门有多大的帮助或伤害？他无法回答这些问题。一些人认为伊梅尔特不了解公司最重要的利润驱动部门之一，伊梅尔特的支持者们嘲笑这种说法，不过他的一些亲密顾问很快就在暗地里质疑他对基本金融概念的理解程度了。他们担心他没有完全理解这些概念并试图向老板解释，但他们的努力是徒劳的，伊梅尔特不接受他们的质疑。

伊梅尔特有这样的反应是因为他不愿意出丑，尤其是当着满屋子陌生人的面。公司里的高调人士喜欢提醒报社记者和其他质疑老板决策的人这一点：伊梅尔特曾在达特茅斯学习应用数学，后来还进入了美国一流的商学院学习——如果你不喜欢数学，那可不是个好去处。不过，伊梅尔特有时会开玩笑地说，他的数学水平太差，都无法辅导女儿做家庭作业。

然而，这是答非所问。金融是数字驱动的业务，但不仅仅与数学有关。

杰克·韦尔奇经常对金融服务公司通过贷款而不是通过设计、制造和销售机器轻松赚钱感到惊讶。他在最畅销的回忆录中承认，尽管他努力拓展金融业务并提高了其对整个公司的重要性，他还是对这些业务的复杂性缺乏了解。韦尔奇甚至委托他的员工写了一本金融基础知识小册子；他想学习，确保自己不出错。

伊梅尔特的一些同事怀疑他在销售和工业部门的从业经历导致他对财务基础知识一知半解。他在这些业务部门时位高权重，负责做出财务决策，但通用电气的矩阵式管理结构已经决定了复杂的财务决策由他人做出。

金融服务业与伊梅尔特深入工作过的任何行业都不同。一开始，他与韦尔奇一样，觉得用钱生钱非常简单，但实际上，资产负债表是异常复杂

第十四章 / Chapter 14

的,风险潜伏在深处,在季度损益表中并不总是能轻易发现它们。人们有理由认为,伊梅尔特不太了解资本是如何运作的。事实上,世界各地的很多人可能都不太理解其中的复杂性。

不过,要弄清楚这家公司的领导人对其至关重要的贷款部门有多了解也是不可能的,即便是对与其最亲近的人来说。伊梅尔特的一些批评者承认,他在财务方面的认知比他们预想的更敏锐,但另一位与伊梅尔特密切合作多年的人表示,伊梅尔特不太了解基本概念,例如,他不太清楚有担保债务和无担保债务之间的区别,但这一区别对经营放贷业务的通用电气金融服务公司至关重要。

然而,在通用电气之外,没有人表达这些疑问。2007年年底,伊梅尔特在谈到通用电气金融服务公司时一如既往地表示出了对其光明前景的信任。伊梅尔特的乐观主义就是一座坚固的堡垒。

"2008年,我们的金融服务部门应该会表现良好,"他写道,"到时该部门可能会拥有3000亿美元的高回报资产。我们计划在动荡中抓住机遇,为金融服务部门接下来多年的盈利增长奠定基础。"

/ 第十五章 /

规模不重要

在克劳顿维尔培训新入职的员工期间,杰夫·伊梅尔特曾谈及了他对失败的疑虑和担忧,但对外他毫不示弱,尤其是在谈到公司或其未来时。

这是伊梅尔特一贯的领导风格。他致力于维护克劳顿维尔的遗产和通用电气的管理理念;他也比董事会的一些成员更重视多样性原则。与韦尔奇时代的许多人相比,他显然更致力于践行这些原则。

伊梅尔特大力改善通用电气在种族和性别多样化方面的平庸记录,他的做法赢得了喝彩,甚至不认可他商业才华的人都赞赏他的这种做法。公司位于洛克菲勒中心30号的企业名人墙给人一种20世纪初美国参议院的印象,名人们都是严肃、犀利、瘦削、阳刚的。且通用电气的性别政治,即使在其支持者的眼中,也是名声不太好的。

以比尔·莱恩(Bill Lane)为例,他是给韦尔奇撰写演讲稿的人,公司宣传部门的一些人至今仍对他记忆犹新。他在回忆录中描述了自己在通用电气的任职经历,人们从中很容易看出韦尔奇和该公司的缺陷,以及通用电气在20世纪80年代和90年代的沙文主义倾向。莱恩在书中讲述了他在克劳顿维尔参加培训时看到的一幕:一天晚上,一队喝得醉醺醺的参训人员在培训中心大礼堂的屏幕上放映租来的黄色影碟。"我们班上最狂野的两个'女孩'不赞成这一做法,拒绝参与当晚的娱乐项目。"莱恩写道。

他这样描述杰克·韦尔奇听闻此事后的反应:"他大笑起来,高兴地咕哝了一声,他觉得年少轻狂理所当然,这样类似电影《动物屋》(*Animal*

House)的行为是可喜的现象,这表明他的公司正洋溢着欢欣鼓舞的生活乐趣。我们的行为让他想起了自己当年在塑料公司的岁月,而且他感觉很好。"

公司里的女员工有无生活乐趣,莱恩没有提及。除了从那天晚上的恶作剧中逃脱外,莱恩在描述克劳顿维尔和那里发生的事情时没有提到公司女同事对男性做法的反应。

然而,伊梅尔特决心改变通用电气男孩俱乐部的名声,并确保其位于21世纪企业巨头的行列。他将保留韦尔奇时代通用电气的重要部分,把可能产生不良影响的部分抛弃。

伊梅尔特预计,2008年通用电气的金融服务部门将大展宏图。他承认市场存在不确定性和动荡风险,但是,疲弱的形势会给公司带来收购廉价资产的机会。正如伊梅尔特所说的:"金融市场风险正在给资产重新定价。"

事实上,通用电气正在猛踩刹车。到2007年,美国各地的抵押贷款违约率一直远高于正常水平,信用状况不佳的人违约率最高。各大银行把其抵押贷款组合的价值降低了数十亿美元,这导致商业票据市场出现了动荡,在商业票据市场,许多借款人把抵押贷款债券当作抵押品使用。

通用电气金融服务公司看出抵押贷款市场将迎来风暴,特别是旗下西方资产抵押贷款公司(WMC)的低质量次级抵押贷款资产的风险极大。通用电气的抵押贷款押注时机似乎不对,此外,它可能选择了最糟糕的合作伙伴。在2005年至2007年间,该集团的抵押贷款总额超过了650亿美元,成了美国次级抵押贷款的最大供应商之一。

与许多房贷公司一样,通用电气的WMC抵押贷款部门通常会把抵押贷款出售给投资银行,然后由投资银行将其重新打包成债券,再由投资者购买。这些债券不是通用电气的,但通用电气确实创造了抵押贷款,其中的许多都是有问题的。WMC部门疯狂地放贷,因为员工们为了业绩争先恐后地完成交易,即使是以虚假信息申请的人也获得了贷款。一些被拒绝的申请人在几周后重新提交了申请，他们声称收入已大幅增加，或者他们在申请中明显歪曲了信息，但最后都获得了批准。

据报道，一位申请人填写的职务是"博物馆馆长"，但事实上这位申请人在一家美发沙龙工作。还有一名冰激凌卡车司机自称月收入超过了5000美元，而且他以客户信函作为自己职业的证明。但即使这些包含虚假信息的申请书引起主管人员的注意，主管人员仍然批准了它们。

每一次名目张胆的放贷欺诈行为都会落人口实。很快，一些银行因欺诈和其他问题拒绝从WMC购买贷款，于是WMC把这些贷款发放给了其他银行，但没有透露这些贷款此前遭拒的原因，甚至没有透露这些贷款曾遭拒的信息。一些银行要求WMC买回这些贷款，之后这些贷款就在WMC的资产负债表上了。WMC对2005年买回的近1300笔贷款进行了抽样调查，发现其中78%的贷款"至少包含一条虚假信息"。

该公司做出如此疯狂的行为是为了完成通用电气的利润目标，它需要越来越多的放贷量。通用电气内部的审计团队在2007年4月发出警告称，该公司"毫无节制地增加了放贷数量"。

看到火势蔓延时，通用电气的老板们当机立断地终止了WMC的放贷业务，解雇了4000多人，出售了37亿美元的资产。仅在2007年，WMC就遭受了约10亿美元的损失。

尽管如此，通用电气的高管们还是为他们成功地退出了剧烈动荡的市场感到庆幸不已，但分析人士对他们急急忙忙地从抵押贷款业务中抽身感到困惑。从通用电气金融服务公司奉行的牛仔精神来看，该公司应该在危机来临时加倍努力并攫取廉价资产才对。然而，伊梅尔特斩钉截铁地表示，通用电气不再对抵押贷款业务感兴趣了。

他表示："我们想要停止这项业务。投资者不必再和我们一起思考这项业务了。"基思·谢林向投资者保证，金融服务部门正在削减成本，降低资产组合的风险。

第十五章 / Chapter 15

随着各地对房地产市场风险的质疑声越来越大，通用电气再次展示了自己的实力。该公司此前本就一直在回购股票，此时它扩大了回购的规模，将回购额提高至140亿美元。接下来，公司向股东支付了260多亿美元的股息。

在杰夫·伊梅尔特看来，WMC的经营再次证明了通用电气金融服务公司是个充满风险的谜一样的部门。他知道通用电气需要它，但他不清楚如何分拆、缩减它，或者以某种方式转变它。与此同时，他追随前任的步伐，愉快地将该部门当作了生产利润的工具。

人们大都认为，杰克·韦尔奇是放出金融服务公司这头"野兽"的罪魁祸首。在他的领导下，该公司的规模变得相当庞大。也是韦尔奇赋予了金融服务部门与其他部门平起平坐的权力。韦尔奇声称，他对金融服务公司的管理足以安抚信用评级机构。对韦尔奇来说，通用电气的撒手锏就是3A信用评级，它能使该公司获得低成本的融资。

但金融服务公司也常常出现让韦尔奇感到头疼的问题。对经纪业务的涉足——20世纪80年代获得基德尔—皮博迪公司的控制权——堪称一场灾难。内幕交易丑闻、连续多年亏损、大规模的债券交易失败，导致通用电气在20世纪90年代中期将该公司的大部分股份出售给了普惠公司（Paine Webber）。通用电气最终损失了12亿美元。

韦尔奇意识到了金融服务公司的影响力，而且似乎对此感到不自在。1999年，他向《财富》杂志的卡罗尔·卢姆斯提出了抗议，因为在《财富》500强名单中，通用电气的业务类别是"多样化的金融服务"而非"电气设备"。由于通用电气经营的业务很像一家银行，因此《财富》杂志把它归类为了银行。卢姆斯后来回忆说，华尔街对金融服务公司股票的估值低于对现金充裕的工业公司的估值，韦尔奇可能对这一点感到不安。

现在，在伊梅尔特的管理下，通用电气的工业部门和金融服务部门仍然存在着巨大的裂痕，主要表现为工业部门的蓝领员工和保守严肃的金融服务部门的白领员工之间的裂痕。当工业企业难以实现增长或完成有价值的收购时，金融服务公司的员工认为自己才是能给通用电气挣到钱的人。而在工业部门的员工看来，金融服务公司没有生产任何有形的商品，其价值只体现在对工业产品的融资上。

事实上，通用电气金融服务公司吸引了金融界最优秀的人才，也培养出了一批金融奇才，他们不想待在华尔街，但却被世界上最大、最优秀的跨国公司之一所吸引，在这家公司的工作实质上是运营一只强大的对冲基金。

良好的声誉和对品牌永恒的尊重是通用电气金融服务公司成功的关键，这种吸引力一旦失去了，再恢复就难了。

若问金融服务公司的普通员工最愿意在通用电气的哪个部门工作，他们通常会选择金融服务公司。通用电气的银行家们在距美国最富裕的城镇车程20分钟的地方完成了数十亿美元的交易，他们通常不想把家搬到纽约州的斯克内克塔迪或南卡罗来纳州的格林维尔（Greenville），这些地方设有通用电气的前哨基地。当通用电气要求员工接受六西格玛绿带培训（通常用于生产的缺陷减少系统）时，许多金融服务公司的员工抵制了这一要求，他们认为这一培训不适用于金融业，只会使其管理更加混乱。因此，尽管人们预计金融服务公司会与其他部门保持步调一致，但其自主性和独特的文化导致了该部门和工业部门之间出现了裂痕。

在金融服务公司的员工看来，伊梅尔特成为CEO后，销售人员的角色发生了变化。销售人员可以使唤财务人员，但他们又不必为财务结果负责。当一笔交易完成时，人们会把功劳算在销售人员头上；但当交易失败时，责任似乎要由风控和财务团队承担。在这样的文化氛围中，那些不能胜任复杂财务工作的人得到了晋升。据当时的内部人士透露，得到晋升的一些人不仅对自己将要承担的职责毫无准备，而且不熟悉基本的财务概念。

在每周的信贷例会上，一位新上任的高管询问"EBITDA"是什么意思，这个词是"息税折旧摊销前利润"的英文缩写，在分析时去掉这些项目可以更好地比较两家公司，得到的数字可以代表现金流。这位高管考虑的不是该部门的估算或计算，相反，他从未听说过这个词，只是单纯地想知道它是什么意思。

许多人发现，一些高管的无知程度令人震惊且极度危险，毕竟，这是在通用电气金融服务公司，这里的人都为他们的聪明智慧和专业知识深感自豪。人事部门的人意识到这种情况所造成的冲突后，开始从金融服务公司的各个级别挑选人才，通常是经验更少的人，用以取代那些离职的人。

通用电气金融服务公司的业务非常复杂，因此需要极为精明的人才。一些鲁莽的举措也引起了该部门人员的关注。一位在中西部工作的高管主要以电话的方式负责位于诺沃克的高级风险管理部门。

现在，随着抵押贷款市场发展放缓以及市场开始出现泡沫，各个团队仍然在为实现财务目标努力。当生意不景气时，金融服务公司的员工们只能发挥创造力了。他们会进入同事所在的地区或业务领域寻找交易机会。为了完成季度交易目标，他们会就旧合同条件重新进行谈判。

这种压力使得工作氛围更加紧张了。无论男女，员工们都可能遭到同事或上司的辱骂，有时是当着众人的面。该部门的女员工抱怨说，她们在工作中没有得到应有的尊重。任何一个与众不同的人都会面临压力，甚至留胡子也可能让同事看不顺眼。据称，为确保个人行为得体，通用电气人力资源部不得不偶尔派人到金融服务公司视察。

即使是在消除风险期间，通用电气金融服务公司仍在押注。收购波兰银行（BPH）后，该公司成了波兰规模最大的一家银行的所有者。为了突出新东家的身份，这家银行还改变了标志。此时，通用电气金融服务公司持有了数十亿美元的波兰抵押贷款，其中许多贷款的利率可调整，而且以瑞士法郎计价。

通用电气在各地都签订了激进的协议。2007年，它斥资48亿美元收购了史密斯集团（Smiths Group）的航空航天业务，斥资19亿美元收购了维高格雷（Vetco Gray）的油气业务，斥资81亿美元收购了雅培（Abbott Laboratories）的医疗诊断业务。

伊梅尔特和通用电气金融服务公司还涉足了商业房地产这一热门行业。伊梅尔特早年间就涉足了该行业，但在2006年加速了在该行业的投资。大量大规模地收购房地产投资信托基金以及完成众多的更小规模的交易后，通用电气积累了庞大的商业地产资产组合。

伊梅尔特接手通用电气时，其商业地产的资产规模就已经很大了。2000年，该公司的地产资产已超过了200亿美元。2005年12月，通用电气斥资32亿美元收购了雅顿房地产公司（Arden Realty），这是该公司有史以来规模最大的一笔地产收购交易，自此通用电气的地产总资产额达到了近500亿美元。到2007年底，这一数字上升到了近800亿美元，其中约一半是房地产股权。

收购仍在继续。当通用电气以22亿美元的价格收购了一只房地产投资信托基金，即克劳控股（Crow Holding）的第三只基金时，它拥有了工业建筑、零售购物中心和酒店资产。它还斥资23亿美元收购了邓迪房地产投资信托基金（Dundee REIT），从而进入了加拿大的商业地产业，此外它还获得了瑞典的地产控股权，收购了马德里的购物中心。

2007年，通用电气试图将其在日本持有的地产资产规模扩大一倍以上，而此时商业地产的价值在飙升。通用电气金融服务公司在日本的地产业务的负责人吉田友之（Tomoyuki Yoshida）向彭博新闻社介绍了公司战略，解释了高层的意图。他表示："即使土地价格大幅上涨，日本仍对我们有吸引力。"他还补充说，通用电气"没有设定上限"。

"我们的主要目标是成为拥有大量房地产的公司，规模对通用电气来说不重要。"

/ 第十六章 /
搞砸了

约翰·弗兰纳里在东京扮演着熟悉的角色：管理一个业务部门，收拾前任留下的烂摊子。在康涅狄格州过了大半辈子后，他于2005年来到了日本，经营通用电气金融服务公司的亚太业务。

通用电气的高管一般都是性格外向、喜欢社交的，似乎生来手里就拿着一张谈话要点清单和一个幻灯片遥控器。相比之下，约翰·弗兰纳里有时在台上会表现得有些害羞。在台下，他搞笑、精明、友好，但聚光灯照射下的舞台不是他最喜欢的地方，他更喜欢待在家里计算数字。

从弗兰纳里的履历来看，他最关注的是银行业和企业融资。从沃顿商学院毕业后，他在通用电气金融服务公司的多个岗位上工作过：在杠杆收购部门工作了三年，在重组部门工作了四年，在权益资本部门工作了三年，在布宜诺斯艾利斯负责金融服务公司在该地区的业务，在股票部门管理媒体和消费者团队三年，监管整个股票部门一年，监管银行贷款部门两年。

他天生就是个数字高手，还自诩为"美食家"。他博览群书，有时同时阅读非小说类和小说类著作。来到日本是个新挑战，也是他在通用电气崛起的重要一步。但他不是去度假，他有很多工作要做。

巡视了通用电气的海外业务部门后，他对通用电气的官僚作风有了更深入的了解。像时差这类相对简单的问题加大了他的请求得到康涅狄格州所有相关部门的批准的难度。通用电气的官僚组织结构大大增加了海外公司运营和盈利的难度。弗兰纳里认为，海外业务的决策权需要下放，这样他就可以自行做出更多的决策，而不是眼巴巴地等着总部（博格）的批准了。

与此同时，金融服务公司的其他人正在寻求减少资产组合风险的方法，他也必须找到避免他执掌的最出色的业务部门之一破产的方法。2006年，日本政府修改了消费者贷款法，原本不受约束的消费金融市场陷入了混乱，金融服务公司十年前收购的消费金融业务部门莱克（Lake）突然间成了烫手山芋。莱克曾是通用电气的提款机，投资者们很喜欢它。该部门以非常低的利率借款，然后以更高的利率放贷——很容易赚到钱。

但公众的压力迫使日本立法部门修改了高利贷法，将消费贷款的最高利率限制在了15%—20%，低于此前的近30%。日本高等法院裁定，利率超过20%的贷款是非法的，这增强了新法的效力。法律的修订为一些客户要求莱克退还超额利息扫清了道路，为了应对风险，银行也增加了准备金。

一夜之间，莱克的商业模式从躺着赚钱（道德上存疑）变成了非法的，这是约翰·弗兰纳里现在亟待解决的问题。

市场上充斥着对通用电气的敌意，公司面临的退款威胁越来越大，未来欠下巨额负债的可能性也赫然耸现。弗兰纳里在通用电气金融服务公司任职期间完成过数百笔交易，从业经验丰富，他很快就采取行动，关闭了莱克近三分之二的业务。另一家陷入同类困境的银行花旗集团（Citigroup）甚至走得更远，随着损失不断增加，它基本上关闭了整个业务线。通用电气还将莱克转变为所谓的"非连续经营部门"，这种方便的会计处理方式可使通用电气调整后的利润不受损失。

与此同时，焦头烂额的弗兰纳里找到了一位救世主：他以54亿美元的价格将莱克出售给了新生银行（Shinsei Bank），还签署了一份损失分担协议，帮助后者分担即将到来的退款潮产生的成本。对通用电气和弗兰纳里来说，从利润中扣除10亿美元从而摆脱莱克就是一大胜利。原本的情况可能会更糟糕。

第十六章 / Chapter 16

对弗兰纳里而言，这也是个教训。这次经历让他认识到了管理距总部一万多公里远、位于地球另一端的一家公司有多难。即使是在他控制风险敞口的紧要关头，因为距离总部遥远和通用电气的管理和运营结构复杂，其获得康涅狄格州总部的批准和答复也是有所延误的。弗兰纳里能看出，通用电气管理其国际业务的方法存在严重的缺陷。

在此时的康涅狄格州，伊梅尔特的秘密武器在关键时刻回到了他的身边。贝丝·康斯托克之前担任过通用电气的首席营销官，后来在NBC环球公司担任了两年的数字业务总裁。现在她回到了通用电气总部担任之前的职务。

康斯托克此前在NBC环球遇到了困难，她以6亿美元的价格收购了一家面向女性的内容网站ivillage.com，这次收购被视为在数字界"抢占地盘"的行为，但其收购价却遭到了嘲笑，部分原因是NBC环球给出的价格比新闻集团（News Corp）收购社交媒体网站Myspace的价格还要高，后者是一笔臭名昭著的交易。

此外，两家公司的文化不匹配，康斯托克计划推出一个与ivillage.com品牌相关的电视节目，不过这一计划失败了。值得注意的是，在此次灾难性的交易之后，康斯托克被召回了集团母公司，NBC也解除了她的众多高管职务。

这次失败并没有影响她的事业。长期以来，她一直受伊梅尔特的青睐，现在她再次执掌通讯部门，而且还负责监督通用电气的市场营销业务。然后，2008年初，通用电气金融服务公司内部出现了大问题。

3月中旬，伊梅尔特向投资者保证，尽管全球金融服务业的风暴正在酝酿，但金融服务公司第一季度的业绩仍在正常范围内，而且通用电气的业绩良好。他想表达的意思是，集团模式仍然运行良好，因为当某个业务部门出现亏损时，其他业务部门能补上窟窿。

几周后，通用电气第一季度的业绩数据登上了早上6点钟的新闻专线，该公司没有实现业绩目标。这是非常糟糕的结果！一些人认为财报有误，但事实并非如此。

通用电气金融服务公司遭受了一连串沉重的打击。通用电气曾夸下海口说，金融服务公司比其他公司更了解市场，而且由于它擅长风险管理，它能安然度过任何惊涛骇浪。现在，它与其他所有金融服务公司一样身处困境了，这也让投资者们明白了一点：贝尔斯登（Bear Stearns）倒闭产生的影响要比预计的大得多。现在，通用电气的盈利引擎不灵了。

通用电气一直为自己粉饰业绩的能力感到自豪，即使到了最后一刻，通用电气也能挤出所需的利润，兑现对投资者做出的承诺，甚至多兑一点。而公司多年来的优秀业绩很大程度上得益于通用电气金融服务公司，它总是能及时地填补其他业务部门的漏洞。2008年一季度的数据一下子让事实浮出了水面：长期以来，通用电气金融一直是确保通用电气持续盈利的力量，当金融服务公司本身陷入困境时，通用电气的盈利就无法得到保障了。

风暴已逐渐向通用电气靠近。基思·谢林表示，贝尔斯登的崩溃造成了资本市场的动荡，且这"超出了我们的预料"。但对那些真正相信集团模式的通用电气投资者来说，这一回应没有意义。

伊梅尔特说得更直接。商业金融部门"在过去两周内无法完成通常情况下可完成的交易"，一些资产的新估值为负值。换句话说，通用电气金融服务公司通常在最后关头完成的关键交易——出售资产和进行其他调整——没有发生。

看到这一警示信号后，股东们开始抛售通用电气的股票。据新闻报道，通用电气的股票经历了多年来最严重的下跌，当天市值损失了近500亿美元。

更令人痛心的是，当华尔街仍在消化这一周的新闻时，杰克·韦尔奇利用通用电气旗下的CNBC网络进行了电视直播，批评了伊梅尔特。本来还在观望的投资者听完韦尔奇的一番言论后彻底失去了信心。

第十六章 / Chapter 16

"搞砸了，"韦尔奇在提及伊梅尔特时说，"他做出了承诺，但三周后没有兑现。杰夫的信誉有问题，他该挨揍！"

韦尔奇的指示很明确：不要再那么干了，要全力保持利润稳定。

"我无法相信这一事实，如果他现在不兑现承诺，我会一枪崩了他。"他说，"只需实现利润目标。告诉他们利润将增长12%并实现这一目标。"

之前就有人认为，杰夫·伊梅尔特没有做出正确的决策，现在，连偶像级人物杰克·韦尔奇也持同样的观点了。伊梅尔特没有公开回应这一指责，因为他知道，韦尔奇最终还是会反驳回来，他不想与前任打口水战。但一切都已经太晚了。

前任CEO韦尔奇严厉批评了伊梅尔特，这一信息传到了通用电气工人们的耳朵里，他们认为伊梅尔特犯了惊天大错，没有兑现向投资者做出的神圣承诺。伊梅尔特利用媒体做了那么多的宣传，让人觉得他无所不能，能解决商界的任何问题，但突然之间，他似乎没那么神通广大了。

在华尔街，未实现利润目标的事实和韦尔奇的评论引发了是否需要拆分通用电气的讨论。在韦尔奇治下，这几乎是不可想象的选择。但经历了几十年的推崇之后，通用电气组织结构的基本逻辑受到了质疑。从某种意义上说，华尔街注意到了许多商界人士早已知晓的事实：对固有模式的偏爱使通用电气以笨拙的企业集团结构运营，但这一结构早就不被其他所有人看好了。它之所以侥幸还能使用这一模式，是因为它是通用电气，而且各项业绩数据还不错。但现在这些数字不好看了，投资者开始质疑仅仅因为它是通用电气就足够好了。

让伊梅尔特懊恼的是，这些问题都反映在了股价上。通用电气的股价继续下跌，在短短几周之内，股价就下跌到了30美元以下。

/第十七章/

形势恶化

与任何一家现代银行一样，摩根大通（JPMorgan Chase）也不得不权衡利弊了。从退休人员储蓄账户到复杂的金融衍生品，其经营的所有业务都受到了政府部门的监管。政府监管的目的是防止利益冲突或以牺牲客户利益为代价进行谋私交易。

史蒂夫·图萨（Steve Tusa）是该银行纽约总部的卖方分析师，能力出众。他的工作是发现他所负责的上市公司的财务记录和公开言论中未被重视的问题，并在这些问题打击股价之前发出消息，以便购买他研究报告的每一位投资者都有机会逃脱风险，把资金转移到安全的地方。

现在，图萨在摩根大通银行规模最大、历史最悠久的客户通用电气的财务报告中发现了问题。

通用电气不只是一家非常重要的公司，它的投资者关系部门向来很强势，对华尔街分析师的负面研究报告态度很强硬，它也是摩根大通极其重要的客户，多年来，它经常在该银行办理金融业务。

大银行运用的华尔街研究模型存在固有的利益冲突，2003年大银行与监管者达成过14亿美元和解，人们认为这可能已经解决了这种冲突。当时监管者严厉处罚银行，是试图消除分析师的压力，这些分析师需要发布有关公司的过于积极的研究报告，以帮助它们的银行家获得丰厚的投行交易。银行应该通过交易和交易佣金赚钱，而不是通过研究赚钱。但几年后，由于公司找到了其他激励分析师的方法，他们的股票推荐仍偏向于正面。

第十七章 / Chapter 17

拥有自己分析师团队的投资者最终发现,投行的研究用处不大。分析师的真正作用是牵线搭桥,让投资者与公司高层私下里会面。然而,私人会面也给分析师带来了做出正面评级的压力。即使是公开做出负面评级的分析师也承认,很难对一家公司做出卖出的评级,因为这可能导致与高管一对一宝贵的会面时间突然消失,他们承受不起切断联系的代价。

不管摩根大通内部的关系如何,图萨的怀疑是真真切切的。他在研究通用电气的团队里工作了多年,而且早在几年前,他就向通用电气发出过警告。2006年春天,图萨在一份研究报告中指出,通用电气金融服务公司的税率出人意料地低,仅为14%,而该公司此前预计的税率为17%—19%。实际税率大幅降低对任何企业都会产生影响:通用电气的财报显示,它在该季度获得了更多的利润。这是投资者喜欢看到的数据,但却是图萨等分析师眼里的"低品质利润"。

公司的利润不是因销量增加或结清贷款获得的,而是因税率变化获得的。企业无法保证在三个月后,即在下一个季度,还会有这样的收益。正如图萨所做的那样,大声说出"低品质利润"这一华尔街的行话可向经验丰富的投资者和有钱人释放出这样的信号:通用电气公开宣称的与它实际的情况不太一样。

摩根大通与通用电气的关系日益密切,由于伊梅尔特马不停蹄地买卖业务,他经常要向摩根大通寻求建议。这两家公司之间的关系可追溯到很久以前,对于通用电气来说,金融家J. P. 摩根是比托马斯·爱迪生更为重要的历史人物。更重要的是,最热心、最喜欢发表意见、劲头十足的摩根大通银行家小詹姆斯·班布里奇·李(James Bainbridge Lee Jr.)正一步步深入通用电气的内部委员会。

吉米·李(Jimmy Lee)[①]说,他几乎与美国商界的所有人都保持着融洽的关系,但他特别喜欢通用电气。他与韦尔奇感情深厚,与伊梅尔特相识

[①] 即小詹姆斯·班布里奇·李。

多年。由他牵线搭桥，位于洛克菲勒广场30号（30 Rock）的大型工业公司与相隔几个街区、位于中央车站（Grand Central）附近玻璃幕墙大楼里的摩根大通银行完成了大量的交易。

"我这么说可能不太好，"他曾对我们说，"但我是华尔街唯一这么了解通用电气的人。"

图萨爆出了通用电气日益凸显的问题。摩根大通分析师的强硬表态可能会给李与通用电气的业务关系带来压力。但事实上，摩根大通与该公司密切的业务联系也为图萨的负面评判提供了强大的依据。在了解研究游戏规则的人看来，图萨不可能无缘无故地找通用电气这类大公司的碴儿，当他这么做时，他一定有充分的理由。

图萨出生于康涅狄格州格林威治纳帕谷（Greenwich, Connecticut, the Napa Valley），这里住着很多对冲基金人才和曼哈顿金融精英。他的父亲是位大律师，小时候他和朋友伊恩（Ian）和谢普·默里（Shep Murray）常在一起骑自行车。这两位玩伴后来成立了服装和配饰零售公司粉红色的鲸鱼（Vineyard Vines）。

图萨获得了政治学学位后，没有像其他人那样先攻读MBA再进入金融领域，而是直接进入了银行工作，他相信，他在那里学到的经验有助于他了解通用电气。

他性格强硬，有逆反心理，更喜欢为输了的球队喝彩。这位分析师常说，他首选的工作是在纽约游骑兵队（New York Rangers）打中锋。图萨成年后一直打曲棍球，而且水平很高，堪比专业的运动员。我们第一次见到他时，他梳着鲻鱼发型，因为他心爱的游骑兵队入围了全国冰球联盟季后赛。

2008年，图萨在位于市中心的办公室里阅读了另一轮的通用电气财报，一种不详的感觉向他袭来，他刚到摩根大通工作时也产生过这种感觉。当时，他正好近距离观察了泰科国际的大崩溃。泰科国际是一家表面看上去

第十七章 / Chapter 17

坚不可摧的工业公司，以利润稳定闻名，但它一夜之间就分崩离析了。泰科曾发生过大范围的会计欺诈，但分析师们没有发现这一点，其平稳的利润催眠了投资者，最终让他们失去了一切。

这起丑闻给图萨留下了深刻的印象，从此之后他决心对一切都持怀疑态度。尽管他在会议上保持着特有的礼貌，但他和许多同事一样，常常提出一些棘手但不至于让公司的投资者关系部门拒绝回答的问题。

现在，作为摩根大通负责通用电气的分析师团队的主管，他决心深入挖掘下去。图萨之前将这只股票的评级定为了"增持"，这意味着投资者对这只股票的投资应该多于一般的股票。增持评级相当于默许以当前的价格买入这只股票。然而，不管他公布的评级如何，他的怀疑本性都促使他密切地关注着伊梅尔特的一举一动。伊梅尔特没有韦尔奇当年拥有的有利条件，他正在努力寻找增长点，努力让通用电气适应新的世界。

当通用电气未能实现利润目标时，图萨认为时机已经成熟了，他投下了一颗震惊投资界的"重磅炸弹"，把通用电气的评级从"增持"下调为了"中性"。在门外汉眼里，这种金融术语的变化可能没什么意义，但业内人士知道，这代表着他撤回了对通用电气股票的至少价值数千万美元的背书。

图萨向外界做出了解释。他在分发给客户的一份报告中写道："实现目标似乎是通用电气的头等大事，一些管理者为了获得利润可能不择手段。"他补充道："我们还认为，在这样的竞争环境下，设置较高的成功标准可能会造成该公司不能容忍坏消息、与高层管理者难以及时进行必要的沟通的局面。"

换句话说，老板们要求员工不惜一切代价保业绩，只重视结果，掩盖了问题，等到小问题累积为大问题时，老板们才会关注它们。

/ 第十八章 /

发行票据遇到麻烦

2008年9月11日晚,比佛利山温暖晴朗。这样的一个晚上,没人会想到能在洛杉矶摇曳的棕榈树林中遇到杰夫·伊梅尔特。

在美国的另一边,华尔街最聪明的人正在曼哈顿与金融危机搏斗。这场危机导致经济增长停滞,一些强大的金融服务公司倒闭。

严格来讲,通用电气并不是银行,但它的金融部门规模太大了,甚至比美国大多数银行的规模都大。由于通用电气的核心是工业业务,一直对市场传递正面的信息,再加上它声誉良好,在危机不断加深时它并未受到过多的关注。

但表面的平静很快就宣告结束了。

几天前,伊梅尔特打电话给美国财政部部长亨利·保尔森(Herry Hank Paulson)称,通用电气向投资者出售商业票据时遇到了一些麻烦。(如前所述,这些商业票据是企业用来满足经营中的现金需求的短期债务。)商业票据是通用电气的命脉。为保证通用电气金融服务公司的平稳运转,通用电气曾经利用其AAA信用评级,以较低的成本发行了数百亿美元的商业票据。如果通用电气无法顺利发行票据,它就无法偿还巨额债务。也就是说,通用电气将会资不抵债。

保尔森后来在回忆录《峭壁边缘》(*On the Brink*)中写道,他接到电话时很震惊。他跟伊梅尔特很早之前就认识了,他在高盛任职时,两人就打过交道。尽管毕业时间隔了十年,但两人都在达特茅斯大学打过橄榄球,

第十八章 / Chapter 18

而且都曾就读于哈佛商学院。保尔森是出了名的严肃,而伊梅尔特似乎总在开玩笑。

这次两人联系的时机不一般。就在几天前,美国政府接管了抵押贷款巨头房利美和房地美,形势还在继续恶化。对通用电气来说,风暴即将袭来。

而此时,身处比佛利山的伊梅尔特正动身前往比佛利露台酒店和一家名为露堪达艾滓·阿米奇(Trattoria Amici)的餐厅。他去那里不是为了会见政府官员、银行家或顾问,请他们想办法帮助通用电气渡过金融灾难,而是要会见导演史蒂芬·斯皮尔伯格(Steven Spielberg)、环球影业总裁罗恩·迈耶(Ron Meyer)和梦工厂的CEO斯泰西·斯奈德(Stacey Snider)。

这几家公司向媒体保证,此次聚会只为社交,不谈交易。

伊梅尔特和前任一样喜欢参与媒体业务。通用电气先是收购了NBC,后来又收购了环球影业,终于登上了好莱坞的红毯,也进入了洛克菲勒中心大堂,不禁让人回想起大企业财团能拥有也确实拥有各种业务的时代。

通用电气收购环球影业后,伊梅尔特经常在业务经理参加的大型高管会议上展示环球影业制作的大片的预告片。业务经理来自各个部门,他们并非总是喜欢该电影公司高预算制作的大片。

在一场会议的问答环节中,一名员工问伊梅尔特,身为媒体大亨的感觉如何。伊梅尔特发出了标志性的大笑,给出的回复也一如既往地尖刻。

"我不是什么媒体大亨,我是媒体大亨的老板。"他对人们说。

即使在金融危机最严重的时候,伊梅尔特也开玩笑地说,"好消息是CNBC在我们旗下",那段时间CNBC的新闻滚动播出,收视率直线上升。

此刻的纽约,监管者和各大银行负责人正经历着让人难以想象的周末,为了避免银行系统崩溃,人们24小时连轴转地工作。周一上午,美林证券(Merrill Lynch)被出售,雷曼兄弟公司宣布破产。

虽然伊梅尔特人在比佛利山，但他也在密切关注通用电气受到的影响，盘算着如何渡过危机。他曾经向监管机构提出，通用电气在商业票据市场面临困难，但并未向投资者或公众透露相关信息。事实上，通用电气向公众传达的信息与实际情况恰好相反，它一直坚称自己没有问题。接下来几周，通用电气还是不断地向外界保证，公司的经营一切正常，但承诺与现实之间存在着巨大的差距，不久就会露馅。

事实上，2002年太平洋投资管理公司的比尔·格罗斯发出的警告正在变成事实。他曾表示，通用电气过度依赖商业票据非常危险，因为该公司没有制定支持业务需求的应急计划，而很多金融服务基金都制定了相应的计划，或者说被要求制定相应的计划。

信任和信心是金融业的基础。人们把钱存入银行是因为他们相信自己在需要时能把钱取出来。当人们的信心动摇时，他们就会把钱取出来，不再使用银行的服务。若突然之间出现大规模的挤兑事件，银行就会破产。通用电气当然不希望吓到合约方，否则会使借贷成本增加，甚至完全冻结市场。

9月14日，星期天，通用电气的投资者关系部发信重申公司财务状况健康，并坚称其商业票据计划仍然是"稳健"的，它在信中称，"我们没有筹集外部资金，也没有这个必要"。

但就在第二天晚上，伊梅尔特出现在了保尔森的办公室里，他再次对通用电气的潜在问题发出了警告。他告诉财政部长，公司的商业票据业务正在恶化，它很难售出久期长过隔夜的债券。

周一晚上，纽约联储主席蒂姆·盖特纳（Tim Geithner）按计划于7点召开了会议，会议的议题很简单："通用电气的问题"。

金融危机改变了全世界对商业票据的看法。长期以来，人们一直认为商业票据容易获得、值得信赖，是流动性强的资金来源，但危机引发了人们的担心，也导致了商业票据市场的大部分业务停摆。若经济当中有一块完全依靠商业票据运转,那就会演变为严重的问题。

商业票据的崩溃有点类似于汽油危机。修建公路和高速公路的前提是汽油的供应永不会中断。因此,如果所有的加油站都空了,那么到最后汽车运输系统将停止运转。所以,若汽油断供了,人们的反应是可以预见的:他们会内心恐慌,汽油价格会上涨,少数人开始囤货,大多数人束手无策。

商业票据并不是什么新概念。内战结束后,马库斯·戈德曼(Marcus Goldman)和杰弗里·萨克斯(Jeffrey Sachs)就是靠着商业票据在华尔街起家的。作为融资工具,商业票据能帮助企业迅速借贷,防止出现现金短缺,否则企业会付出高昂的代价,而且当企业有超额现金时,它们还可以利用商业票据获得回报,因此商业票据满足了稳定企业现金持有量的需求。

纽约大学斯特恩商学院(New York University's Stern School of Business)的两位金融学教授在研究中发现,2007年初,美国商业票据余额约为2万亿美元。几个月后,也就是7月底,贝尔斯登两家对冲基金因为次级抵押贷款出现了巨额亏损而宣布破产,其他基金也纷纷重新评估其持有的类似抵押贷款并降低其价值。相关举措引发了一连串的恐慌和货币贬值。一些基金因无法快速估值,暂停接受客户的赎回申请。

由于投资者对商业票据的态度突然间变得谨慎起来,抵押贷款危机波及了其他企业,其中的很多企业都把抵押贷款作为了抵押。这为一年后雷曼兄弟宣布破产,再次给市场造成巨大的冲击埋下了伏笔。当潮水退去,持有雷曼兄弟公司之前出售的商业票据的投资者发现自己已经血本无归了。

雷曼兄弟破产最明显的影响就是,主基金①(Reserve Primary Fund)这只原本拥有650亿美元资产的货币市场基金遭受了重大损失,其净值跌破了1美元,这让人们对基金这个曾经可靠的投资渠道的信心动摇了。人们拼命地赎回基金份额,直到9月19日美国政府下场救市,表示将为这类基金的

---
① 美国储备基金管理公司旗下的货币市场基金。

投资提供保证,银行的大挤兑才结束。

救市能解决挤兑问题,但敲响的警钟却无法平息。如果商业票据的大卖家能在一夜之间破产,那么投资者对其风险的评估也会随之改变。货币市场基金开始降低其持有的商业票据的份额,供给保持不变,但需求下降了。进入市场发行票据变得越来越困难,成本越来越高。对于像通用电气这样大量使用商业票据的企业来说,形势陡然严峻了起来。

9月20日星期六上午,杰夫·伊梅尔特和基思·谢林前往通用电气位于费尔菲尔德的总部会见了两位来自曼哈顿的银行家。高盛的高级顾问大卫·所罗门(David Solomon)和约翰·温伯格(John Weinberg)希望就眼下的危机,以及通用电气可能采取的防御措施进行商讨。随着会谈的持续进行,伊梅尔特表达了他对其他问题的担忧。

高盛会不会倒闭?这对通用电气意味着什么?雷曼兄弟破产刚过五天,伊梅尔特犹如惊弓之鸟,他担心高盛破产会摧毁市场上残存的信心。在一些人看来,若高盛这样的投行倒闭,通用电气几乎不可能置身事外。两位银行家坚定地向伊梅尔特保证,高盛不会出问题。

五天后的9月25日,通用电气再次向投资者保证,公司在恶劣的环境中运行良好,但也开始面临压力。

为了反映"金融服务市场遭遇的前所未有的疲软和不可预测性",通用电气下调了即将结束的第三季度的业绩预测值,而且它预计短期内业绩不会有改善。通用电气再次表示,它将努力维持AAA债务评级。伊梅尔特经常在公开场合说,这一评级让他感到骄傲和自豪。通用电气还表示,在当年余下的时间里不再需要筹集额外的长期债务。

不过,不祥的是,通用电气还表示,为了留下现金,它要暂停股票回购计划。9月份该公司已经回购了2.78亿美元的股票,虽然公司在为其运营提供资金方面日益困难。通用电气针对该消息提交的监管文件没写什么内容,只是称公司将减小商业票据的规模。它继续向公众传递乐观的信息。

第十八章 / Chapter 18

通用电气在新闻稿中称，"尽管需求仍然强劲"，它仍在推行减小商业票据规模的举措。伊梅尔特和谢林都表示，鉴于当前面临的不确定性，保留更多现金尤其是在通用电气金融服务公司留存现金不仅是谨慎之举，也能"推动公司实现未来18个月的并购计划"。

天都快塌下来了，可通用电气还在考虑并购，这很难不让人起疑。

通用电气向市场传达的信息是，与同行相比，公司的表现良好，知名AAA级公司应采取的一切防范措施，通用电气也都采取了。有人问，公司是否打算以出售股票的方式募集资金，伊梅尔特表示不可能。

"重申一遍，我们的资金情况、公司经营和资产负债表都非常安全。"伊梅尔特对投资者说，"我们对商业模式很有信心，而且已经做好了完全的准备。"

但只靠说并没有什么作用。市场需要真正让人放心的信号。

通用电气花了大量时间和金钱让公众相信其在美国人的生活中发挥着重要和核心的作用。华尔街对此毫不关心，它只担心为通用电气带来一半利润的金融服务巨头金融服务公司出了问题。

市场对商业票据的谨慎态度给通用电气造成了很大的麻烦。市场上惊恐不安的投资者都不愿长时间持有票据，因此票据的持有期缩短了。结果是，公司不得不更频繁地出售票据，即便发行在外的票据总额已大幅下降，但发行量还在激增。

当杰夫·伊梅尔特告知亨利·保尔森通用电气很难出售久期长过隔夜的票据时，指的就是这个意思。

根据《纽约时报》公布的电话记录，2008年10月1日，一个星期三的下午，伊梅尔特与蒂姆·盖特纳通了电话。谈话持续时间长达一小时，参与通话的还有通用电气的法律总顾问布拉克特·丹尼斯顿三世（Brackett Denniston Ⅲ）等人。

跟大多数公司一样，通用电气也能够通过银行信贷额度获得一些资金，即以确定的利率提取一定数额的现金。很多公司都以银行信贷额度作为预防现金短缺的保险。

但在金融危机中,投资者的神经紧绷,都在担心下一块多米诺骨牌倒下,银行的信贷额度并不保险。2007年夏天,美国国家金融服务公司动用了115亿美元的信贷额度,这显然是它走投无路的迹象。市场的质疑声此起彼伏,通用电气的银行信贷额度实际上毫无用处。利用银行信贷相当于向天空发射照明弹,肯定会吓跑投资者、客户和交易伙伴。一旦出现这种情况,公司可能陷入死亡旋涡。即使公司财务健康,它也会因为失控的恐慌而崩溃。

尽管如此,许多人还是认为通用电气与雷曼兄弟不同,通用电气不会倒闭或者宣布破产。仅看通用电气军事业务的规模,政府就不太可能放任其倒闭。通用电气的核心业务,包括医疗、喷气发动机、动力涡轮机和媒体等仍然是稳健的,而且都与美国和世界的未来发展密切相关。通用电气旗下有很多实体企业,它们持有真实的资产,有真正的客户,而且它们正在产生现金。

但当时的通用电气确实遇到了麻烦,它需要得到一些帮助。

/第十九章/

万全的准备

大卫·马吉（David Magee）觉得自己被放了鸽子。马吉是密西西比州一位善于社交的商业作家，他专门撰写有关公司改革、转型和重塑的书籍。他曾写过丰田（Toyota）、日产（Nissan）、约翰迪尔（John Deere）和福特（Ford）等公司的CEO的故事，这些CEO思维缜密，重塑了他们执掌的公司。通用电气的管理人员觉得他是重塑公司形象的合适人选，于是想请他写一写杰夫·伊梅尔特的故事，让他摆脱韦尔奇的名人阴影。

但他们约的时间太不合适了。

通用电气的管理人员让马吉与副董事长约翰·赖斯（John Rice）和研究负责人马克·利特尔（Mark Little）等高管见了面，还安排他和伊梅尔特本人进行了面谈。现在，这位作家的名单上只剩下一位受访者了，他的采访被安排在费尔菲尔德通用电气总部伊梅尔特办公室旁的一个阳光明媚的房间里。马吉将在这里与CFO基思·谢林会面。

但在2008年秋那个约定日期的上午，谢林取消了会面。尽管他们后来又约了日期，但二人始终没能见面。随着通用电气面临的压力与日俱增，基思·谢林要去其他地方奔忙。

通用电气的投资者已经惊慌失措，股价已远低于实际价值，这样的概念对一位投资者来说是完美的推销，他就是沃伦·巴菲特（Warren Buffett）。这位美国企业的守护神总是独具慧眼，总是能在别人看不到的地方发现价值。巴菲特等知名人士的投资可能会产生通用电气的营销机器达不到的效果。

此时全球正处于金融危机中，市场极端波动，政治形势不明朗，人们纷纷猜测，接下来哪家公司会倒闭。在这样的背景下，规模超大的通用电气金融服务部门很容易成为人们关注的焦点。通用电气坚挺的基本面，包括其大量的工业业务订单，其产生现金的能力以及对硬资产的收购，对那些不想买入价格暴跌的股票的投资者来说毫无意义。

简言之，通用电气说了什么已经不再重要，它需要用事实证明一点：恶劣的市场扭曲了它的真实价值，它被错误地卷入已淹没了其他公司的洪流中。

沃伦·巴菲特这位亿万富翁投资者颇具淳朴友好的中西部人气质，在人们难以相信通用电气经营稳定性的时候，他是安抚人心的最佳人选。他也是一位生意人，知道自己投资时不只是在借出资金，也是在为目标公司的基本实力进行背书。巴菲特表示，他不会投资他本人不了解的业务，这也是他在美国国际集团被政府接管之前拒绝帮助它的原因之一。他对通用电气的投资将向市场发出强烈的信号。

但得到他的投资是有代价的。巴菲特是一位经验丰富的投资家，对投资风险了如指掌，为了减少他的风险敞口，他提出了苛刻的条件。

就在一周之前，他还向高盛投资了50亿美元，他认为这家公司是集体癔症的受害者，这种集体癔症扭曲了华尔街最出色的企业的价值。高盛答应了他提出的条件，现在通用电气也必须如此。

巴菲特购买了30亿美元的通用电气优先股，获得了3亿美元的年度股息，还获得了五年内以每股22.25美元的价格购买30亿美元普通股的权利。

这笔交易只用了几天时间就敲定了。巴菲特一大早在奥马哈的家中穿着浴袍就做出了直截了当的决定。

这笔交易犹如一场及时雨。达成交易协议的当日，德意志银行（Deutsche Bank）的一位分析师对通用电气的利润预测做出了负面评估，

第十九章 / Chapter 19

称通用电气金融服务公司存在风险，内部存在大量问题，之后通用电气的股价大幅下跌，跌幅一度超过了10%。当巴菲特的投资消息在中午时分传开时，股价开始止跌，而且随着消息的发酵，通用电气管理层看到了期待的一幕：股价开始回升。

除了沃伦·巴菲特这30亿美元的信任投票外，通用电气还表示，它将通过发行普通股筹集至少120亿美元的资金。值得一提的是，六天前伊梅尔特还宣称通用电气无需采取这样的举措。

对通用电气来说，它做出的保证的可信度和投资者对它的信任都是至关重要的因素，但发行股票这一举措在华尔街发出了许多复杂的信息。此次发行股票非同寻常，它证实了通用电气需要在短时间内获得巨额的资金。

反转的代价也是高昂的。直到金融危机爆发之初，尽管通用电气的股价在下跌，但该公司一直都在回购股票。从2008年年初到现在，该公司已回购了30多亿美元的股票。2007年，它已回购了150亿美元的股票。也就是说，从2007年年初到现在，通用电气以37.50美元的平均价格回购了180多亿美元的股票，股票数量高达50万股，但现在，为了筹集122亿美元的资金，它将以每股22.25美元的价格向市场出售近55万股股票。以低得多的价格向市场出售股票消耗掉的资金比它从巴菲特那里获得的资金的两倍还要多。这是它对股票市场的一次灾难性的利用，而且也不是最后一次。

10月7日，美国联邦储备委员会（Federal Reserve）设立了商业票据融资机制（Commercial Paper Funding Facility），允许公司从高评级发行人手中购买三个月期限的商业票据，从而使通用电气的商业票据危机得到了一丝缓解。通用电气支付了1亿美元的费用后，签约加入了该项目。该项目计划在三周之内实施。

几天后，通用电气公布了利润数据。高管们召开了电话会议，强调了为使通用电气免受市场波动和经济萧条的影响而采取的举措，包括降低风险等。伊梅尔特坚称，通用电气的领导层已经采取了能使公司"在任何环境下都表现出色"的措施。

在融资方面，通用电气从未遇到过麻烦。

伊梅尔特向投资者保证，公司是安全的，他说："尽管市场波动剧烈，但我们发行的票据在商业票据市场上从未出现过问题。"他的意思是说，金融市场上的问题非常严重，但通用电气没问题。和以往一样，通用电气是个例外。

伊梅尔特在解释公司的预防措施时说："我们未雨绸缪，做好了应对周期性危机的万全准备。"然而，几天之后，伊梅尔特就向政府提出了获得融资的帮扶请求。

一周后，即10月中旬，联邦存款保险公司（the Federal Deposit Insurance Corporation, FDIC）公布了临时流动性资金担保计划（the Temporary Liquidity Guarantee Program, TLGP），为FDIC所承保的银行发行的债务提供担保，通用电气不符合条件。

据前财政部长保尔森称，他周日早上给伊梅尔特打电话解释了该计划，并提醒后者说，通用电气不会得到帮助。保尔森问，通用电气是加入该计划还是不加入该计划，其情况会更好。伊梅尔特的回答给他留下了深刻的印象。

伊梅尔特说："也许公司里的很多人不同意我的观点，但系统是如此的脆弱，你应该做任何你能做的事情，如果不加入这一计划，我们会做得更好。"保尔森后来在他的书中写道。

伊梅尔特似乎说错话了。在通用电气内部，新计划被视为一个大问题，它可能使公司在商业票据市场上面临更加严重的困难。通用电气在美国发行的商业票据比任何企业都多，而且得到了票据购买者的高度信任。但危机期间商业票据市场的压力和不确定性导致每个人都减少了对票据的使用，包括对通用电气票据的使用，但现在投资者可以购买由美国政府担保的票据了。

第十九章/Chapter 19

在金融动荡时期,除了声誉之外,通用电气的另一大优势是其3A信用评级,但这次情况有所不同了。随着华尔街的知名企业一夜之间倒闭,投资者对任何公司的信心都动摇了,他们没有兴趣冒险对这些公司进行投资了。为激活市场启动的TLGP计划消除了投资者的担忧,但它也有效地阻止了通用电气进入市场,因为没有投资者会愿意购买通用电气发行的无政府担保的票据了。

仅一天之后,伊梅尔特就再次与保尔森通了电话,他告诉后者,他的员工担心这项计划对通用电气造成不利的影响。他说:"我担心这一计划实施后公司没法用商业票据进行融资了。"

两天后,伊梅尔特在保尔森的办公室里辩称,通用电气需要被纳入TLGP计划的保护伞。他指出,通用电气实际上是在发放中间市场贷款,这是银行不想做的业务,但现在公司受到了危险的惩罚。

保尔森同意了他的请求,但需要他去说服联邦存款保险公司的总裁希拉·拜尔(Sheila Bair),这位54岁的堪萨斯州共和党人曾向当局坦率地表明过自己的立场。她认为,冒险会得到回报,但也可能受到惩罚。换句话说,押错注的人理应承担损失。

这纯粹是对市场运行原理的解释,也是围绕着金融危机争论的一个主要话题。市场需要有赢家和输家。无论如何谋划,干预市场以帮助那些做出错误决策的人都会扭曲市场参与者所承担的风险。若风险有限,而回报却没有上限的话,未来可能出现更多激进的投资行为。

拜尔曾试图遏制次级抵押贷款业务中的激进做法,而且她在很少有人注意到这一问题的时候就发出过警告。拜尔执掌的机构之前只是个不太起眼的金融监管部门,金融危机恰好在她五年的任期内爆发,该机构变得重要起来,她也大权在握了。拜尔还曾表示,她愿意与保尔森和盖特纳进行正面的交锋。伊梅尔特亲自拜访了拜尔,请求她把通用电气纳入临时流动性资金担保计划。

拜尔在其回忆录中指出，该计划给通用电气带来了"巨大的竞争劣势"，因为它允许银行出售FDIC支持的债券。她提到了伊梅尔特打给她的电话和对她的登门拜访，并指出他的要求得到了储蓄机构管理局（the Office of Thrift Supervision，OTS）和保尔森的支持。

拜尔让下属对通用电气的资金状况、风险管理和信息控制进行了核查，得到了比较满意的结果。

"伊梅尔特同意以通用电气的商业业务——从灯泡到喷气发动机的所有产品——担保我们不受损失，因此我批准了他的请求。"她写道。FDIC改变了立场，将FDIC承保的银行的附属机构也纳入了新计划。通用电气刚好在盐湖城拥有一家名为通用电气金融财务（GE Money Bank）的工业银行，它是FDIC承保的。这样，通用电气也被纳入了计划。

在反复声称不需要帮助之后，通用电气利用政府担保发行了数目惊人的4328笔商业票据，涉及金额近1310亿美元，排在第二位的是花旗集团，但它仅发行了1655笔。

/第二十章/
严阵以待

如果通用电气的股价是衡量投资者看法的一个指标,那么它正朝着错误的方向前进。股价离杰夫·伊梅尔特任期内的峰值渐行渐远。在伊梅尔特上任的第一天(2001年),通用电气的股价约为38美元。2008年9月他在比佛利山用餐时,股价为25美元,2009年初约为15美元,1月底跌至12美元。

伊梅尔特一直觉得股价是其领导力的反映,他被困在了不眠的梦魇中,危机带来的持续压力折磨着他,让他如坐针毡。杰克·韦尔奇见到熟人就会说,看到通用电气经历了风暴的打击,他感觉非常糟糕。韦尔奇的这种半公开的鄙视也让伊梅尔特越发沮丧。

最终,伊梅尔特在曼哈顿出席一次活动时发泄了内心的不满,相关的报道刊载于《金融时报》(*Financial Times*)专栏中。伊梅尔特告诉众人,杰克·韦尔奇沾了他那个时代的光,当时的经济蓬勃发展,他从未遭受过现在这么严峻的宏观经济危机的考验。

伊梅尔特声称,韦尔奇执掌通用电气时搭上了经济发展的顺风车,这一说法没有争议,但他不只说了这些。

在20世纪90年代,"任何人都能把通用电气经营得很好。"他打趣道,"在20世纪90年代,不仅人人可以管理通用电气,狗也可以管理通用电气,一条德国牧羊犬也可以管理通用电气。"

伊梅尔特的代理人否认他在"捅刀子",但收效甚微,因为消息是从英国《金融时报》发出的，并在华尔街和曼哈顿中城迅速扩散。从平时和蔼可亲的伊梅尔特嘴里说出这样的话确实令人震惊，尤其是这些话针对的是一位备受公司及其投资者尊崇的人物。

2009年初的形势有所好转，这给公司带来了希望。通用电气在2008年末向投资者介绍了金融服务公司的经营状况，高管们深入剖析了各项业务并回答了投资者的提问。通用电气还宣布，它将不再提供季度利润预测数据，部分原因是它最近很难实现既定的目标。

这次会议似乎安抚了投资者的心，但可惜好景不长，随着金融危机的持续，其股价又继续走低了。到2月中旬，通用电气的股价降至了个位数。

金融危机使通用电气的各项业务都面临着巨大的压力，伊梅尔特在致股东的信中承认，该公司持有的部分资产存在问题。他特意提到了通用电气大力进军的商业房地产业，该资产组合的价值在2007年飙涨。

"在信贷泡沫期间，我们是否在某些领域过于冒险了？也许吧，确实有一些。"他写道，"今天，我希望我们少接触商业房地产和英国的抵押贷款业务。"

有关通用电气财务状况的议论仍在继续。投资者担心股息会被削减，评级机构下调通用电气的信用评级。许多大公司都降低了股息，包括陶氏化学（Dow Chemical）、辉瑞（Pfizer）和花旗集团等，但股东们担心，若通用电气也这么做，其股价会大幅下跌。消除不确定性风险的方法就是出售股票。

一向乐观自信的伊梅尔特对通用电气需要削减股息的想法嗤之以鼻。他在2月5日接受《华尔街日报》的记者采访时说："我们有足够的现金流支付股息。"

对股息的担忧给公司造成了沉重的负担。鉴于通用电气已经陷入困境并依赖于政府的帮助，它需要多留出一些现金，而要留出现金，它首先就应当削减股息，但这对伊梅尔特来说是不可想象的。

第二十章 / Chapter 20

通用电气上次削减股息已经是七十多年前的事了。在伊梅尔特看来，保持按时支付股息的记录是公司的一项神圣的职责，履行这一职责对股东非常重要，削减定期支付给忠诚的投资者的现金可能会永久性地改变通用电气的估值。他也清楚，削减股息将成为他个人职业生涯中永远抹不掉的污点。其他公司在危机期间也采取了这种谨慎的措施，但这样的事实并不能给他带来丝毫的安慰，他认为通用电气应该是个例外。

但到了2月27日，伊梅尔特将季度股息从31美分降至了10美分。

伊梅尔特多年来一直都对此事耿耿于怀，他认为那一天是他职业生涯中经历的最糟糕的一天，那次削减股息不仅打击了投资者，还打击了持股的员工和退休人员。

华尔街对这一举措表示欢迎，当一家公司正在从牙缝里往外挤钱时，削减股息是明智之举。

慷慨地支付股息——如回购股票一样——对陷入困境的公司来说没有意义。通过削减股息，通用电气消除了不确定性，每个季度还能节省出数十亿美元的资金。

对于数以千计的长期投资者来说，通用电气的做法令人痛心。持有普通股的他们每三个月就能获得一笔现金，这样一项重要的收入来源（如果不是主要收入来源的话）就这么突然被削减了，他们没有得到任何警示，也没有追索权。

削减股息后，通用电气股票早期的表现还不错，股价持续下跌了一段时间后趋于稳定并出现了反弹的迹象。股价曾一度跌至6.66美元，但几周后反弹到了10美元以上。

为了进一步遏制股价下滑的趋势，通用电气决定就金融服务公司的问题召开一次投资者会议。与会者以详尽的内部审查的形式进行了深入的探讨。金融服务公司的高管花了五个小时解释该部门的业务及其盈利模式，试图重新赢得华尔街持怀疑态度的分析师的青睐。

人们很容易忘记为何对于通用电气来说阻止股价下跌如此重要,以及当时公司面临的风险。如果通用电气的股价没有停止下跌,那么结局会如何就不好说了,最近几个月其他标志性的公司的破产已经清楚地表明了这一点。

《纽约时报》的专栏作家乔·诺塞拉(Joe Nocera)曾撰文介绍过3月份危机期间股价接近历史低点时通用电气的情况。诺塞拉曾是伊梅尔特的粉丝,一年多之前,他还写文章盛赞伊梅尔特在开创新型领导力和商业方法方面取得的伟大成就,但到了2009年3月,诺塞拉变脸了,他大肆抨击通用电气缺乏信誉和财务状况的稳定性。他剖析了基思·谢林近来坚称的通用电气不缺现金的说法,抨击该公司要求投资者仅凭信仰就相信其数据和"坚如磐石的形象"的做法。

"你不禁会想,我们以前也看到过类似的情形。"他写道。他将通用电气与在危机中承受了巨大压力的其他公司作比较,如贝尔斯登、雷曼兄弟、AIG、美林和花旗集团。

通用电气金融服务公司没有将其大部分资产按市价计价,在市场极度疲弱时公然歪曲了通用电气的财务状况。诺塞拉表示,唯一的出路是通用电气在金融服务公司的投资者会议上详细说明一切,让投资者了解实情。

诺塞拉写道:"但现在没有投资者会相信谢林先生说的话了。"

通用电气的3A信用评级也出了问题。几十年来,拥有一流的评级一直是通用电气成功的关键。该公司可以以较低的成本获得借款,进而为制造业部门和通用电气金融服务公司提供资金。

3月12日,标准普尔下调了通用电气的信用评级,穆迪公司也在十几天后做出了同样的决定。下调是痛苦的现实,但这样的结果并不出人意料。考虑到该公司在金融服务业的资产组合,其信用评级本就定得过高了。在下调评级之前,评级机构本着"疑罪从无"的精神,通常会多观察一段时间公司的状况,但通用电气再也坚持不下去了。

第二十章 / Chapter 20

这些机构列举了通用电气存在的一些明显的问题，信用级别高的公司不应当出现这些问题。通用电气金融服务公司拥有6000亿美元的高风险资产，包括280亿美元的自有品牌信用卡业务、220亿美元的住房抵押贷款和810亿美元的商业房地产资产。

通用电气对评级下调表现得不以为然，称这一事实证实了该公司的稳健性。然而，毫无疑问，评级下调对公司士气及其形象造成了沉重的打击。

通用电气金融服务公司的会议最终于3月19日召开。在纽约一家寒冷的酒店会议室里，以尼尔和谢林为首的通用电气高管在历时一天的会议上展示了176张幻灯片，利用这些幻灯片，他们向与会者解释了金融业务的风险和防范措施，他们的解释很枯燥，耗时也很长。

在紧张的会议开始约两个小时后，火警警报突然响起，大楼人员被疏散，会议中断。当所有人重返会议室后，高管们又开始没完没了地谈论金融服务公司的资产负债表以及信用评级机构所担心的风险。他们想表达的意思是，通用电气已经正确地记录了资产状况，而且正在明智地应对不利的局面。

这次会议的效果不错。在尽力安抚投资者之后，增加透明度的策略显现出了效力。投资者和分析师们普遍感觉通用电气金融服务公司的透明度增强了，他们相信，该公司已经说出了之前隐藏的秘密。但实际上，这次会议中展示的信息并不是详尽无遗的，在该公司持有的6000多亿美元资产中，有很多资产存在隐患，也就是说，其资产组合中仍存在大量风险。但清楚地解释业务的深层次细节能让投资者对通用电气资产负债表的详尽性感到满足。

到了此时，通用电气的高管们才稍微松了一口气，因为金融危机最凶险的时刻终于过去了。

在贝丝·康斯托克看来，评论员们在谈论通用电气时风格的转变凸显了"开展有意义的研究"的必要性，也就是说，要收集信息，找出让人们远离通用电气品牌的原因并找到改变负面的联想的方法。总统选举刚刚结束,民主党候选人、参议员巴拉克·奥巴马(Barack Obama)击败了共和党参议员约翰·麦凯恩(John McCain)。通用电气的营销部门向双方均发出了求助信息。康斯托克请来了麦凯恩竞选团队的负责人史蒂夫·施密特(Steve Schmidt)和奥巴马的竞选经理大卫·普劳夫(David Plouffe),请他们就如何解决公众的不信任问题指点迷津。

施密特的建议决定了日后康斯托克执掌的媒体和公共关系部门的运作模式。施密特说,在政治家的竞选和公司的竞争活动中,"候选人或公司不是靠最优秀的品质或产品取胜的,他们是靠最简单的故事及清晰的讲述取胜的"。

康斯托克总结出的秘诀是:"创作一个简单的故事……多次讲述,重复再重复。"

/第二十一章/

出售NBC环球

2009年，资金短缺的通用电气把目光转向了它最宝贵的资产。

在拥有了NBC环球23年后，通用电气要为它寻找买家了。NBC环球曾被韦尔奇和伊梅尔视若珍宝，有了它后，他们才有机会走红地毯并出席奢华的派对，当然，它也有助于促进通用电气的营销。

此外，CNBC在华尔街的交易平台上随处可见，通用电气可利用它向投资者宣扬其优势，主持人在电视节目中常常赞扬通用电气的管理层。其有线电视网经营得很好，但不幸的是其广播电视网因广告业务减少、收视率下降而业绩惨淡。

自伊梅尔特上任以来，一直有人提议把电视业务卖掉。一些人认为，当年收购该业务纯粹是因为虚荣心作祟，它本来就不应该属于一家工业公司。毫无疑问，伊梅尔特拒绝了这一提议，他始终是该业务的支持者。

但随着通用电气遭受了严重的金融危机，它需要通过一笔交易获得资金，一些人认为，即使当前的时机不太好，NBC环球的估值可能会比较低，出售它仍不失为明智之举。现在出售它对伊梅尔特也是最有利的，不说别的，出售该部门将有力地证明，他正在使通用电气变得更简化、更易于管理。

然而，其他人认为，出售该部门再次证明伊梅尔特的战略目标不明确。他从维旺迪手中收购了环球，积累了大量资产，而且令人困惑的是，他在2008年年中与私募股权公司合作，以35亿美元的价格收购了天气频道

（Weather Channel），但现在，通用电气打算大规模抛售这些媒体资产了。

事实上，伊梅尔特在寻求交易时表现得较为谨慎。2007年夏，媒体大亨鲁珀特·默多克（Rupert Murdoch）想收购《华尔街日报》（*Wall Street Journal*）的东家道琼斯公司（Dow Jones & Company），控制道琼斯长达一个多世纪的班克罗夫特（Bancroft）家族内部意见不统一。默多克的出价为50亿美元，溢价高达65%，但班克罗夫特家族的一些人不喜欢这位澳大利亚亿万富翁，担心他把《华尔街日报》变成街头小报。他们想寻找其他买家。

伊梅尔特起初对这一交易不感兴趣，但有人主张将这家著名的财经新闻公司与CNBC合并，创建一家金融媒体巨头。

杰克·韦尔奇对伊梅尔特咆哮道："你将成为华尔街最神气的人。"这位前CEO一直密切关注着他喜爱的CNBC，他看到了拥有金融界两大巨头的机会。

经过一番思量后，伊梅尔特命通用电气的交易团队开始相关工作。最后，通用电气与英国《金融时报》的东家培生公司（Pearson PLC）商讨了联手收购道琼斯的事宜，不过伊梅尔特从未给出过报价。

这笔交易对通用电气来说毫无意义。通用电气的交易团队认定，要收购道琼斯公司，出价就要高于默多克报出的50亿美元，而道琼斯公司的市值与此相差甚远。而且，默多克明确表示，他一直渴望将《华尔街日报》收入囊中。伊梅尔特不想为了争夺"这颗王冠上的宝石"与他打竞购战。

此外，金融危机过后，尽管NBC环球的领导人认为，媒体行业格局的变化使得这样的交易很有必要，但通用电气无意对此投入更多的资金。广播业正逐渐式微，有线电视正日益兴盛，视频流也开始出现。伊梅尔特不想逆势而动，不想再为这些变化操心。

于是，通用电气开始为NBC环球寻找买家，公司管理层与时代华纳甚至默多克新闻集团（Murdoch News Corp.）的管理层举行了会谈。九个月

第二十一章 / Chapter 21

后,费城的有线电视巨头康卡斯特(Comcast)在竞购中胜出。通用电气同意以300亿美元的价格向康卡斯特出售NBC环球51%的股份,剩余股份将在若干年内出售。

这一销售价格让一个人感到十分震惊,他就是NBC环球的前副董事长兼CEO鲍勃·赖特。三年前,赖特仍在执掌NBC环球,他与私募公司凯雷集团(Carlyle Group)的创始人大卫·鲁宾斯坦(David Rubenstein)会面时曾讨论过将NBC环球从通用电气剥离出来,同时赖特继续执掌NBC环球的计划,当时他们对交易的估值为450亿美元。

但伊梅尔特阻止了这一交易,他坚称通用电气绝不会出售NBC环球。赖特很清楚,通用电气为了抵御经济衰退正在全力发展传统的工业业务,已经顾不上对NBC环球进行投资了。几个月后他就决定从该公司退休了。正如赖特看到的,当伊梅尔特改变想法并最终与康卡斯特达成协议时,通用电气在NBC环球所创造的价值已经所剩无几了。

在拒绝赖特的提议一年后,伊梅尔特参加了查理·罗斯主持的电视节目,后者再次问他,通用电气是否可能出售NBC环球。他立即否认了这种可能性,同时还透露,他从未认真考虑过赖特提出的出售该公司的建议,也没有就此征求过董事会的意见。

他这样对罗斯说,"我从来没有认真讨论过出售它的事宜。你知道,我从来没和董事会说过要卖掉它。"

当事实最终发生时——谈判的消息于2009年秋爆出——华尔街普遍为这桩交易喝彩,因为媒体资产与通用电气的其他资产一直不匹配。人们就交易的时间、监管部门的审查和价格提出了一些问题。通用电气似乎是在一个不景气的市场中出售NBC环球,此时互联网已开始颠覆传统模式。从2005年到2008年,NBC环球没有实现利润增长,到了2009年中期,其利润减少了近10亿美元。

金融危机爆发后,通用电气一边出售NBC环球,一边在努力摆脱对金融服务业的依赖，这样的举措抚慰了投资者的心。1985年，当通用电气收购了美国无线电公司进而控制了NBC时，该集团最大的业务部门是电力、飞机引擎和技术产品部门，包括医疗设备部门。现在，该公司正通过各种方式回归其本源。

/ 第二十二章 /

别无选择

2009年12月,杰夫·伊梅尔特在西点军校发表了题为《重塑美国领导地位》(Renewing American Leadership)的演讲。

这所历史悠久的军事学院位于哈德逊河上游,距曼哈顿大约80公里,离通用电气的克劳顿维尔管理培训中心不远。当时正值周末,陆军与海军在举行足球比赛。演讲时,伊梅尔特首先回忆了自己在大学足球队里踢前锋的日子,并哀叹说,因为他现在没有资格参赛了,所以无法帮助陆军在当天的比赛中取胜了。

然后,他又谈了一些司空见惯的内容,重点是通用电气的重要性及其面临的挑战,包括"9·11"事件、美国对伊拉克和阿富汗的战争以及经济动荡等。关于经济刺激措施,他谈到了与政府在能源和制造业领域开展的大规模合作。

面对台下未来的军方领导人,他以特有的风格讲述了他对最近发生的金融危机和未来经济发展道路的看法,也为自己和通用电气的失误公开致歉。他说:

"危机过后,我要多倾听他人的意见。为了预测将要发生的根本性变化,我要做更多的工作。"

然后,他开始斥责一些人过于贪婪,还严厉批判了金融服务业。他说:"当美国的一些竞争对手正在制造业和研发领域加速前进时,我们却不重视技术了,我们的重心向能更快地获得利润的金融服务业倾斜了。"

他的这次演讲体现了他独特的风格：他承认通用电气有一些失误，但同时也将通用电气与实力更弱的竞争对手区别开来；他提出，通用电气金融服务公司是他所谴责的行业中最大的企业，但事实上它根本不是一家银行，因为它的经营最终由一家坚不可摧的工业巨头来负责。让金融服务业变成经济主导的是其他银行，它们的行为伤害了其他人。在他的表述中，通用电气又一次成了例外。

"奖惩被颠倒。最富有的人犯错最多，却只需承担最少的责任。在很多情况下，国家领导人让我们如同一盘散沙，毫无凝聚力。"伊梅尔特面对着西点军校的听众们说。然后，他又回到了这一主题：是什么因素让通用电气在业内脱颖而出。他向学员们讲述了他如何"勇敢地重新思考领导力范式"以及他从中得出的睿智想法。

伊梅尔特时而自夸，时而开玩笑，这是他一贯的讲话风格。他擅长用轻松明快的语言讲述非常严肃的事情，谈到他在金融危机期间发挥的领导作用时，他无意中让听众们得知，他在金融史上最混乱的时期里体现出了独断专行的一面。

"我每周都参加董事会会议，经常做决策，还要做一些我从未想过会做的事情。董事会和投资者都不知道我到底在干什么。"

从表面上看，伊梅尔特是在赞扬通用电气应对危机的能力，而且突出了他行事果断的作风。但他也承认，董事会没有深度参与他的决策。伊梅尔特既是CEO又是董事长，他做决策时没有征求他人的建议或获得他人的批准；相反，在董事会信任他的前提下，他迅速采取了行动。另一方面，他忽略了这一点：公司设立独立董事会是为了保护投资者，董事会应帮助公司管理风险。

"我必须当机立断，有时候必须迅速采取措施，甚至没有时间与董事会进行沟通。我可以这样做，是因为我们彼此信任。正是因为行动迅速，我们才确保了通用电气的安全。"

第二十二章 / Chapter 22

当然，通用电气能渡过危机也得益于联邦政府的帮助，但这是有代价的。当伊梅尔特在西点军校的学员们面前大谈诚信和领导力的未来时，他自己的未来早就被注定了——有越来越多的监管者把目光转向了他。

但首先，通用电气必须处理历史遗留问题。美国证券交易委员会结束了对通用电气历时两年半的调查，发现了该公司为实现财务目标而做出的多起不当的会计操作。

该公司虚报了数亿美元的利润，滥用了会计规则。对于美国证券交易委员会指控的违规行径，通用电气同意支付5000万美元的罚款，并承诺杜绝此类行为。考虑到美国证券交易委员会对该公司虚报营业收入和利润的指控，这一罚款数额并不高。最终，通用电气设法稳住了局面，并向投资者保证，以后不会再出现类似的状况。

这次和解似乎证实了人们长期以来对该公司会计违规的怀疑。华尔街的许多人对罚款数额感到迷惑不解，他们认为，这点罚款不太可能阻止该公司在未来继续做出不当行为。美国证券交易委员会的指控包括多项欺诈、提交误导性文件以及记录不准确和内部控制不到位等。

与美国证券交易委员会达成和解之际，已经背负了繁重但无效的监管负担的金融服务业正在推行全面的改革。毕竟，要让那些几乎摧毁了整个金融体系的人改变他们的业务模式。

奥巴马总统当年夏天提议的全面改革构成了《多德—弗兰克华尔街改革与消费者保护法案》(*Dodd-Frank Wall Street Reform and Consumer Protection Act*)的基础。承诺不再使用纳税人的钱为企业纾困的这一法案于2010年7月经由奥巴马总统签署生效，有效地促进了整个金融体系的改革。

《多德—弗兰克法案》的出台标志着银行业务模式的结构性转变。这项法案的条款长达两千页，它限制了大型金融服务公司采用高风险策略，影响了从信用卡到抵押贷款的所有业务。政府将定期检查主要银行的资产负债表。每年一次的审查将确认银行是否有足够的现金应对极端的困境。

当然，通用电气不一样。严格来说，它不是一家银行。多年来，通用电气金融服务公司一直受储蓄机构管理局（20世纪80年代储蓄和贷款危机后美国财政部设立的机构）的监管。人们预计，在即将到来的改革中，这一机构将不复存在，结果也确实如此。该机构曾监管过华盛顿互惠银行（Washington Mutual）、印地麦克银行（IndyMac）和美国国际集团的金融产品部门，它们已经倒闭或濒临倒闭。2005年，抵押贷款巨头国家金融服务公司进行了重组，导致其监管机构变成了储蓄机构管理局，一些人认为该公司这么做是因为储蓄机构管理局的监管比较宽松。该公司后来在房地产危机中破产，并被美国银行以低价收购。

随着储蓄机构管理局的解散，通用电气的监管机构变成了美联储，它将像银行一样接受后者的监管。美联储的一个团队在通用电气金融服务公司位于诺沃克的办公楼里驻扎了下来，对其财务状况进行日常的监督。

有了拼死寻求联邦政府帮助的经历，再加上新的监管部门虎视眈眈，伊梅尔特适时地公开谈及了缩减金融服务公司业务的话题。他表示，通用电气将在几年后大规模出售金融服务公司的业务，但"是在资本市场出现机会的时候，届时我们可以批量处理这些业务"。

换言之，当时机到来时，伊梅尔特打算乘势而为，他似乎受够了自他上任以来就一直困扰着他的部门分裂，而且这场危机使得金融团队和工业团队之间的裂痕进一步加深了。

在克劳顿维尔举行的管理培训会议上，通用电气金融服务公司的员工为了不让别人看到他们部门的名字，会把自己的名牌翻过来摆放，这样做可以使他们免遭其他业务部门的员工的嘲笑。工业部门的员工们指责"金融牛仔"们影响了工业部门的正常经营，还几乎毁了通用电气。

同时，尽管通用电气在吸取了惨痛的教训后计划缩减金融服务公司的业务，但其交易并未停止。2011年年中，它出人意料地向荷兰国际集团

第二十二章/Chapter 22

（ING）发出了以现金收购其美国在线银行业务的要约。通用电气当时认为，该银行的存款业务可为它的放贷业务提供资金，是商业票据的低成本替代品。但通用电气没有成功，该业务被第一资本（Capital One）以90亿美元的价格收入囊中。

通用电气金融服务公司勉强接受了联邦监管机构团队的驻扎，但办公场所的气氛陡然紧张了起来。通用电气不喜欢外人告诉它如何经营，它知道自己该怎么做。2012年5月，通用电气金融服务公司的领导人迈克·尼尔明确表示，监管氛围发生了重大的变化，但他表示，员工们正在学着适应新氛围，公司与监管部门的关系是"建设性的"。据他估计，美联储的现场监督每年给通用电气造成了约4亿美元的损失，但他似乎平静地接受了这一现实。

他说："他们将和我们在一起待很长时间，我们别无选择。"

/第二十三章/

绿色即美元

2010年9月下旬,华盛顿特区异常温暖,杰夫·伊梅尔特和公司的两名律师来到了威廉·杰斐逊·克林顿联邦大楼(William Jefferson Clinton Federal Building),这座新古典主义风格的大楼正是美国国家环保局(Environmental Protection Agency)所在地。

通用电气和环保局的恩怨长达数十年,双方一直在争论应该由谁负责清理纽约哈德逊河里的有毒垃圾。几代人以来,通用电气的两家工厂已经向这条河里排放了一百多万磅有毒化合物,将美国最著名和最重要的水道变成了三百多公里长的被有害物质污染的场所。

只要在韦尔奇面前提起哈德逊河,就会让他暴跳如雷。多氯联苯已被广泛地使用了几十年,润滑剂里含有这种化合物,通用电气在哈德逊·福尔斯(Hudson Falls)和纽约爱德华堡(Fort Edward)等地的工厂里生产的电容器内的重负荷耐火绝缘液体中也含有这种化合物。

韦尔奇大喊道,那个时候把废液排入河里是合法的。他说的没错,最初的排放是合法的,但后来,由于多项研究表明这种化学物质对人体有害,排放就不再合法了。科学家们最终确认,多氯联苯可能是致癌物。直到1977年,通用电气才停止向河流排放这种物质,两年后,这种物质被禁用,但它们早已经渗透进了工厂的地面,而且在之后20多年的漫长岁月里,它们慢慢地流入了河道里。

经过30年的缠斗后,通用电气和环保局的决战时刻终于来临了。

第二十三章 / Chapter 23

通用电气团队登上大厦三楼后，进入了一个镶着木板的会议室，环保局一般在这里会见重要的访客。通用电气团队的主要成员包括环境律师、前环保局官员安·克莱（Ann Klee）和法律总顾问布拉克特·丹尼斯顿三世。对面坐着的是以丽莎·杰克逊（Lisa Jackson）为首的环保局官员。丽莎·杰克逊是巴拉克·奥巴马总统任期内的第一位环保局局长，也是一位资深的环境工程师和监管者。

通用电气团队本以为环保局会同意其以黏土和土壤封闭最大的污染"热点地区"的提议，但没想到遭到了拒绝，他们犹如被泼了一盆冷水。

环保局和一些地方的政府官员反对这种方案。他们说，随着时间的推移，河水会慢慢冲走封土，最终有毒的化学物质会被释放出来。杰克逊诚恳但语气坚定地告诉通用电气团队，通用电气要负责挖掘和清除60多公里的"热点地区"的毒素。这样的补救措施正是通用电气想避免的。而且，处置污泥的成本也要由该公司承担，预计相关的费用将高达20亿美元。

通用电气的律师、前环保局官员安·克莱勃然大怒。

"这是错误的决定！我们法庭上见。"克莱喊道。当环保局的人打算说出第二阶段的疏浚方案时，克莱说："我们不会遵照执行的。"

"她有点失态了。"一位与会者说，通用电气的人本以为会达成协议，但事实并非如此。

一旁的丹尼斯顿变了脸色，但没有说话。想缓和气氛的伊梅尔特插话了，他说："好吧，我们今天不必做出决定。"

但杰克逊冷冰冰地纠正了他。

"哦，不，我们今天就得做出决定。"这位环保局局长对通用电气的CEO说，"我们所说的就是最终的决定。"

会谈很快就结束了。随着通用电气高管们的离去，剩下的唯一问题是，该公司会怎么做？是遵循环保局的计划并承担相关费用，还是去法院与环保局打官司，将哈德逊河的污染清理问题再次搁置起来？

此时伊梅尔特接替杰克·韦尔奇担任CEO已将近10年了，通用电气在环境方面的公众形象也有了很大的提高。

2002年，身穿针织毛衣、刚退休不久的韦尔奇在接受比尔·莫耶斯（Bill Moyers）的电视采访时说，环保局最初制定的哈德逊河底清理计划"简直是胡扯"，无异于"在水里找（化学物质的）分子"。

韦尔奇一边晃着身子，一边打着手势大喊道："哈德逊河已经恢复了，它非常棒，非常美。"然后，他又说了一个让莫耶斯大吃一惊的观点：他甚至不相信多氯联苯对人体健康有害。多项研究表明，这些化合物可能是致癌物，但他不太相信专家的解释。

杰夫·伊梅尔特也不想花数十亿美元清理河流，然而，他很聪明，他发现改变通用电气在环境领域的公众形象对公司有利。尽管公司拥有强大的设计制造能力，但它常被视为生态领域里的大坏蛋，这与这位阳光销售员对通用电气形象的定位不符。韦尔奇反对环保主义者和立法者的要求，不愿意清理被污染了的哈德逊河和其他河流，因此导致了一些冲突，特别是与马萨诸塞州的胡萨托尼克人（Housatonic）的冲突，伊梅尔特至少可以避免这类冲突的发生。

1998年4月下旬，通用电气的年度股东大会在辛辛那提举行。会上有股东建议，通用电气应对被污染的河流采取更多的清理措施，韦尔奇没有采纳这一建议，他宣称不清理河流对公众没有危险。一位股东对韦尔奇的说法提出了质疑，认为通用电气对科学研究的激进解释与试图逃避肺癌责任的烟草公司的解释不相上下。韦尔奇被激怒了。

"这是让人无法容忍的对比。"愤怒的韦尔奇在台上对这位股东喊道，"老天在上，你应该站在真理一边。"另一位股东喊道"坐下"，引起了一阵掌声。

让通用电气公共事务部大吃一惊的是，被嘲笑的发言者是帕特里夏·戴利修女（Sister Patricia Daly）。她是新泽西州的一名天主教修女，

第二十三章 / Chapter 23

一直在推动企业的社会责任行为。韦尔奇对她提议的无情拒绝成了通用电气坚决反对做出此类行为的象征，人们认为，该公司对环保充满了敌意。

除了纽约的河流清理问题，通用电气还面临一个更大的问题，那就是它的品牌。精心编织的与爱迪生有联系的神话一直是通用电气宣传的核心内容。通用电气整合了各个时代的公众舆论工具，因此罗纳德·里根和库尔特·冯内古特出现在了公司的历史档案中。它还赞助了与其直接利益相去甚远的一些娱乐活动，如早期的电视直播节目。当公司的公关部门做得不错时，人们对公司的总体感觉良好。伊梅尔特很喜欢引用这一研究结论：通用电气的品牌价值可能高达500亿美元，这表明该品牌在世界范围的知名度很高，也表明它给世人留下的印象是：无论它出现在新闻或国会质询中的原因是什么，该公司都是一个由精英工程师组成的庞大组织，这些工程师制造出了使世界运转良好的重要设备。但是，到了21世纪，由于人们越来越怀疑大型上市公司的行善动机，以及企业站在股东立场上追求利润存在道德和伦理方面的问题，这一传统品牌的价值发生了变化。

从韦尔奇任上开始，通用电气与美国消费者的关系渐渐出现了改变。当"通用电气带来美好生活"这句广告语问世时，该公司以向美国人出售收音机、电视、微波炉、炉灶、冰箱、空调和白炽灯泡而自豪。后来韦尔奇卖掉了一些业务，比如生产烤面包机和小厨房用品的小家电业务。到2000年代中期，通用电气工业资产组合中剩下的少数家电业务基本上都成了被择机处理的对象。事实上，伊梅尔特上任后，通用电气摆脱这些乏味的遗留业务的步子加快了。

从一定程度上说，去掉这些业务是该公司在自由贸易时代对全球竞争加剧的自然反应。在这样的时代里，美国的小工具制造商，特别是低端制造商根本无法与其他国家的制造商进行竞争，但伊梅尔特并不是退出厨房家电和照明等低利润业务以进入美国消费者更看重的其他业务领域。通用电气已经不再是一个面向消费者的品牌了。"肉丸"标志仍然具有极大的影响力，人们仍然能在五金店和家电零售商的过道里看到它。得益于多年来达成的许可协议，该标志被印在了公司数十年来没有生产过或从来没有生产过的小玩意上（其中包括通用电气品牌的电脑鼠标和一款假安全标志，这种标志意在让窃贼相信，房子是受通用电气报警系统保护的，但实际上这种保护不存在）。现在，该公司的核心客户大多是机构，包括医院、军队、公用事业和发电设备、航空公司等。

尽管通用电气更多的业务是针对企业的，但它仍然需要大众的支持。公众的积极评价，比如家喻户晓、能力出众、简单美好、品质卓越，对它抵御厄运和丑闻带来的不利影响仍然至关重要，像它这样庞大而复杂的企业在任何时候都可能面临无数的流言蜚语，因此，除了让客户体验到花几美元买两包60瓦灯泡时那种熟悉的感觉外，公司还要让客户体验到另一种温暖而模糊的感觉。

毕竟通用电气此前曾被妖魔化过。它曾因与美国国防部签订的巨额合同而遭受过大学的抵制。在日本福岛核反应堆因海啸发生事故后，该公司遭到了媒体的猛烈批判。这场危机使公司遭受了意外的打击，因为这些反应堆是它在40年前建造的，现在只有少数几名在职员工了解其设计。

在这些情况下，之前留下的好印象很重要，也就是说，要让品牌散发出温暖的光芒，要让公众认为它意图良好、能力出众。在伊梅尔特及其最亲密的副手看来，要实现这样的目标，通用电气需要一个故事。成功的叙事会引发成功，而卓越的想象力和创新是这一切的前提。伊梅尔特的一位支持者后来简明扼要地说："策略就是讲好一个故事"，这位高管就是通用电气的首席营销官贝丝·康斯托克。

关于清理哈德逊河的问题，通用电气不仅在华盛顿与环保局进行抗争，而且在哈德逊·福尔斯和纽约爱德华堡这两个前通用电气工厂所在地发动了最为激烈的抗争。这两地到处都是通用电气忠诚的员工和退休人员，还有想在河里探险和捕鱼的居民。通用电气出资建立网站，在当地报纸上刊

第二十三章 / Chapter 23

登广告，在电视上播放片段，展示环保局的水道清理计划将对风景秀丽的哈德逊河上游产生的影响：到处都是翻盖挖掘机和卡车，到处都是乱糟糟的景象。"这只是清理20秒后出现的情景，"其中一人在拍摄大型土方设备时说，"想象一下这么搞20年会是什么样子。"

这些广告很有效。在受通用电气直接污染的社区，公众对清理计划的抵制增强了，尽管也有一些人强烈反对，认为该公司的宣传言过其实且具有误导性。

"这些人真的、真的很害怕该计划实施会对他们社区造成不利的影响。"一位环保人士在2001年6月对新泽西州立法委员会说，当时，距离通用电气多氯联苯污染地数百公里的下游地区的立法机构试图迫使该公司清理污染物。"他们为什么会害怕清理河道呢？他们之所以害怕，是因为通用电气的公关人员一直在告诉他们要害怕。他们之所以害怕，是因为通用电气花费了数百万美元以逃避罪责。"

在伊梅尔特时代，为通用电气树立公众形象的电视广告采用了与之前完全不同的风格。韦尔奇和上任不久的伊梅尔特都曾以国会议员的口吻大谈公司对环境问题的关注，而现在，由康斯托克确立的伊梅尔特任期的口吻体现了她从NBC引进的乐观的叙事风格。新风格与伊梅尔特的阳光乐观气质很相配，即用温和、可爱、模糊的口吻告诉公众应如何积极地看待这家世界上最著名的工业公司。

2005年春天，伊梅尔特在华盛顿特区的一个大厅里公布了公司为实现环境目标做出的一系列新承诺，这也标志着公司宣传口吻的转变。大厅的屏幕上出现了一片雨林，当画面动起来时，人们听到了熟悉的旋律。一头大象伴着《雨中曲》(Singin' in the Rain)在丛林里翩翩起舞。当大象在水洼里跳舞时，人们听到了这样的吟诵声："水更纯净了，喷气发动机、火车和发电厂的运行更清洁了。"

这则广告的创意出自康斯托克团队，是他们为新的营销活动和品牌推广进行的"创想突破"的一大成果。通用电气表示,"生态畅想"旨在"创造与自然协调的技术"。

康斯托克后来在回忆录中写道,生态畅想计划是研究和深入思考了数月的结果,而且他们在重塑通用电气品牌的过程中遇到了相当多的内部阻力。一位高管第一次看到"大象埃莉"的广告时大叫道:"你让我们看起来像白痴!"

事实是,通用电气正在两面下注,它把自己的命运与那些宣传环保有利于提升形象的业务联系在了一起。不过,"生态畅想"虽有夸张的成分,但也有实实在在的成分。通用电气确实设定了具体的目标。该公司在一次新闻发布会上表示,到2010年,它将减少温室气体的排放,并加大对"清洁技术"的研发投资,即从每年的7亿美元增加至15亿美元。该公司还计划到2010年把从"能显著提高客户环境绩效的"产品和服务中获得的收入翻一番,即从100亿美元增加到200亿美元。为了确定哪些产品适合被纳入生态畅想计划,该公司还向一家独立的环保组织求教。

伊梅尔特那年春天在华盛顿的发布会上盛赞了符合生态畅想标准的17种产品的新变化,但事实表明,所谓的新变化不过是他在自说自话罢了。通用电气改造的产品包括:一种名为GEnx的新喷气发动机,已被开发了多年,其燃油效率将要高于旧发动机;通用电气简约和谐(GE Profile Harmony)洗衣机,其名称源于"与环境保持和谐"的理念;进化(Evolution)系列机车,这是货运铁路部门使用的新型通用电气机车,其燃油效率更高,排放的气体更清洁。这种机车的宣传材料上写道:"来吧,仔细看看这款纯生态畅想的产品。"

真的是这样吗?通用电气在设计燃料消耗率低的GEnx发动机时并没有改变其商业模式。这款发动机是应波音公司的要求设计的,波音公司希望通用电气为其出售给航空公司的747和787型客机提供新型动力装置。航空公司在努力提高利润率,而利润率直接受飞机燃油效率的影响,因此他们以燃油效率评判飞机的质量。为了实现减少全球碳排放这一宏大的目标，各大航空公司都希望提高飞机的燃油效率，这是好事，但通用电气等发动机制造商为了使发动机部门盈利，都希望航空公司的飞机飞行时间能稳步增加。无论如何，通用电气提高喷气发动机的燃油效率并不是通用电气高层环保意识增强的结果。

至于进化系列机车，第一批试生产装置于2004年就投入了使用，比伊梅尔特首次提出生态畅想和大象跳舞创意还早一年。由于排放量大幅降低，该系列机车取得了巨大的成功。数百辆机车被卖给了世界各地的货运铁路和矿业公司，但它们是"纯生态畅想的产物"吗？非也，它们是美国环保局严格要求的产物。在环保局严格的排放标准约束下，铁路公司要尽力减少机车对环境的破坏性影响，从而为通用电气创造了设计和生产环保机车的激励。

不过，"创想突破"会议确定的口号为通用电气带来了大量正面的报道分析。现在，进攻的号角已经吹响。大象埃莉登上了电视屏幕，未来几个月还有一系列振奋人心的商业广告上市，这些广告均由通用电气长期以来的合作伙伴天联广告公司制作，该公司把通用电气的形象塑造成了以拯救野生动物和地球为动力的工业创新典范。

有一则广告的画面是这样的：组装动力涡轮机的工人们跳起了舞，他们在厂房里一个接一个地加入舞蹈队伍，接下来全球范围内的员工和客户也不断地加入进来。它就像一则以喷气燃料和生态愿望为核心内容的可乐广告。在另一则被公司称为"模范矿工"（Model Miners）的广告里，一群着半正式服装的男女头戴照明灯昂首阔步，伴着描绘矿工陷入债务的美国民谣《十六吨煤》（Sixteen Tons）在煤矿里挥舞着手提钻。广告语则指向了清洁煤，即"得益于通用电气能源公司的减排技术，利用煤炭发电变得越来越美"。

一些评论员指出，用一首描述20世纪矿工悲惨生活的歌曲（该歌曲中有一句歌词是"我把灵魂押给了公司商店")来颂扬煤炭业务之美是不合适的。约书亚·奥泽斯基(Joshua Ozersky)在《纽约时报》上则写道:"在商业广告和嘻哈视频中出现油腻的辣妹形象通常表明,你没什么实质性的内容可表达。"

一些环保主义者因哈德逊河的清理工作和污染物排放问题与通用电气缠斗了几十年,他们对通用电气的这些广告感到震惊。但生态畅想是有效果的,这些广告让人们产生了这样的印象:历史悠久的通用电气为了环保事业翻开了新的一页,而且它承诺将通过环保业务盈利。例如,《福布斯》在当年8月发表的评论文章《通用电气变绿了》(GE Turns Green)指出,尽管该公司的一些生态创想是在"作秀",但它确实改变了(福布斯对通用电气向环保主义者的屈服表示了怀疑,但它确实喜欢通用电气的模式)。

伊梅尔特对该杂志的记者说:"从本质上说,这样做能销售出更多的产品和服务。"还有一次,他简单地说了一句话,即"绿色即美元"。

随着通用电气最雄心勃勃的营销活动的开展,明星贝丝·康斯托克的职位也不断高升。她被任命为了通用电气十年来的首位首席营销官,而且有望向更高的职位迈进。

◆

2010年12月16日,丽莎·杰克逊与杰夫·伊梅尔特足足通了10分钟的电话。通用电气的相关人员一直在研究环保局提出的清理方案,他们希望能修改方案,降低通用电气的清理成本。而在环保局内部,官员们正焦急地等待着通用电气的消息。他们担心通用电气反对环保局提出的方案并把环保局告上法庭。

通用电气的责任是不可避免的,诉讼可能只会推迟承担责任的时间,但每推迟一年就会增加一年的积累,多氯联苯会在哈德逊河内的野生动物体内累积起来。环保局坚持己见,拒绝修改其方案。现在,杰克逊打电话

第二十三章 / Chapter 23

告诉CEO伊梅尔特，环保局将在第二天上午11：00宣布清理计划的细节。经过30年的争论，通用电气将被勒令负责清除河流中大量的污染物。

圣诞节前两天的上午8：00，通用电气发布了一则通告，标题是"通用电气关于之前讨论过的2010年第四季度事项的声明"。该通告称，通用电气将NBC环球的多数股权出售给康卡斯特的交易得到了监管部门批准，这笔交易预计将于1月份完成，比预计的时间要晚一些。通告接着说，通用电气已告知环保局，它将遵从要求，清理哈德逊河里的有害物质。

声明说："我们与环保局进行了深入和建设性的讨论，这一决定是我们多次讨论的结果，反映了我们提出的许多建议。"

在通告的结尾处，该公司向投资者保证："我们认为，这一决定将消除未来与哈德逊清理责任有关的不确定性，而且会导致第四季度产生约5亿美元的税后费用，但正如我们在12月14日讨论过的，我们预计包括有利的税务结算等积极的会计项目将抵消这一费用。"

这样的补救措施与环保主义者和一些地方官员想要的相去甚远，但通用电气最终会清理掉它倾倒在河里的有毒物质。

/第二十四章/

重塑形象

通用电气需要重塑自己。

十多年来,它一直被不利的比较和外部事件所困扰,包括韦尔奇及其无与伦比的财务业绩留下的阴影、金融危机期间差点破产的尴尬、环保主义者的厌恶以及福岛灾难的突然冲击。通用电气一直在忙着收拾残局、修复形象。

重塑形象的大任自然落到了贝丝·康斯托克肩上。在通用电气的广告公司天联,有传言称康斯托克的广告预算上不封顶。

这位营销官是一位身材苗条、长相迷人的中年女性,她早年在NBC工作,后被提拔到母公司执掌通用电气的营销部门。

公司里的人会直呼其名。她喜欢穿摩托车手常穿的那种皮夹克,时而高谈阔论,时而举止沉静。她很久以前就得到了伊梅尔特这个大人物的赏识。

康斯托克将继续实施伊梅尔特时代的重大项目:重塑公众眼中通用电气及其员工的形象。她要让公司变得积极进取,昂首前行,而且要告诉全世界,人们为什么需要通用电气。

在伊梅尔特看来,康斯托克不能有任何差错,因为她执掌的庞大部门要制作大量的广告和社交媒体内容,通用电气也不能出差错。杰夫·伊梅尔特不再满足于沿用上一代领导人留下的旧口号了。通用电气不再是一家能够"带来美好生活"的公司了,部分是因为伊梅尔特正在摆脱公司的消

第二十四章 / Chapter 24

费品业务。他和康斯托克希望重塑通用电气的形象，让它成为一个更无定形性的品牌，也就是说，要让人们认为，通用电气不只能改进喷气发动机和核磁共振成像仪，还能孕育创新。

通用电气投入巨资制作了超级碗广告，赞助了网络新闻初创公司。它是网络新闻机构沃克斯（Vox）的主要赞助商，这家新媒体公司主要提供权威的新闻和分析。通用电气通过这些媒体讲述自己的故事：它不再是一家墨守成规的工业巨头了，它现在变得焕然一新、令人兴奋了。该公司最终说服了多家新闻媒体宣布，它是一家"拥有124年悠久历史的初创公司"。

在伊梅尔特的时代，宣传"梦想启动未来"这一通用电气新口号最卖力的当属康斯托克。它出现在了通用电气的电视广告中，出现在了新闻稿和记者收到的宣传材料中。这句口号，就像康斯托克团队发起的一系列的广告和赞助活动一样，意在给人造成通用电气正在进行创新性发明和探索的感觉。

康斯托克和伊梅尔特知道，在新环境下，仅靠宣传通用电气传统的设计制造能力是不够的。依靠传统的能力当然可以改进重型机械的核心部件，提高机械性能，使公司获利，同时也可以提高航空公司、电厂和医院的安全性，但他们想为通用电气（历史悠久、实力强，但可能会让市场和公众觉得乏味无趣）引入一些正在其他领域发挥着重要作用的要素。21世纪初，人们都觉得硅谷的商业巨头以及与科技和网络商务巨头联系密切的企业新鲜、生机勃勃，通用电气希望人们也能这样看自己。

与此同时，康斯托克的个人品牌也随着通用电气新营销活动的开展而不断提升。康斯托克的团队想出了很多绝妙的创意，对于像通用电气这样等级森严、古板而传统的公司来说，这是很不寻常的结果。该公司全力与初创企业建立合作关系，以积极的产品展示、专用网站和媒体活动轰炸媒体；它还制作了精良的播客，甚至以销售限量版的辣酱作为宣传噱头。在康斯托克的领导下，通用电气与《国家地理》（*National Geographic*）的电视部门合作拍摄了纪录片特辑，聘请了一流的导演拍摄能凸显该公司生产的机器的短片。通用电气还向BuzzFeed支付费用，作为其定制可点击网页功能的赞助商，这推进了企业公关的常规业务。它还建立了面向外部读者的新闻网站"通用电气报道"（GE Reports），积极更新有关公司技术的信息。

通用电气把自己的形象塑造得与硅谷的热门企业没什么不同。该公司紧紧抓住初创企业这一关键点，将时髦的软件开发概念和西海岸科技文化融入进了其传统的制造业务。众所周知，通用电气历史悠久，但它不仅仅是一家生产沾有油污的零件的老工业公司，几十年来，它就像科技公司一样，一直在改变着世界。

"工程师们必须认识到技术不代表一切，他们应该与营销人员合作，了解客户的需求。"康斯托克对《科技经济》（Technomy）的记者说，"我们信奉自己的创业理念，我们的创始人是托马斯·爱迪生，他就是那个时代的史蒂夫·乔布斯。"

它是消除金融危机余味的清洁乳。通用电气试图证明，它一点也不像一家金融服务公司。

这正是伊梅尔特与本·考夫曼（Ben Kaufman）进行合作的原因。年轻热情的本·考夫曼是奇特网（Quirky）的创始人，他为发明家们提供了一个网络平台。用户在向奇特网提交了自己的发明设计后，网站会员会投票决定哪些设计具有商业前途并提出设计修改建议，他们还会考虑依据设计制造出的产品的名称或定价。一些产品可能会被批量生产和出售。整个过程是透明的，而且由外部人士主导，这与通用电气等公司的产品设计、测试和营销过程不同。

在奇特网上展示的设计都有一定的创新度。最成功的是一种被称为电力支点（Pivot Power）的产品，它是一种能在狭小的空间内使用的可弯折配电盘。另一种产品是定价为79美元的蛋托，用户可通过智能手机应用程序实时了解蛋托上鸡蛋的新鲜度,这样煎蛋卷前就不必检查冰箱里的鸡蛋有多新鲜了。这种蛋托的销量不大,最后停止了生产。

这已经是考夫曼第二次创业了。他在18岁时创办了以他的两只金毛猎犬命名的手机配件公司莫菲(Mophie),首次推出了可随时为手机充电的便携式电池组。后来考夫曼为了专心创办奇特网,卖掉了这家公司。

奇特网与科技行业一些最成功的初创公司一样,散发着大大咧咧、无拘无束的青春活力——通用电气也希望能拥有这样的活力。在每周举办的评审会上,新发明首次亮相,然后被评估、评价和嘲笑,整个过程会在网络上直播。

奇特网看似嬉笑玩乐,但实际上是在做很严肃的事情。通用电气的官员称,该公司了解消费者需求的方法很现代、很有创意,对本公司的电器部门很有借鉴意义。电器部门经营的是日益大众化和利润低的业务,尽管伊梅尔特曾担任该部门的高管,但他不并偏爱这个部门,反而想出售它。事实上,通用电气在金融危机之前就已经在为其家电业务寻找买家了,最终由于经济衰退吓跑了潜在的竞购者才未达成交易。

现在通用电气声称,其家电业务为奇特网的业余发明家们提供了基石。当该平台的一名会员发明了可通过智能手机应用程序控制的窗式空调时,通用电气和奇特网联手将这一发明打造成了实际的消费品。在现有的通用电气窗式空调上安装上奇特网软件后,先在社交媒体上进行一轮炒作营销,然后把这种空调放到亚马逊平台进行销售。在纽约市,顾客还可以参加一项特别时髦的促销活动:优步的司机会载着奇特网的员工送货上门。

/ 第二十五章 /

发现猎物

亚当·史密斯发现了猎物。

事情发生在2012年秋。史密斯（为保护当事人，此处用化名）是通用电气电力和水力事业部业务开发团队的成员，该部门也是通用电气最古老、规模最大的工业部门。"业务开发团队"只是"交易团队"的另一种称呼，由精通兼并和收购的银行家组成，其职责是找出通用电气内部那些卖掉比继续经营更盈利的业务。该团队也密切关注着外部公司的弱点，从中判断以低价收购外部业务的可能性。

他们发现的猎物就是阿尔斯通（Alstom），这是一家制造客运列车的法国企业集团，在动力涡轮机业务领域与通用电气存在竞争。该公司已悄然向私人投资者增发了3.5亿欧元的新股，而在数月前，它还回购了股票，其公布的利润数据也表明，它不需要筹资。在史密斯看来，此次增发新股表明，该公司目前资金紧张，而且它显然不想让任何人知道这一点。

交易团队继续深入挖掘。经过分析后他们发现，按美国标准衡量，阿尔斯通的员工过多了。与通用电气的电力部门相比，阿尔斯通每一美元的收入需要四倍多的工人。然而，尽管它需要现金，但它并没有裁员或关闭工厂。裁员和停业——用会计术语说就是重组——是着眼于长远的成本削减措施，但由于工人遣散费等成本，企业需要有足够的现金才能完成这些操作。

通用电气一直希望能发挥成本协同效应，在史密斯看来，收购阿尔斯

第二十五章 / Chapter 25

通能实现这一效应，也就是说，去掉该公司多余的工人和工厂能够提高利润率。但该公司的现金非常少，以至于它自己无法完成重组，甚至无法实现自救。收购阿尔斯通，重组其业务部门，并将它们并入通用电气的电力部门是有意义的，但前提是收购价格要合理。他需要经过仔细和精确的计算才能确定报价，以过高的价格买入陷入困境的企业可能会阻碍买家未来多年的发展。

史密斯盯着屏幕看了好几天，他在等待阿尔斯通的股票遭抛售、公司股价暴跌的消息。市场迟早会发现他看出的问题，到时候就是从该公司的管理层手中大举收购部分业务的好时机。

但大规模的抛售一直没有出现。相反，阿尔斯通的股价止跌回升了，因为投资者对该公司的规划做出了利好猜测。市场似乎认为，阿尔斯通为一项重大举措筹集到了资金。不管怎样，其他投资者并没有发现史密斯看到的情况，即这家大型工业公司正试图悄悄地解决内部的一些重大问题。

史密斯和他的同事们向费尔菲尔德通用电气总部的业务开发团队汇报了相关情况，但总部暂时将报告搁置了起来。阿尔斯通显然出了问题，也许有一天他们会发现其问题有多严重。

2013年4月的一个深夜，吉米·李在波旁街（Bourbon Street）的一家酒吧里见到了通用电气新上任的交易主管。李是摩根大通的银行家，特别热衷于做交易。谈到华尔街的交易时，他总是滔滔不绝。但近年来，在吉米·李和摩根大通看来，通用电气的交易非常少，该银行从中获得的收入也非常少。

李认为，通用电气是个迟钝而复杂的庞然大物，在美国最权威的投资银行的帮助下，它可以从分拆交易中获益。在银行家看来，通用电气是一堆等待被打开的锁。解锁业务，所有重要的"价值"将会显现：公司剩下的业务将获得更高的回报，出售了业务的部门专注于核心业务后，利润会提高；渴望看到变化的投资者会加大投资；银行家和律师将交易构想变成了现实，他们会获得一系列的收入。

因此，像李这样精力旺盛、积极乐观的银行家能让伊梅尔特这样的CEO听取自己的意见毫不奇怪。伊梅尔特非常渴望公司庞大的资产组合实现转型，也非常希望自己能因此获得赞誉，但是，尽管很多企业集团已经消失不见了，他不愿意减小公司现有的规模。李已帮助伊梅尔特把通用电气在NBC环球的股份出售给了康卡斯特，这是一笔分阶段实施的大规模交易。现在，即2013年春天，李看到了与新的业务开发主管建立联系的机会，这位新主管刚从印度分公司被提拔上来，他希望对方能了解摩根大通特别是自己能为通用电气带来的价值。

因此，吉米·李和约翰·弗兰纳里以及董事杰夫·比蒂（Geoff Beattie）来到了这家酒吧。

李从防御的角度谈了自己的看法。他说：激进投资者正在寻找大目标。通用电气准备了哪些防御措施呢？如果有人企图买入通用电气的股票并迫使管理层改变其资产组合，那么，不管这种企图多么出人意料，通用电气为抵御这种企图会怎么做呢？

"听着，老兄，"吉米·李说，"一些苗头已经显现出来了，我必须告诉你。"

弗兰纳里打断了李的话，他告诉这位银行家说，他们已经有了一个想法。通用电气准备将金融服务公司的部分盈利业务剥离出去，以此向投资者表明，他们是真的想减少公司对金融服务部门的依赖。

事实上，一项宏伟的剥离计划正在实施中。通用电气金融服务公司旗下曾为商店品牌信用卡和沃尔玛等超市的分期付款购物方式提供融资的部门将变成独立的公司，其股份将被转让给通用电气的股东。从原来的通用电气金融服务公司分拆出新的上市公司同步金融（Synchrony Financial）后，通用电气就再也无法从该部门获利了，但也不必再为其承担金融风险了。

第二十五章 / Chapter 25

当这一举措公之于众时，吉米·李和摩根大通参与了交易，这一点都不出人意料。

2013年末，通用电气所有部门的业务开发团队都收到了总部的这一指令：将本部门规模最大的工业交易想法上报给总部。在通用电气气势恢宏的企业园区里，杰夫·伊梅尔特和他的助手们正准备轰轰烈烈地大干一场。伊梅尔特此前已经在油气领域完成了规模相对较大的收购交易，但市场不相信通用电气真的想摆脱对金融业务的依赖。

在金融危机后的几年里，外界对通用电气的一致看法是，这家美国最著名的工业公司实际上更像是一家嫁接了盈利的喷气发动机和电力业务的银行。被视为银行给市盈率这一伊梅尔特和通用电气其他高管最看重的指标带来了不利的影响。

市盈率是粗略衡量公司股票相对价值的指标，其最基本的计算形式为：股票价格除以年度每股收益，表示投资者为了获得一美元的公司利润需要付出的钱数。如果投资者认为公司未来会有更多的利润，就倾向于支付更高的价格；他们为增长较慢或未来不确定的公司支付的价格更低。与股价不同，运用这一指标可以对同类公司进行比较。

在韦尔奇时代，通用电气越来越依赖金融服务部门推动利润增长，该公司享受了双重标准的好处。和大银行一样，它从贷款业务中赚取了丰厚的利润，但投资者相信，它也是一家安全可靠的工业企业。通用电气拥有较高的杠杆融资利润率，但其市盈率又是风险小得多的工业企业集团的市盈率，因为工业集团的销售额是按年预测的，而不仅是按季度预测的。有大量的重型设备订单和服务合同在手，该公司相信，即使出现急剧的经济衰退，它遭受的影响也是可控的，不需要采取非常痛苦的举措，特别是不会削减丰厚的股息。

但通用电气的金融危机及之后的缓慢复苏改变了这一切。一些大投资者、卖方分析师和金融记者之所以认可通用电气金融服务公司不透明的操作，是因为他们认为该公司背后站着的是一家能实现和超越华尔街目标的坚不可摧的工业公司。但是，当真正的金融灾难出现时，金融服务公司的所作所为以及对其内部运作知之甚少的投资者的恐慌几乎让整个通用电气破产。2009年3月是通用电气危机最深重的时候，基思·谢林与通用电气的分析师们召开了一次投资者会议，会后通用电气的股价从个位数低点回升，但市盈率仍然没有起色。

通用电气的市盈率目前与其他金融服务公司的持平。对投资者而言，通用电气股票的风险更接近摩根大通和富国银行的，而非联合科技（United Technologies）和3M等工业股的。

在伊梅尔特看来，市盈率不变意味着公司将面临一系列短期问题。手持数百万通用电气股票期权的在职和退休的管理人员、高管和董事们会备受煎熬。尽管如此，通用电气的通讯部门还是煞费苦心地告诉记者，伊梅尔特及其副手谢林和杰夫·伯恩斯坦以及其他领导团队成员对股价毫不在意。

在市中心与通用电气的员工喝咖啡时，在与通用电气全国各地办公室打电话时，这种说法很容易被反驳。股价是对伊梅尔特和通用电气表现的每日评分，可能会招致吉姆·克莱默（Jim Cramer）及各种财经专栏和博客的抨击。不过，在费尔菲尔德的人看来，这些抨击是短视主义的表现，因为抨击的人没有考虑工业公司的长远规划，但是，对能影响通用电气命运的许多人来说，股价关乎他们的收入。

正常情况下，当股价在一两个季度内遭受重创后止跌回升至一定范围，使高管们获得的价值高于期权兑现成本（交易价默认为期权最初的定价）时，遵循与股票绩效挂钩的高管薪酬原则能够发挥激励作用。但是，通用电气无法恢复昔日的市盈率，这不仅引起了前董事和退休高管的抱怨（因为他们持有的期权正在贬值），还可能对公司招聘和保留人才有重大的不利影响。

第二十五章 / Chapter 25

对伊梅尔特来说更糟糕的是，华尔街将通用电气重新归类暗示了，它对该公司做出了可怕的判定。这不仅仅是因为投资者在评估亏损风险时认为通用电气更像一家大型银行而不是一家大型制造商。投资者做出这样的判断表明，他们不再相信公司说的话了。公司几乎天天都在说，它是一家碰巧拥有金融优势的工业公司。通用电气想让人们相信，它能像控制任何一条工业生产线的风险一样牢牢地控制金融风险。涡轮叶片从正在飞行的飞机上脱落下来会使所有的喷气发动机制造商遭受打击；核反应堆熔毁会使建造商的股价下跌；核磁共振成像仪的召回将给医疗设备制造商带来巨大的损失。通用电气每次与投资者沟通时都会传达这样的信息：其管理层非常强大，他们眼光犀利，视野开阔，对整个集团的发展了然于胸，公司的股票值得投资。即使在不可避免的情况下，公司的某个地方出了问题，投资者遭受的长期损失也是有限的，不会血本无归。

伊梅尔特承诺说，规模变小、业务减少后的金融服务公司的安全性更高了，因为它的管理方式与通用电气其他业务部门的一样了，也就是说，它给通用电气股东带来的风险与具有百年历史的机车部门给股东带来的风险差不多。

如果华尔街给了后危机时代的通用电气伊梅尔特想要的市盈率，那就意味着投资者相信，通用电气能够以同样的风险和安全程度管理该集团的所有部门，但2013年华尔街没有提供这样的市盈率，因为投资者不太相信伊梅尔特做出的承诺。

为了让通用电气摆脱困境，伊梅尔特采用了新的策略，但在2013年年末，他还没有公开谈及这一策略。就像篮球架下的大个子前锋发现自己被前后包夹了一样，他需要两面出击，摆脱较强一方的拦阻，从实力较弱的一方突破。

他需要带领公司完成转型。

尽管伊梅尔特选择的策略已失败了很多次，但他毫不气馁。他希望完成一次大规模的工业收购，增加通用电气从机械及其服务中赚取的利润，为公司财务注入新的资金流。然后通用电气可以利用这些现金和利润做出更大的举措，除了经常聚集在费尔菲尔德总部和诺沃克金融服务公司总部的少部分人之外，没有人讨论过这一举措。如果这项工业交易取得成功，那么通用电气将得到足够的缓冲资金，为进一步剥离金融服务业奠定基础。通用电气可以完全退出金融业，不必再承诺缩减金融服务公司的规模，让其经营变得更安全了。

但首先，杰夫·伊梅尔特和伯恩斯坦以及公司并购业务主管约翰·弗兰纳里需要一个合适的交易对象。他们需要一笔交易额巨大的工业交易，要像收购阿默森和NBC环球时的交易额一样大。但与这些交易不同，他们要找到一笔华尔街真正喜欢的交易。

从费尔菲尔德到亚特兰大、芝加哥、斯克内克塔迪，再到辛辛那提和伦敦，所有的业务部门都收到了这样的信息：将你们部门最大的收购目标的信息发送至总部。

亚当·史密斯和电力公司团队立即想到了一个大目标。只要通用电气能够以合理的价格抢购到这家资产遍布三大洲但日趋没落的法国企业集团，等它那引以为豪的成本削减机器运转起来，它就能从中获取巨额利润。与其他部门一样，电力和水力部门的业务开发团队把他们的想法汇报给了位于康涅狄格州的通用电气总部。

如果通用电气收购阿尔斯通会怎样？

/ 第二十六章 /
新官上任

多年来，通用电气将工业业务线向全球经济有望快速重启增长的领域倾斜，取得了一些进展，但它们的进展对至关重要的股价几乎没什么影响。当伊梅尔特和他的顾问们私下讨论什么样的大型收购或出售会迅速改变公众对通用电气核心业务和优势的看法时，市场仍然没有偏离自金融危机以来该公司时不时发出的明确信号。只要通用电气仍然靠金融业务来实现业绩，一些投资者就永远不会相信它。摆脱让伊梅尔特备受煎熬的股市恐慌的唯一办法就是，彻底解决金融服务公司的问题。

他一开始采取了一些局部措施，逐步降低了公司对金融部门资金的依赖。到2013年，伊梅尔特对公司未来的公开描绘更加具体化，这让投资者看到了一丝曙光。通用电气将减少对金融服务公司的依赖，同时金融服务公司也将瘦身。支持商店品牌信用卡和支付计划的消费金融业务等部门将被剥离，金融服务公司的总规模（以其资产价值来衡量）将会缩减。通用电气仍然需要金融服务公司，不过，伊梅尔特向投资者保证，金融服务部门将与其他工业部门完全兼容，但他也承认，让该部门发展到相当于美国第七大银行的规模会让其容易失去控制。同时，他说，通用电气可以增加工业部门的收入和利润，把通用电气的收入比例确定为7∶3，即70%来自工业部门，30%来自金融部门。在濒临破产的危机发生后的五年内，金融服务公司也曾有过零星的复苏，现在它有望恢复增长了。

但这一次，伊梅尔特承诺，通用电气将根据制造业部门的需要"发展"

金融服务部门。他向投资者保证，通用电气永远不会像危机爆发前那样沉迷于放贷业务带来的轻松利润了，不过公司仍然可以经营得很好，能够取得较好的财务绩效，特别是能够始终如一地实现短期利润目标，让市场满意。

这是伊梅尔特对高管们提出了难以完成的任务。为了兑现上述承诺，他必须重新安排高层领导的职务。

作为通用电气的CFO，基思·谢林长期以来一直被视为极度乐观的伊梅尔特的制衡力量。他身材高大，留着一头州警察风格的短发，周末常在康涅狄格州西部连绵起伏的山丘上骑哈雷摩托车兜风。在会议中回答问题时，他会喋喋不休，有时无法控制自己的恼怒情绪。他的这种风格有时能抑制住伊梅尔特的冲动。谢林并没有力挽狂澜的影响力，他无法阻止伊梅尔特创造臭名昭著的高价兼并和收购纪录，但是，当伊梅尔特这位技艺高超的推销员一味地往好处想时，他通常能促使这位CEO认清现实。

现在，谢林的职务变了。通用电气要兑现对华尔街做出的不切实际的承诺（实际上是华尔街要求的），即降低金融服务公司对通用电气命运的影响，同时要保留该部门提升季度业绩的所有权力，因此谢林将执掌金融服务公司，成为其CEO，监督金融服务公司部分业务的早期剥离工作，并缩减该部门的整体规模。金融危机后，联邦法律要求美联储监管通用电气，他也是负责美联储监管事宜的资深领导人。

而在费尔菲尔德接替谢林位置的是金融服务公司的前CFO杰夫·伯恩斯坦，他带领贷款业务和金融服务公司度过了经济危机中最糟糕的时期，避免了破产的命运。伯恩斯坦和谢林一样，给人们留下了勇敢直率的印象。他也没有长期担任这家财务状况相对不透明的公司的首席财务官这一包袱，因此在股票分析师中具有一定的信誉。分析师们喜欢他直来直去的风格，至少在他没有冲他们大吼的时候是如此。伊梅尔特认为，新的职务安排是对伯恩斯坦昔日成绩的奖励，正是因为他做出了关键性的贡献，公司才没有陷入金融恐慌。伊梅尔特说:"困境出人才,时势造英雄。"

如果说谢林的工作是重新定义金融服务公司在通用电气内部和投资者眼中的角色的话,那么伯恩斯坦的工作就应该是盯紧通用电气正在扩张的其他业务。尽管在伊梅尔特的影响下,通用电气的成功标准难以捉摸,但要衡量他对公司的改革是否奏效,一个简单的标准是,在金融服务公司业务规模缩减的情况下,工业部门的收入和利润是否有所提高。伯恩斯坦很快就发现,通用电气在全球的业务越来越广,充斥着混乱、重复、浪费、效率低下和复杂性。他在韦尔奇塑造的通用电气文化中成长,忍受不了这些问题。他看到了一些利润源被抑制,只要简单地切割一些业务就能获得这些利润。裁汰冗员能产生协同效应,使公司获得更高的利润。随着通用电气再度大力推动工业业务,伯恩斯坦、伊梅尔特和通用电气其他高层很快就为2013年开始实施的计划取了这样一个名字:简化。

这项计划是在谢林的领导下开始实施的,他与一些负责监督海外业务的高管通力合作,想出了降低成本的一些方法,例如,降低后台工作人员和客户融资的成本。然而,正如伯恩斯坦对股票分析师所说的那样,简化不只为了削减成本,公司的高管们也向新闻记者解释了这一点。关闭几家工厂或在业绩不佳的垂直行业进行几轮裁员确实能增加利润,但该公司通过简化计划所能获得的远不止这些。

在2012年秋召开的一次长达90分钟的电话会议上,伯恩斯坦向与会的投资者和分析师承诺,他将对通用电气各部门的业务实践进行深入的调查。他表示,国外的业务需要更贴近客户,通用电气不一定要在每个国家设置重复的职能部门。他质问道,为什么通用电气要编制500多份损益表呢?公司使用数百种不同的企业软件系统来管理从零件流到服务合同再到销售数据的一切。经过筛选,可以去除一些冗余。通用电气的竞争对手更愿意使用共享服务协议,而通用电气的不同业务部门在相同市场上达成基础工业服务的平行交易。

在那次电话会议中，伯恩斯坦谈到了通用电气的新型基础设施，如印度浦那（Pune）的一个工业园区，这些设施从一开始就是按照多模式标准设计的：在同一栋大楼里，通用电气既可以生产货运机车的部件，也可以生产巨型风力涡轮机叶片的部件，还可以根据订单流随时调整装配线。随着时间的推移，这种模式将为该公司节省下数百万美元的成本。这也反映出公司领导人正在努力摆脱其工业先辈们惯用的长期规划模式，转而效仿硅谷。精干、简化的通用电气将不再重点关注多年期的产品开发项目，它要根据客户的突发奇想快速地进行设计制造，而且要降低无效项目导致的损失。

在2013年11月召开的一次投资者会议上，伯恩斯坦表示，简化计划也要求公司反思自己所扮演的角色。在投资者看来，这是很明智的做法。他们总是渴望听到这样的消息：资金在费尔菲尔德公司总部被节省了下来，或者资金从通用电气传统的高层领导部门转向了生产和销售产品的业务部门。但伯恩斯坦也暗示了一个通用电气的问题：继续经营一个由相互关联的业务组成的复杂企业集团有什么好处呢？从许多方面来看，采用这种模式都被证明是不明智的，甚至可能注定失败。

伯恩斯坦说："我们有30亿美元的成本没有分摊到业务部门。现在，我们在费尔菲尔德的团队正在重新构思我们的工作，我们思考这些问题：公司扮演什么角色？我们如何为各个业务部门增值？我们做了哪些工作来提高它们的竞争力？我们做的哪些工作不会给这些业务部门带来巨大的价值？"他告诉投资者，通用电气的高管正在"重新考虑费尔菲尔德支出的每一块钱"，并会持续这么做。

他说的这些很合分析师们的胃口。他们喜欢简化，喜欢通用电气的反思，知道这意味着什么。他们中的一些人意识到，机构改革，包括去除较低层次的损益表、去掉边远市场的一些业务等，将会改变管理人才在通用电气内部升迁的途径。该公司坚信，通用电气内部的轮岗会让聪明的员工

第二十六章 / Chapter 26

学会如何做卓越的管理者。

因此,当伯恩斯坦说,在销售收入仅为数亿美元的边远市场,"不需要完整的职能团队和管理、报告损益表的基础设施"时,一位名叫史蒂夫·维诺科尔(Steve Winoker)的分析师回应说:"但这就是你们培养管理人员的方式。"

伯恩斯坦解释说,在这些边远市场可以借鉴金融服务公司的模式,与其由一名高管来监督这些小机构的经营,不如由一个共享的后台部门负责其工资、账单、招聘等事务。伯恩斯坦说:"我们的想法是,经营一项业务重要的不是对应付账款和工资支出负责,重要的是得到客户和市场。"

所有通用电气的高管都应该专注于核心的工作:销售。

/ 第二十七章 /

玩转初创

埃里克·莱斯（Eric Ries）的装扮看起来挺符合他的身份。他戴着黑框眼镜，留着狂野的发型，穿着休闲装，在阐述有关未来公司将如何经营的观点时，他会使用夸张的手势。莱斯是畅销商业书籍《精益创业》（*The Lean Startup*）的作者，他在这本书里解释了21世纪第二个十年里最能迎合公众想象力的公司取得成功的原因以及规模更大、速度更慢、历史更悠久的公司如何效仿它们以取得成功。莱斯的书大卖之后，他开始四处演讲，出席会议，提供咨询，写更多的书，还向大公司的领导人宣传"精益原则"。在贝丝·康斯托克的影响下，杰夫·伊梅尔特开始关注埃里克·莱斯的思想。

精益创业法部分借鉴了通用电气和其他美国大型制造商早已开始推行的精益制造。精益制造简化了传统的维持库存仓库并为工厂储存供应链部件的商业模式，而更倾向于不断运转的需求引擎，"及时"接收零件并生产出组装机器——也就是说，在需要的时候。自20世纪80年代以来，制造业企业采用精益原则提高效率，莱斯这一原则解释了风险资本投资的初创公司的行为。在21世纪第二个十年，这类初创公司不断出现。莱斯认为，新公司以及成立了一段时间的公司要像最成功的软件初创公司那样行事，它们应根据消费者的需求设计产品，而且要敢于带着尚不完美的产品进入市场，不怕失败。

但这不是通用电气采用的模式。为满足各个利基市场的需求，家电部

第二十七章 / Chapter 27

门的设计师和工程师会提前几个月制订计划、开发各种产品线。电力、航空和医疗部门更不习惯这种随心所欲的模式,它们的产品是极其复杂的机器,成功或失败是以微小的增量和数千小时的无故障服务来衡量的。工业产品升级的风险极高,与预先推出的软件补丁不同,工业产品升级失败的后果很可怕,甚至会导致人员伤亡。

尽管如此,康斯托克、伊梅尔特和他们的一些同事认为,这些观念源于对不可避免的改变的抵制。通用电气不会推出像糟糕的应用程序一样中途出现故障的喷气发动机。但是,制造界确实在经历一场巨大的变化,这种变化与软件和云计算经济有关联。在不远的将来,3D打印(通用电气的说法为"增材制造")会吸引人们的目光。一种设计制造金属零件的全新方法可以解决几十年来一直困扰公司的重量和效率问题,特别是在至关重要的喷气发动机的设计中。

这项技术还不完善,但通用电气已经开始利用它了,例如,可通过增材打印机打印出粗糙的部件,然后由工人手工完成之后的工序。现在就可以用3D打印机打印出一种喷气发动机的喷嘴,这种喷嘴以前由20个金属零件制成,而且打印出来的喷嘴重量要轻得多。这样的事实让人觉得,高科技的创新在现代工业界随处可见,伊梅尔特相信通用电气未来应该成为技术创新的领头羊。而且,创新战略也符合该公司将要讲述的故事情节。通用电气把自己想象成了创新的引领者,因此,它要进行创新。

通过创新,伊梅尔特让自己与通用电气内部的管理混乱和金融工程撇清了关系,他在2016年表示,"增材制造比六西格玛更有意义"。

他还希望,使用创新语言能证明通用电气做出的承诺。当通用电气使用的语言与被商业媒体大肆报道的时尚科技独角兽企业一样,且看似代表了国家经济未来的发展方向时,它也能得到同样的报道。伊梅尔特偶尔会对通用电气的高管和董事承认,有关公司和他自己的叙述变得如此棘手让他感到很沮丧。他和高级助手们可以用很多外部冲击来解释公司在他任职期间的疲弱表现：2001年9月11日的恐袭事件和随之而来的经济衰退；金融危机及其造成的多年经济不确定；后危机时代出现的政治干扰，包括孤立主义者和反建制的美国右翼的崛起，这日益削弱了通用电气与联邦政府之间的共生和盈利关系。

尽管伊梅尔特声称，他从未考虑过把这些冲击作为挡箭牌，但一切都反映在通用电气的股价上了。尽管人们普遍认为，通用电气的股价永远也回不到韦尔奇巅峰期的水平了，但肯定没人会为它处在中等水平而感到高兴。近来退休的高管和董事们抱怨，他们的股票期权缩水了。商业电视评论员在比较杰克和杰夫时也总拿这一点说事，而伊梅尔特总是输的一方。尽管伊梅尔特坚持通用电气的传统，重视股东回报和推动股价上涨，但他和公司里的其他人都想知道，为什么世界只盯着通用电气的股价而不看看其他方面呢，哪怕是一分钟。这家公司有太多值得夸耀的东西了：它有卓越的产品，有强大的科研实力，有最著名的美国发明家留下的遗产；公司深深植根于美国社区；不仅在世界各地，而且在全国，有数十万员工在辛勤地耕耘。

伊梅尔特和通用电气的宣传部门在突出公司这些令人印象深刻的特点的同时，以一系列华丽的辞藻赋予了其基础业务更大的使命，让这些业务与天才建立了联系。涡轮机和发动机以及制造它们的工厂不仅让人印象深刻，而且它们很"聪颖"。该公司的业务优势不是设计、制造和销售复杂的机器，而是具有创造这些机器的想象力。康斯托克在娱乐行业打拼了多年，她知道如何从探索和冒险的主题中汲取养料为自己所用，也就是说，她要尽力将世人熟悉的通用电气"肉丸"标志与探索未知、获得新发现联系起来。例如，在天联公司制作的一则广告中，一头笨拙的野兽被哄骗得露出了羽毛，这体现了通用电气挖掘自身独特创意的能力。

通用电气积极推动商业媒体以乐观的口吻报道该公司事务并偶尔暂停对该公司的怀疑，就像它们对所谓的新经济公司所做的那样。在通用电气

第二十七章 / Chapter 27

的宣传中，该公司就像特斯拉汽车公司一样在搞创新，与苹果公司一样在适应不断变化的消费者态度，不仅在传统新闻媒体和有线电视台做了这样的宣传，而且在BuzzFeed、照片墙（Instagram）、彭博社的24小时新闻网络（Bloomberg's TicToc）等新兴社交媒体新闻和分析平台上也做了这样的宣传。新兴社交媒体的新闻报道内容比较简短，类似于一篇帖子或一条推文。

新兴媒体上每天都充斥着关于技术突破的乐观猜想，比如特斯拉CEO埃隆·马斯克（Elon Musk）关于"超级高铁"（hyper loop）的思考，缺少或淡化了传统新闻报道中的负面信息，尤其是与实现独角兽企业设想的美好未来面临的阻碍有关的信息。通用电气和杰夫·伊梅尔特也想参与其中，他们使用的语言也发生了变化。就像网约车公司来福车（Lyft）"重新定义"了公交车的概念一样，通用电气不再满足于宣传自己运营效率高、运转良好了，它想宣传自己革命性的变化。它宣称，它的业绩评估体系、年度股东报告结构、运用数字技术的方法都完成了重大的改变。该公司表示，它要像那些由沙丘路的风险投资公司资助的自由创业公司一样运营；它要靠巧妙的设计和广泛适用的承诺保持领先地位；它的公关部门要与初创公司的一样，不太关注其业务部门如何获得正常、稳定的利润。

伴随着宣传机器的加速运转，通用电气宣传的内容也更加丰富了。它把无人机在涡轮机房内拍摄下的镜头上传到了宣传平台。在华盛顿，它邀请记者到展示亭前观看它根据埃里克·莱斯的精益创业原则打造的创新体系快速工作法（FastWorks）如何颠覆家用电器的设计，以及它如何与当地的汽车公司开展合作，通过3D打印技术重塑汽车制造业。为了庆祝阿波罗11号登月45周年，它的公关团队与制鞋商和网站JackThreads合作，参考宇航员的登月靴制造出了一款运动鞋。此举意在表明，宇航员登月时穿的靴子中使用的一种硅树脂是它设计的。它弄了一张巴兹·奥尔德林（Buzz Aldrin）穿着这双鞋的照片，并在《时尚达人》（Fashionista）、《广告周刊》（*Adweek*）和《科技博客》（*The Verge*）等网站和杂志进行了宣传。老一辈的企业高管不知道这些宣传途径，更不用说重视它们了。

到了2016年3月，在通用电气努力了数年后，《彭博商业周刊》（*Bloomberg Businessweek*）终于发表了一篇杰夫·伊梅尔特梦寐以求的文章，其标题为："通用电气如何驱除杰克·韦尔奇的幽灵，成为一家拥有124年历史的初创公司。"

/ 第二十八章 /
牛仔变农民

通用电气千方百计地吸引新媒体的关注，它希望自己能像硅谷的初创公司那样受公众崇拜，但它的日子还是不好过。美联储的人就驻扎在通用电气金融服务公司的办公室里。

在通用电气金融服务公司顺风顺水的时候，没人担心过银行监管这回事，当时，该公司的员工为荣誉而战。销售团队找到交易机会后上报，获得批准后完成交易，要么为公司赚到钱，要么因为投资失败而受损，比如奖金被扣或错过晋升机会。

但这一模式在后危机时代被纽联储所憎恶。银行监管人员想知道，公司扩展信贷额度的绝对标准在哪里？（没有明文规定。）对公司资产负债表上的贷款的风险分析在哪里？为什么它对客户的还款能力有如此乐观的预测？（金融服务公司极度相信自己的放贷能力，而且认为，即使取消抵押品赎回权，它也不会像银行那样遭受损失。）以及通用电气金融服务公司究竟为何要买一个巴西石油钻井平台？（说来话长。）

2013年春，监管团队向纽联储负责人卡罗琳·弗劳利（Caroline Frawley）汇报了他们就上述问题得到的调查结果。金融危机后颁布的《多德—弗兰克法案》赋予了纽联储审核通用电气金融服务公司账簿的权力。在多数国会议员看来，这样的审查是合理的，他们曾目睹了通用电气在危机中几近崩溃的惨况，认为审核大银行资产负债表的部门也应该审核通用电气金融服务公司的同类信息。在濒临崩溃前的几个月里，通用电气金融服务公司实际上是美国的第七大银行,但外人几乎不了解它的业务,它就是个"黑匣子",人人都这样说——直到这个黑匣子几乎把整个通用电气拖垮。

银行监管机构和以撮合交易为核心工作的通用电气金融服务公司对资产负债表的看法不同,它们不喜欢彼此。金融服务公司眼里的灵活性和精明交易文化被银行监管者视为不合理的规则,而在那些熟悉现代银行协议的人看来,通用电气金融服务公司的账簿中隐藏着各种风险。该公司的交易范围太过广泛,且难以估值,以至于纽联储团队和公司高管之间的交流常常演变成争论。该公司的一些交易是为了促进工业部门,而许多交易是投机性的。该公司购买了石油钻机,押注巴西海岸的超深石油勘探量会增加(石油市场很快就做出了与这一押注背道而驰的反应)。令纽联储团队感到意外的是,这是该公司账簿上的一项已经缩水的奇怪资产,拥有"动态定位钻井工具"博雷克林I号的法人实体在两年前就已经申请破产了。

银行业严格的协议与金融服务公司的惯常做法没什么相似之处。与其母公司一样,该公司的交易评估和监控系统更多地根植于个人责任而非企业风险。

通用电气聘请了一位合规官员帮助金融服务公司应对纽联储监管机构的问询。涉及的问题包括:金融服务公司扩展新信贷及额度的标准协议要求是什么?批准交易的是哪个指挥系统?负责审查的是哪个委员会?任何一家银行都很容易回答这些问题,但这位新任的合规官员了解到,通用电气金融服务公司没有任何标准的协议。达成交易的人对交易负责,当贷款出了问题时,他将得不到奖金。然而,对于如何发放贷款这一基本问题,公司没什么硬性规定。通用电气为这一模式辩护,称它是高管问责制的精髓,而且通用电气投资者也得到了他们想要的结果:交易者根据业绩获得回报。

但在纽联储的监管者看来,这种做法会导致系统失控。通用电气的协

第二十八章 / Chapter 28

议,或者说缺乏协议,不只是与众不同,它会对公司和纽联储试图保护的体系造成危害。

"那个女人可别想告诉我该如何经营这家公司。"

杰夫·伊梅尔特带着怒气低声说道。2014年,伊梅尔特和其他领导人对弗劳利尤为不满。弗劳利的纽联储监管团队正忙着审查通用电气金融服务公司的账目及其内部运作状况,她要求公司提供大量有关交易、程序和债务的信息。

对伊梅尔特来说,更糟糕的是弗劳利坚持不折不扣地运用法律赋予她的一切权力。她铁面无私,是个严格按法律法规办事的人。根据相关的法律法规,纽联储官员可以旁听通用电气的董事会会议,听取该公司有关财务风险的讨论。除此之外,纽联储的监管者还会见了公司的董事,会见时伊梅尔特或其副手都不在场。有时他们还与董事进行一对一的谈话,敦促每位董事对伊梅尔特持更强硬的态度。这些监管人员认为,五年前,金融服务公司几乎拖垮了通用电气,现在董事们应该更积极地向伊梅尔特询问其风险状况。

对于一位习惯了主导董事会审议内容和基调的CEO来说,纽联储监管人员的做法即使算不上是对公司的公然冒犯,也是一种侵入性的干预。而且,因为纽联储的监管,公司还要花一大笔钱。通用电气的高管私下里指出,为了满足纽联储银行审查小组下达的合规要求,公司每年需要多支出10亿美元(此为无法证实的估计数字)的成本。曾经近乎自治的交易者团队现在受到了束缚。用一位高管的话来说,他们之前更像牛仔,但现在更像农民了。大规模买入资产组合、向新市场"合理扩张"和为一些遥远的奇特项目提供融资的做法曾为通用电气的一些工业部门撒播下了未来销售额的种子,但现在它们都遭到了纽联储的持续审查。

通用电气金融服务公司一直认为,其账目的奇特多样性正体现了它的优势所在。当然,在公司长期耕耘的"中间市场",通用电气的交易者们觉得他们非常熟悉被银行忽视的利基市场,而且由于有母公司庞大的资产做后盾,他们可以用最低的利润赢得业务。因此,南达科他州的摩托雪橇制造商和俄亥俄州的薯片制造商获得了该公司的贷款但最终没有偿还。通用电气金融服务公司里有许多交易者,与其说他们是银行家,不如说他们是挨家挨户兜售交易的推销员。在中间市场忙活的这些人中,几乎无人读过哈佛的MBA,也几乎无人身穿蓝色西装。

2015年,金融服务公司的一位高管对记者说:"我们的员工以通用电气员工的身份出现在世人面前,我们不穿吊带裤,我们的大部分员工没有读过MBA,我们没有华尔街、大银行的那种文化。"

但他们非常了解支撑贷款的资产,他们某些方面的表现比大银行的员工更优秀,比如当借款人无力偿还借款时取消其抵押品赎回权并扣押其资产。该公司了解作为抵押品的铁路油槽车的市场,了解作为中西部农民贷款抵押品的施肥机的市场,并且它以此为荣。

诚然,该公司在20世纪80年代和90年代疯狂地进行了杠杆收购,结果发现许多目标企业在经济衰退时都资不抵债了。正如一名前高管所说的,那只是一次偶然的私募股权实验。但他们成功地维持了这些业务,使它们盈利,且最终出售了它们,有的是在几年后出售的。尽管公司规模越来越大、业务越来越复杂,而且业务延伸到了参与者规模和风险都更大的金融领域,但员工们都很自信,他们对自己所在的部门感到很自豪,他们坚持认为,他们知道自己在做什么。

纽联储的人对待他们就像对待白痴一样,或者这至少是包括伊梅尔特在内的许多通用电气高管的感受,一些董事也有同感。2014年,一位董事对弗劳利及其团队与基思·谢林及其高级副手之间的书面交流语调感到惊讶,当时弗劳利及其团队审查了通用电气审计委员会对金融服务公司的监督情况。这位董事问道,为什么纽联储团队说话总是那么刻薄?

但弗劳利对通用电气内部控制的怀疑并非毫无根据。虽然危机已过去

第二十八章 / Chapter 28

了多年，但金融服务公司仍然是个黑匣子，即使是那些被请来近距离观察该公司的人也有这样的感觉，比如卖方股票分析师，甚至一些通用电气高管。一些颇有先见之明的投资者认为，该公司的风险深不可测。傲慢自大是该公司决策者普遍具有的特点。

一位通用电气前高管回忆说，最严重的危机过去不久后，他出席了公司在克劳顿维尔举行的一次报告会。当天的发言人之一是迈克·尼尔，他当时仍然是通用电气金融服务公司的CEO，也是这个公司的化身。在发言的后半段里，他大谈金融服务公司的大肆扩张及其对通用电气的重要性，用他浓重的佐治亚州口音热情地为他的员工们打气。他的一位崇拜者说，在一个充斥着白领的行业里，他就像个蓝领一样显眼。在尼尔的领导下，金融服务公司躲过了灭顶之灾，并于2009年成功扭转颓势，这是该公司多年来一直都在夸耀的事实。

那天，尼尔就通用电气从濒临破产的经历中吸取到的教训发表了讲话，他觉得公司只是因为时运不济才遭逢此劫。对于金融部门所承担的风险、为追求利润而做出的过度冒险行为，以及金融服务公司在知情或不知情的情况下把宝押在了短期商业票据上且差点血本无归的做法，他没有表现出一丝一毫的自我反省或忏悔。尼尔的分析是宏观的，他谈的是让整个金融体系都遭受冲击的因素，他还说，未来他们必须更正确地解读市场迹象，但他没有承认通用电气根本就不应该进入某些市场。尼尔似乎在说，通用电气遭受了百年一遇的金融风暴的打击，而且它经受住了考验。

这位前高管听完尼尔当天的发言后，在座位上扭动了一下身子。他心想，天哪，你没有从这次危机中学到一点教训。

/第二十九章/
哈勃计划

2013年春,迈克·尼尔像往常一样等待着与伊梅尔特进行一年一度的协商。尽管人力资源部有相关制度,但各业务部门的CEO的任命都是老板说了算的。并且伊梅尔特也绝对有能力拿掉他们的职位。结果,伊梅尔特没有允许尼尔继续留在他心爱的金融服务公司。

金融服务公司正在发生巨变。市场没有理会伊梅尔特要求重新估值的愿望,只要华尔街认为这家伟大的工业公司实际上是一家拥有涡轮机业务的大型银行,杰夫·伊梅尔特的声誉或公司的股价就不会有任何大的改观。

困扰通用电气金融服务公司的不仅仅是改革后市盈率没有起色,该部门发现,危机后其经营环境也发生了根本性的变化,这不仅仅表现为卡罗琳·弗劳利的团队在公司里巡逻和旁听董事会会议。自韦尔奇革命以来,通用电气金融服务公司的核心要素一直是资金成本。得益于通用电气的高信用评级,金融服务公司能够以较低的成本借入资金,并以较低的利率放贷,使得其以比银行更低的利率获得了部分客户群,而其竞争对手并没有充分意识到这一点。尽管拥有储户现金的银行总是能提供最低的贷款成本——但通用电气利用其庞大的商业票据确立了自己的优势并获得了交易机会,有时它放出去的贷款比银行的还多。但危机颠覆了一切。

金融危机之后,通用电气无法再依靠商业票据为其交易和贷款提供资金了。与此同时,按监管要求保留了更多存款和资金的银行正在追逐该公司曾经具有优势的交易。公司的高管曾表示:"现在有这么多的资金在追逐

第二十九章 / Chapter 29

新业务。"为了招揽交易，通用电气正在压缩自己的利润。

从某种意义上讲，这是后危机时代整个金融业发生的故事：在一场几乎摧毁了全球金融体系的利润狂欢之后，决定做什么业务能赚钱，做什么业务不能赚钱的新规则体系生效了。但通用电气的故事里出现了一个新问题：在金融服务公司利润率下降、它对调节通用电气利润的作用日益减弱的情况下，集团还值得再为它费心费力吗？

2013年的一个早晨，一位刚被聘用的通用电气高管正在费尔菲尔德企业园区的门口等待门卫开门。突然，一名警卫惊恐地抬头望着一位同事喊道："大门！大门！"其同事赶忙跳上前去，用手按了一下开大门的按钮，栏杆抬起的那一刻，一辆轿车呼啸而过，一点儿也没有减速。这位新高管觉得那是一辆新款保时捷车。毫无疑问，车里坐着的是杰夫·伯恩斯坦。

伯恩斯坦是个进取心十足的人，他身材矮小，剃着光头，俨然一幅执法人员的派头。通用电气新闻部的工作人员私下里证实，在他四处走动时，嘴里经常嚼着尼古丁口香糖。他会热烈欢迎投资者，避开卖方，面对记者时会说一两句俏皮话。他们还证实，他猎捕鲨鱼，不过他本人澄清说他猎捕的是金枪鱼。尽管伯恩斯坦名声不大好，但他很有魅力。他批评下属时可能会居高临下，言辞犀利，但他嘎嘎的笑声常常能温暖人心，而且他性格坦率，这是该公司很多高管所缺乏的特点，尤其是他的前任基思·谢林，他总是像个机器人一样不苟言笑。

在伯恩斯坦担任CFO的早期，一位通用电气的董事表示，他不具有通用电气高管的典型特征，但他干得不错。这位董事的意思是，伯恩斯坦没有受通用电气传统和长期业务线的影响，直率地谈论了必须改革的事项。

担任CFO后，伯恩斯坦成了通用电气各个级别财务人员的首领，这些财务人员散布在公司旗下众多的部门和机构中。

2014年初，伯恩斯坦、丹尼斯顿、伊梅尔特、谢林和其他一些人开始秘密聚会，讨论一件不可思议的事情。

要是他们能找到摆脱通用电气金融服务公司的方法会怎样？

2014年年初，通用电气成功地将部分消费金融业务剥离，并成立了同步金融服务公司。此次成功的剥离让伯恩斯坦等人提出的摆脱通用电气金融服务公司的想法得到了支持。他们为此提出了两种方案，第一种方案被称为"灯塔计划"，指的是把通用电气金融服务公司拆分为一家独立的公司。分析表明，这种方案会使通用电气承担巨额的税负和其他风险。第二种方案被称为"哈勃计划"，指的是简单地出售该部门的大部分业务；实施该方案公司仍要承担巨额税负，而且会给通用电气自身的经营带来不确定性。最终的决定将在稍后做出，但目前高管层偏向于第二种方案。

由此引发的问题有很多。当然，首先，他们需要为通用电气金融服务公司庞大而多样的资产找到买家，包括其办公楼和企业园区、铁路罐车车队、向快餐连锁店和农民发放的贷款。他们需要解决税收问题，包括处置数十亿美元的递延损失，这些损失现在被视为税收资产，通用电气可以利用其来提高自身收益。其中首先是对利润的考虑。通用电气的高管认为，成功出售金融服务公司的各项业务将带来巨额的一次性收入，尤其是当它们能很快被出售时。通用电气可将这些资金投资于工业部门，或者最好是回购股票，这将减少市场上流通的股票数量并提振股价。

但通用电气还需要为迎接一个截然不同的未来做准备。在未来，母公司的财务部门将不会定期收到来自金融服务公司的利润了。没有了平滑季度不利数据和提高账面利润的工具，通用电气还能实现利润目标吗？

公司的领导们正在悄悄地为没有金融服务公司的日子谋划着，他们想看看通用电气能否完全摆脱这一巨大但麻烦重重的财务工具。他们以通用电气人特有的自信考虑了这个问题。他们认为，即使没有金融服务公司——有些人把该公司比作人为提高通用电气业绩的类固醇——他们也能产生巨额利润，能支付让股东眉开眼笑的丰厚股息，而且能从古老的喷气发动机、动力涡轮机还有核磁共振成像仪器等制造业部门获取更多的利润。

第二十九章 / Chapter 29

他们将继续走向全球，继续在海外拓展新市场，寻找日益壮大的国际中产阶级，这些中产阶级对更高生活水平的追求是通用电气实施其商业战略的基础。他们将在从动力涡轮机到医疗设备的各个领域内抢占市场份额。此外，华尔街对他们放弃金融业务的决策表示了赞赏。他们将向全世界讲述一个靠创新走向卓越的故事，他们认为人们会相信他们。随着2015年春天的到来，通用电气显然将实施哈勃计划，但除了通用电气的高层管理人员和包括吉米·李在内的少数几位最受信任的银行家外，该计划对其他所有人来说仍然是个秘密。

通用电气打算出售金融服务公司。

/ 第三十章 /

出售金融资产

2015年4月，接连不断的电话和短信让通用电气通讯部门的人倍感担忧，此时距哈勃计划的公布只剩几个小时了。这一计划涉及多个方面的交易。根据该计划，通用电气要向黑石集团出售其庞大的房地产和抵押资产组合。为了有效地退出麻烦重重的房地产业，通用电气公布了"金融服务公司退出计划"纲要。

几乎所有金融服务公司的业务都将被出售。为了提高速度，公司提议分批出售其贷款业务。大银行和私募股权基金将抢购贷款业务中不为人知的部分，接管发放给小企业、机械中间商的贷款和杠杆收购的商店。根据该计划，通用电气将保留金融服务公司皇冠上的宝石——金融航空服务公司（GECAS），这个部门拥有并租赁了大量的飞机和喷气发动机，每一架商用客机的起飞都能为公司带来利润。通用电气还将保留那些有利于工业部门运营的业务，比如借款给企业开发电力新设施或资助企业购买医疗设备的业务。

金融服务公司还留下一些无用的东西，即几十年来该公司一直用借来的资金追求收益但未获成功的押注。（令一些观察家感到意外的是，从通用电气向投资者展示的一张图表来看，在金融服务公司留下的资产中有一小部分"保险"业务，这是通用电气在10年前就应该放弃的业务。）

若管理高层谋划得当，这一计划的宣布将对通用电气的股票造成冲击，使其价格飙升，因为人们相信，通用电气仍有能力迅速采取行动，摆脱对

第三十章 / Chapter 30

放贷业务的依赖，对于通用电气最重要的投资者来说，他们对这一业务完全不信任。

与大多数通用电气的重大新闻一样，该计划的公告也在精心策划阶段。公告将通过CNBC和《纽约时报》同步公布。《纽约时报》已经与通用电气做好了约定，但《华尔街日报》的记者们正四处打探消息，他们感觉到有一项重大的交易正在酝酿中。报道房地产的记者们听到了通用电气正在谋划一宗神秘的大交易的风声。交易团队的同事们正在轰炸银行家们以获得消息来源，试图估计该交易的规模和价格。负责企业版的记者们则给自己的线人打电话，探听通用电气的高管和董事们在做什么，询问交易的保密级别如此高的原因。

通用电气的发言人打电话给《华尔街日报》的记者称，若《华尔街日报》同意按通用电气要求的时间发布信息，则该公司会向其提供重要的报道信息。但由于该报的报道已经接近于独家新闻了，再加上竞争趋向白热化，记者和编辑们经过协商讨论后，拒绝了通用电气的这一提议。

4月9日下午的早些时候，第一条新闻出现了，道琼斯通讯社（Dow Jones Newswires）发布了一篇50字的报道。"据知情人士透露，通用电气即将出售其庞大的房地产控股公司的全部或部分股份，因为该集团正在大力收缩其金融业务。"这则新闻事关有史以来最大的房地产交易，记者们争相确认接下来还会发生什么。当天下午，由于投资者看到了伊梅尔特可能终于准备认真离开金融业的迹象，通用电气的股价开始上涨。单是房地产交易本身就值得大写特写了，但身在纽约的记者和编辑们清楚地看到，更大的举措正在酝酿之中。随后，记者们打电话或发短信给线人们探听信息，但线人们都守口如瓶。

4月10日清晨，《华尔街日报》顽皮可爱、精力充沛的企业版编辑德鲁·道尔（Drew Dowell）正坐在位于新泽西州的家里一边与记者交谈，一边把手指悬停在电脑鼠标上，准备点击发送按钮。《华尔街日报》资深记者乔安·S. 卢布林（Joann S. Lublin）获得了一个关键消息来源，乔安在新闻编辑室工作了40多年，曾采访过多位企业巨头，向他们询问过有关招聘、解雇、变革和交易的信息，堪称业内传奇。

道尔综合考虑了来源的可靠性、即将发布的消息的影响力，再加上他有击败竞争对手的强烈欲望——特别是那些能直接从通用电气获得全部消息、正等待在指定的时间发布的竞争对手，他按下了发送键。

上午6:25，《华尔街日报》的头条新闻发布，五分钟后，通用电气的新闻稿发布，标题为"通用电气准备出售大部分通用电气金融业务"。

通用电气的公告引起了轰动，这是伊梅尔特、伯恩斯坦、谢林和董事会希望看到的结果。股价猛涨，评论员热烈地赞扬该公司的壮举。有评论员说，伊梅尔特在公司发展史上留下了明确无误的印记，彻底改变了韦尔奇卸任时公司的样貌。通用电气表示，还有更多的好消息即将发布。

通用电气在公告中表示，金融资产将在24个月内出售，这显然为通用电气的高管们设定了一个拟达到和超越的目标。该公司坚称，重要的是快速剥离这些资产。这么做有两点原因。首先，拖延可能打击员工士气和分散其他业务部门的注意力。事实上，即使是快速地剥离也会出现尴尬的时刻。例如，在康涅狄格州的诺沃克，为了把计划出售但尚未出售的一套公寓与金融服务公司的办公场所隔开，一座临时围墙被建了起来。

其次，许多业务部门最有价值的资产是员工。要让为中间市场私募股权交易者提供融资的部门安塔瑞斯资本（Antares）卖个好价钱，就需要将其完整、快速地出售，否则其高管可能在出售前就被竞争对手挖走了。竞争对手们已经开始蠢蠢欲动了，他们尤其对金融服务公司最终去向尚不明朗的部门高管感兴趣。

除非这些高管在母公司找到新的位置，否则他们很难在通用电气待长久。等待自己所在的业务部门被一家大型银行或基金公司收购也让他们很没有安全感，因为银行或基金公司都有其自己的高管和指挥系统，另外它

第三十章 / Chapter 30

们为了确保新收购的业务有利可图也可能会实行裁员。

因此，通用电气承诺将马上着手销售工作。为了吸引买家的兴趣，谢林开始抽调销售团队，建立数据室，并开始为银行家团队评估金融服务公司的损益表做准备。

一些人觉得通用电气选择的时机很奇怪。出售时机是否恰当呢？它能否从几十年来建立的这些业务中获得最大价值？通用电气不在乎这些问题，它现在只想出售这些业务，它看到了机会，它要抓住机会。否则，正如伊梅尔特所说，若等待更好的时机出现，他们可能会面临另一波金融风险，通用电气可能会倒闭。现在按他们给定的条件出售是更好的选择。

通用电气在公告中表示，决定出售金融服务公司是为了集中精力发展工业业务，到2018年，通用电气90%的利润将来自这些业务。它还承认，这一改变的代价不小。通用电气将承担160亿美元（大部分为非现金）的税后费用，用来支付撤销金融服务公司税收筹划的成本，以及转回数十亿海外运营资金的成本。但该公司也将从交易中获得大量利润。公告指出，金融服务公司的资产出售预计将为母公司带来350亿美元的现金，它还称，董事会已批准了新一轮的股票回购，金额高达500亿美元。

通用电气对其举措很自信，它想通过这些举措给世人留下这样的印象：在整整一代人的时间里，这家公司一直在积极地利用其金融部门调节利润，现在它要告诉全世界，它可以摆脱对金融部门的依赖，这样做不仅不会遭受损失，其业绩反而会比过去10年更好。

一些高管，甚至包括通用电气金融服务公司的一些高管，都在担心通用电气此举切断了高质量利润的来源：租赁、贷款和房地产业务都能带来现金，这些现金会经由内部通道流向总部。通用电气有大量的利润，但许多都不能以现金的形式进入公司金库。当服务部门的业务量大增时，它们能创造出大量的账面利润。这些高管认为，关闭一个可靠的现金来源可不是件小事。正如一位前高管所说，通用电气要赤裸裸地面对世界了。但该公司的DNA中不存在自我质疑的基因，在伊梅尔特这样的领导人眼里，自我质疑相当于不忠。

一天早上，在诺沃克梅里特大道外（Merritt Parkway）的通用电气金融服务公司总部，谢林走进了一间办公室，几位高管正在那里等他。出售计划对外仍然保密，但金融服务公司的高层官员们已经开始参与该计划的实施了。

"我们要脱离SIFI了。"这位CEO表示。也就是说，通用电气出售大部分金融业务后就不会被列入系统重要性金融机构（Systemically Important Financial Institution，SIFI）名单了，也就不再受纽联储的监管了。列入SIFI名单的企业都是规模最大的银行和金融机构，它们之所以受到重点监管，是因为它们的倒闭可能引发另一场危机。不被列入的唯一方法就是缩减规模。

"那怎么处理现金问题呢？"会议室的一位高管问，他想知道公司拿什么支付股息或工业部门有需要时拿什么进行大规模的投资。

谢林耸了耸肩说："只需要工作。"在接下来的几个月时间里，相关人员经常听到这句话。他们一门心思地进行谈判、寻找买家、达成交易，最终出售了大部分金融服务公司的业务。他们没有制定替代通用电气维持原有运营所需现金的B计划。B计划就是想办法找到现金。

事实上，伊梅尔特已经确认了一个现金源，他在几个月前就已经盯上它了，当时除了少数几位高管之外，没有人知道该公司计划卖掉金融服务公司。2014年初，当费尔菲尔德要求所有工业部门的业务开发团队提出其最大规模的并购交易建议时，公司内部的银行家们立即意识到了这一机会。杰夫·伊梅尔特想干一票大的。

/第三十一章/

干票大的

30美元的数字赫然出现。

通用电气的股价及其糟糕的表现一直让伊梅尔特很头疼。

现在的通用电气与他上任时已经大不一样了。他卖掉了退化的和受人喜爱的业务。他更深入地涉足娱乐业,大大扩展了通用电气在全球的业务版图。他每年都会在通用电气"中场休息时"发表演讲(他在训导整个集团的数百名中层管理人员时喜欢用形容足球运动员的言辞,比如"获胜"和"拦网抢断"等),他在公司留下了自己的印记。

然而,通用电气几乎被杰克·韦尔奇养成的习惯所摧毁,杰夫·伊梅尔特也杜绝不了这一习惯。他们都承认自己对金融业务的依赖,尽管它几乎拖垮了他们。金融危机已经过去,他们想方设法挺了过来,不过,金融服务公司就像压在通用电气脊梁上的一块砖头。

有关通用电气新季度财报的每一条令人恼火的新闻报道都是一个套路,通讯部的工作人员多次劝说新闻报道机构做出改变,但都以失败告终。它就像一股酸蒸汽,在几十名现任高管和退休高管之间飘散,让他们心里很不是滋味,因为他们的薪酬与基本上毫无价值的股票期权有联系。

每一条新闻报道都指出,通用电气的股价在长达六年的时间里几乎没有显著上涨过,一直在30美元左右晃荡,这让CEO伊梅尔特感到非常沮丧。尽管他做出了种种改变,让公司奇迹般地度过了危机,但公司的股票仍在以抵押贷款公司或银行而非工业巨头的估值进行交易。

伊梅尔特任上的股价走势与韦尔奇任上的完全不同。对于一位事事都被拿来与其传奇的前任进行比较的CEO来说，这不是什么好现象。尽管伊梅尔特计划在他的职位上多待几年，但改变他任期内总体叙事的时间已经不多了。

伊梅尔特知道，要改变世人对他的评价，他就需要对公司架构进行重大的改革。他需要采取一些能让华尔街觉得他已经找到了将新经济范式引入古老的通用电气的方法，这样才能提振股价。

显然，他必须降低通用电气对金融业务的依赖，但他还需要点其他要素，用他最喜欢的一个词来说就是"添加剂"。他要用绝妙的一击让批评者们相信，他和杰克·韦尔奇一样富有远见和魄力，一样能引导通用电气获得更多的利润。他需要大干一场。

他在法国找到了猎物。与此同时，通用电气继续做着自韦尔奇时代以来一直在做的事情：作为一家工业核心不变、外壳按照市场趋势和风向变化的公司，它要随着经济节奏的变化买进卖出业务。

在加利福尼亚州，比尔·鲁（Bill Ruh）正试图说服持怀疑态度的同行们相信他的一个大胆提议：通用电气是一家软件公司。

鲁看起来像一位处于职业生涯中期的管理者：稀疏的棕色头发，大大的啤酒肚，脸上常挂着友好的笑容。和伊梅尔特一样，他学习最新流行语的能力相当强。当时，他要传播的核心词只有一个，那就是"数字"。

杰夫·伊梅尔特看出工业公司的未来在于软件和硬核计算（hard-core computing），他认为其他工业公司的领导人，包括那些最初嘲笑通用电气的人，会越来越认可他的设想。伊梅尔特认为，随着技术创新缩小了数字传感器的尺寸并降低了其成本，它们将被嵌入到越来越多的各类机器中。然后，人们不仅可以从智能手机和可连接Wi-Fi的恒温器中获取大量数据，还可以从世界发达经济体运转的大型机器中获取大量数据，包括燃气涡轮机、客机上的喷气发动机、核磁共振成像仪和超声波诊断仪，将货物从德里运送到班加罗尔、穿过美洲平原或印度次大陆核心地带的隆隆作响的柴油电力机车等。

有人支持在传统的工业世界里引进软件业的设想。马克·安德森（Marc Andreessen）在2011年提出过一个著名的论断：软件正在吞噬世界。意思是软件正在改变和颠覆经济体的所有业务和部门。但他指出，广泛的创新不会对某些公司造成颠覆性的影响。"在一些行业，尤其是那些拥有大量实物资产的行业，如石油和天然气，软件革命主要意味着机会，"他写道，"在未来10年内，现有企业和软件驱动的'叛乱分子'之间的'战斗'将是极为壮观的。"

通用电气决心赢得这场战斗的胜利。在伊梅尔特、董事会以及与他设想一样的高管们看来，通用电气有利用这些工业数据流的绝佳机会。该公司最清楚应该收集哪些数据以及如何解释其含义，因为他们了解这些机器，毕竟，几十年来，他们一直在设计、建造和维修它们。

由通用电气设计制造的喷气发动机每天都在跑道上轰鸣，它们早已生成了大量的数据。伊梅尔特说，通过对这些数据进行逆向推理，工程师们可从机器中学习新东西。"大数据"将帮助通用电气更好地预测发动机和涡轮机的关键部件何时磨损和断裂。

然后，通用电气可将这些知识打包出售给客户。签订的服务合同能更好地保证航空公司和公用事业公司等客户的最短平稳运营小时数。更出色的维护计划将使通用电气的劳动力成本趋于平稳。数字模式会带来关键的"黏性"，也就是说，即使未来出现了创新，其他企业也抢占不了通用电气制造的机器的服务合同。在电梯和房屋建筑系统等低技术工业业务领域，因创新而失去服务合同的可能性已经成了一个问题，它对所有工业企业来说都是一个遥远但确实存在的威胁。能带来利润的是工业机械的维修，而不是它们的出售。

伊梅尔特后来告诉媒体，他是在金融危机后视察通用电气航空发动机工厂时得到这一启示的，当时一些工程师正在讨论安装在最现代的发动机上的传感器，他们的谈话引发了他的思考。这位CEO想知道，所有数据都去哪里了？

到了2011年，通用电气从思科挖来了数字化人才鲁，并着手在圣拉蒙（San Ramon）建设数字园区，日后这里成了通用电气数字公司（GE Digital）的所在地。

几年后，"数字"一词充斥于通用电气的各项营销活动中，从伊梅尔特的公开演讲到其副手贝丝·康斯托克的公关工作，这个词到处被使用，几乎让其他词没有立足之地了。通讯办公室修改了新闻稿的模板，改变了对通用电气的描述，宣称该公司是世界上第一家"数字工业"公司。伊梅尔特在2014年宣布，到2020年，通用电气将成为"十大软件公司"，仅靠其新推出的普迪克斯（Predix）软件就能带来40亿美元的年收入。

通用电气的发言人讲述了伊梅尔特对来自硅谷的受人尊敬的顾问和作家（如埃里克·莱斯）的欣赏。在一项很大程度上应归功于韦尔奇的举措中，通用电气把莱斯在《精益创业》中阐述的技术行业原则应用在了其工业业务上，摸索出了一套内部创新的方法。这套方法被称为快速工作法，运用它，拥有大量工程师的集团能够像大型软件公司一样迅速地改进缺陷。

但最重要的是，伊梅尔特批准了在圣拉蒙建立软件中心的建议。通用电气在硅谷没什么吸引力，它不是具有硅谷特色的企业。该公司声称，它正在从脸书和甲骨文公司招聘新员工，这是个不错的目标，但无论该公司对投资者和媒体说了什么，实现这一目标都是有难度的。它正在建造的通用电气数字中心位于离旧金山市区五十六公里处的一个叫主教牧场（Bishop Ranch）的交通堵塞之地，其尽头是一个死胡同。施工人员对裸露在外的管道和公共厨房进行了改造，办公大楼是旧的，仅对外部进行了装修。这里曾经是电话公司太平洋贝尔（Pacific Bell）的总部所在地。据当地传闻，这座大楼是系列漫画《呆伯特》（*Dilbert*）的灵感来源。

与此同时，通用电气正在进行的一些技术创新并不像看上去那么真实。

第三十一章 / Chapter 31

在费尔菲尔德公司总部，一个高影响力创新团队（High Impact Innovation Team，HIIT）正在开发供公司内部使用的应用程序，例如便于照明工程师和照明销售团队联系的iPad应用程序，或用于绩效评估的基于网络的应用程序等。该部门的公关人员在商业媒体上添油加醋地宣传了这些创新。一位员工说，这些宣传"非常友好，夸夸其谈，皆为胡言"。

2014年初，HIIT团队接到了一个紧急电话，他们的大老板想看一款应用程序。伊梅尔特一直对外宣称，通用电气将为世界打造一个"工业互联网"，他对科技的兴趣也与日俱增。但此时有一个小问题：他要看的应用程序还没有被开发出来。开发团队完成了数字设计文件，对程序运行的过程和结果做了详尽的描述，但没有可向CEO展示的能真正运行的程序。

主管们对此并不担心。他们说，是时候进行"仿冒与烘焙"了。费尔菲尔德的设计师们开始制作平面视觉设计动画，为一个PowerPoint演示文稿插入足够的动作，使其看起来像一个正在工作的应用程序。

第二天，反馈回来了：伊梅尔特很喜欢它。（最终这款应用程序的开发毫无进展。）

在通用电气董事会会议上，没有人对这些花招提出异议。董事会由现任和退休的企业高管和学者组成，他们喜欢伊梅尔特，不想挑战他的权威。作为一个群体，他们被伊梅尔特的职业道德、乐观精神和热情所打动了。

对软件也是如此，伊梅尔特以皈依者的热情谈论它们。

一位前董事表示："他认为软件是通用电气未来发展的方向。"

伊梅尔特说："如果通用电气想要实现既定目标，那么我们就必须认真对待它。我们必须加把劲，伙计们！不能花五年的工夫，要尽快落实。"

通用电气董事会喜欢这种紧迫感，但通常不会强迫伊梅尔特就具体的细节做出承诺。董事会默许杰夫·伊梅尔特的数字化梦想和他在通用电气内部建立一家软件公司的计划，但它从未就如此大规模的实验的一个关键问题做出过决定——更不用说投票表决了：公司打算为此投入多少资金？

/ 第三十二章 /

巴黎的晚餐

要完成伊梅尔特的转型目标仍然需要积聚力量，这意味着公司需要重新寻找新的工业收入源。收购竞争对手法国电力设备阿尔斯通的提议很快在费尔菲尔德传播开来。尽管这项交易的呼声很高，但随着该提议在通用电气批准重大决策的官僚机构层层上报，其性质也发生了变化。

通用电气此前曾承诺过要加大对工业业务的投入，这笔交易就是公司对其最古老、规模最大的业务，也是交付周期最长、理论上回报最稳定的业务进行的投资。阿尔斯通和通用电气都与汤姆森休斯顿公司（Thomson-Houston）有历史联系，它们有点像第二代表亲的关系。汤姆森休斯顿是一家电力公司，1892年与爱迪生通用电气（Edison General Electric）合并成为通用电气。在伊梅尔特看来，收购阿尔斯通后，与燃气轮机市场的其他主要参与者相比，尤其是与西门子（Siemens）和三菱（Mitsubishi）相比，通用电气将占据主导地位。

伊梅尔特在解释任何战略或预测公司未来的业绩时，喜欢引用运动员的征服理念，商业竞争本能会驱使他这样思考问题。就像一位足球教练一心想抢占场地一样，他喜欢抢占市场份额，他最喜欢说的就是承诺通用电气将"获胜"。收购阿尔斯通将使其他竞争对手落后，因为通用电气的市场占有率会越来越高。

此外，阿尔斯通现在似乎急于达成协议。在通用电气团队考虑收购这家法国企业集团电力部门的可能性时，阿尔斯通专横的CEO帕特里克·克

第三十二章 / Chapter 32

朗（Patrick Kron）联系了伊梅尔特，问他是否愿意与自己在巴黎共进晚餐。

克朗越来越迫切地想为他的公司找到买家，伊梅尔特可能意识到了这一点，但也可能没有。当时的阿尔斯通金玉其外，败絮其中。从新涡轮机的上市来看，其电力业务远远落后于通用电气和西门子。更糟糕的是，它在售的产品无利可图。亚当·史密斯注意到的该公司悄然地筹集资金的举动，正是其陷入困境的信号。阿尔斯通资金短缺。

现在，就连卖方市场分析师也开始表露出对它的怀疑了。在电力市场上，该公司积极竞购新业务，其建造新燃煤和燃气发电厂的报价极低，以至于建成后根本不可能盈利。但在阿尔斯通的销售团队眼里，长期利润并不重要，他们只需要获得首期付款就能达成交易：客户在签订此类合同时支付的定金实际上是该公司唯一的现金来源。

克朗已同其欧洲竞争对手西门子公司的CEO乔·凯飒（Joe Kaeser）共进过午餐了，但二人未达成协议。若不能迅速改变现状，这家法国公司可能要寻求破产保护或政府的救助。

使事情变得更加复杂的是阿尔斯通的最大股东——家族控股的布伊格股份有限公司（Bouygues SA），它是一家上市企业集团，经营的业务范围广泛，包括大型建筑、电信业务等。自2006年以来，布伊格已获得了阿尔斯通近30%的股份。随着阿尔斯通的财务状况变得越来越差，布伊格对阿尔斯通也盯得越来越紧。同时，布伊格也在想方设法为自己陷入困境的电信部门进行融资。

阿尔斯通达成的任何交易价格都必须能安抚布伊格。此外，还有更为关键的一方需要安抚，即法国政府，它对阿尔斯通的看法就跟美国政府对通用电气的看法一样，它把阿尔斯通视为对国家至关重要的行业巨头，同时也是个大雇主。

2014年2月，杰夫·伊梅尔特在前往索契冬奥会的途中绕道去了法国。

当通用电气的喷气式飞机在戴高乐机场降落时,上述这些阻碍都悬而未决。

他和帕特里克·克朗约定在巴黎共进晚餐。

阿尔斯通并非伊梅尔特的唯一收购目标。和往常一样,来自工业部门的多个业务开发团队都在积极地为CEO想要的大交易献计献策。在乘坐通用电气的喷气式飞机离开巴黎后,伊梅尔特再次在芬兰的赫尔辛基驻足了。他参观了生产船用发动机、发电机组和油气开采设备的瓦锡兰公司(Wartsila)。据知情人士透露,伊梅尔特和通用电气董事会也在权衡一项名为"狮子计划"(Project Lion)的交易:收购一家规模与阿尔斯通大致相当的油气公司。

到了2014年初春,收购阿尔斯通的势头开始增强。就在那时,亚当·史密斯发现了一个问题。一天早晨,他参加了通用电气和电力公司高管的电话会议。与会人员讨论了对阿尔斯通的估价,谈及了最终确定的阿尔斯通及其资产的企业价值。"企业价值"是一个财务指标,计算方法为公司的市值加上债务再减去现金。这个指标比简单地计算发行在外的股票的价值更合理,因为它考虑了整个资本的结构。

通用电气希望收购阿尔斯通的燃气、风力涡轮机和电网业务,但不想要它的客运列车经营业务,通用电气希望该业务能被剥离为一家独立的法国公司。通用电气不打算向阿尔斯通董事会提出按每股现金计算的报价,相反,它想走到谈判桌前与阿尔斯通就拟收购的资产的价值进行谈判,这就需要考虑后者积压的发电厂订单、工厂和实物资产、债务以及技术的价值。

据交易团队的一些成员说,从一开始,他们就不太了解这家法国公司的内部运作状况。只要浏览一下新闻头条就会发现,该公司的商业前景十分黯淡。它在好几个方面都存在问题,包括美国司法部对该公司在外国行贿问题的调查。此外,通用电气也不能不受限制地查询其内部记录,这些内部记录可以揭示出该公司积压订单的价值及其应承担的刑责的大小。

第三十二章 / Chapter 32

现在，当通用电气的高管们商议时，他们的对话是倒着的。他们想知道，要让阿尔斯通发挥其应有的作用，通用电气需要支付多少资金，即这笔交易的企业价值是多少。特别地，他们想弄清楚，为了让布依格在阿尔斯通的净资产回报率足够高，从而使这个大股东愿意考虑出售，他们需要报出什么价。

在那一刻，亚当·史密斯听出了交易背后的错误逻辑。通用电气确实值得审视阿尔斯通，因为它财务上出了问题；把它作为收购目标的首要理由是能以低价获得其资产，留下想要的资产，出售掉剩余的资产，就像买了一辆旧车是为了获取其零部件一样。但现在，通用电气讨论的是确保布依格对阿尔斯通的投资获得了回报，而阿尔斯通正在走向破产或需要得到政府救助，连找到买家都困难。史密斯认为，按照这种逻辑进行交易，通用电气的所有出价都会高得离谱。

几年后，包括伊梅尔特在内的通用电气顶级高管说，他们从未听到过任何与阿尔斯通交易有关的强烈质疑。他们说，若有人有异议，那也是事后诸葛亮。任何认为公司没有做应该做的事情，或者付出了太大代价的人，都有义务在当时说出来，而不是保持沉默。

但事实上，确实有人曾提出过反对意见，而且他们是在深思熟虑后谨慎地提出了简短的反对意见。参与该交易的电力部门的一名成员表示，那个时候，任何收购都是公司或伊梅尔特眼中的头等大事，任何异议都不可能改变通用电气的路线。事实上，提出异议的人肯定会被贴上不想帮助"球队获胜"的标签。

在错误的逻辑指导下，交易团队努力为整个阿尔斯通的电力业务确定了一个价值，然后他们根据这一价值计算出了能让布依格走上谈判桌的股价。银行家们草草地写下了他们的计算结果：每股为30—34欧元，他们想确保他们对阿尔斯通企业价值的会计核算是合理的，或者至少在提交给股东时是被视为合理的。

这样的结果是他们运用奇特的算法得出的。在通用电气对阿尔斯通的最终出价中，有超过一半的企业价值——通用电气为陷入困境的法国资产实际支付的价格——来自"成本协同效应"。换句话说，一旦交易完成，通用电气买入的价值中，有一半以上来自裁员、出售工厂和其他成本的削减。尽管通用电气的一些竞争对手，如霍尼韦尔，不允许他们的交易者利用未来削减成本的承诺解决交易中的核算问题，但任何重大的收购都会考虑成本协同效应。相比之下，通用电气要从收购阿尔斯通的交易中获利，哪怕是账面利润，也要靠裁员和出售工厂。

一切又回到了谈判开始时的状态。一位通用电气前高管表示："估值是人为做出的，它是站在布伊格的立场上确定的。"一旦公司领导人，包括伊梅尔特和史蒂夫·博尔兹，决定为了促成交易保全法国投资者的利益，银行家和律师的秘密工作就不是核算价值，而是做出解释了，也就是说，他们只是对公司决定支付的价格做出了一种解释。

/ 第三十三章 /

在芝加哥的一天

2014年4月23日，一群抗议者举着写有"养老金公平"和"愤怒"的标语牌聚集在芝加哥沃特街（Water Street）喜来登酒店（Sheraton Hotel and Towers）的门口。他们有的是通用电气的工人和退休人员，有的是伊利（Erie）机车厂和斯克内克塔迪涡轮机房的前雇员，有的是在林恩发动机厂工作了多年的工人，这家工厂成立的时间比通用电气都早。

他们集中讨伐的对象是杰夫·伊梅尔特、杰夫·伯恩斯坦和各位董事，这些人是通用电气企业成本削减计划"简化"（Simplification）的发起者。根据该计划，公司将缩减工人养老金和退休人员的健康保险金。该公司表示，削减不可持续的成本和开支能提高公司的利润率和安抚投资者。在金融危机过去5年后，投资者仍然觉得通用电气的业绩没什么起色。

尽管通用电气改变了其向员工承诺的终身健康险条款，但伊梅尔特也显示出了将支出巨额资金的迹象。过去几年，通用电气一直在市场上寻求收购机会。就在那年春天，两位杰夫还告诉投资者，该公司会坚守自己的目标，通过出售不再盈利的业务筹集10亿美元。但伊梅尔特也在无意中泄露了一个秘密——他向通用电气的投资者发出信号时通常会采用这种方式——如果有合适的机会出现，该公司愿意收购更大的目标，达成更大的交易。

在喜来登酒店的会议室内，伊梅尔特在年度股东大会召开前的一刻，照例摆出了握手微笑的姿势。这位CEO的个头几乎比周围所有人都高，他咧嘴笑着，眼睛睁得大大的，脸上肉嘟嘟的，与股东打招呼时会微微眯着眼睛。他大体上算是和蔼可亲的，甚至与丹尼斯·罗切劳这样的老对手打招呼时他也会面带微笑。丹尼斯·罗切劳曾是通用电气的劳工谈判代表，目前是退休福利的倡导者。几年前在飓风岛划船时他差点和伊梅尔特打起来。伊梅尔特面带微笑地从会议室里疾走而过，他尽可能地向所有人打招呼，包括记者和一些即将在大会上谴责公司做法的异议者。

股东大会是让广大的通用电气的选民（没有更贴切的词语，姑且称伊梅尔特的投票群体）表达对伊梅尔特执掌了15年的公司的失望之情的机会。对于伊梅尔特来说，这一天是一年当中最糟糕的一天，因为他无权反对任何异议，他只能倾听，但他的不耐烦常常暴露出他内心的想法，因为他会突然以"好的，谢谢"打断那些发言的人。

在今年的股东大会上，伊梅尔特除了要在讲台上履行礼仪职责外，还要与伯恩斯坦和总法律顾问布拉克特·丹尼斯顿一起回答问题。不过，他脑子里还在想着一桩交易。这桩交易将为他的转型战略添上浓墨重彩的一笔。此刻，在几个街区外的酒店套房里，一群人正在就交易条件进行着最后的协商。而在召开通用电气股东大会的酒店之外，退休人员正聚集在那里请愿，他们希望通用电气回归其工业的根基，像过去那样对待员工。

具有讽刺意味的是，这正是他想要达到的目标，不是任何人都相信他能达成这个目标。很少有人知道，杰夫·伊梅尔特在来到芝加哥的那周，进入会议室向股东发表讲话前都忙了什么。

通用电气的交易团队和来自阿尔斯通的谈判代表正躲在那间酒店套房里梳理资产清单和定价模型，试图勾勒出将杰夫·伊梅尔特和帕特里克·克朗的交易梦想变为现实的计算方法。著名的阿尔斯通火车公司，也是法国高速TGV车辆制造商，将留在阿尔斯通，成为该集团的新核心。通用电气将出售给阿尔斯通自己的铁路信号业务，它是当年通用电气以机车和轨道车为主业时就一直存在的业务。银行家们对阿尔斯通资产的估值争

第三十三章 / Chapter 33

论不休；例如，通用电气的团队认为，阿尔斯通的电力订单积压情况不明，没有得到全面的审核，无法对其缺陷和负债做出正确的估计。伊梅尔特曾在2月份就这笔交易向通用电气的董事们打过招呼，他们相信伊梅尔特有望达成一笔120亿美元的交易。

随着股东大会的临近，一架从大西洋彼岸飞来的航班在芝加哥降落了，克朗本人来了。伊梅尔特和克朗在酒店套房内进行了一次私人会谈，两家公司的业务开发团队和投资银行家都知道俩人的会面，因为他们一直在为通用电气历史上规模最大的收购忙碌着。13年前，杰克·韦尔奇收购霍尼韦尔的计划落空了，倘若这笔交易能成功，那么它将洗刷通用电气13年前的耻辱。两家公司的团队都在急切地等待着两位CEO的谈判结果，最终他们达成了协议。

杰夫·伊梅尔特带着他的会谈结果出来了，他同意将赌注增加约10亿美元，不过这仍然是个秘密。通用电气和阿尔斯通的谈判人员重新开始工作，他们拟定了新的条款，该条款将使阿尔斯通的燃气轮机、蒸汽轮机、风车和电网设备资产组合的企业价值达到135亿美元。这个数字足以赢得阿尔斯通董事会的支持，克朗确信，阿尔斯通的股东也会投赞成票。至关重要的是，这笔交易可在各方的支持下继续推进，因为135亿美元足以让布伊格点头。

阿尔斯通的CEO表示，现在是时候让法国政府知道，特别是其激进的经济部长和明显支持商业的社会党总统知道，该国最受尊敬的工业公司要出售给美国人了。谈判结束后，杰夫·伊梅尔特前往喜来登酒店参加股东大会。在公众发表评论期间，坐在讲台上的他迎合着人们的评论，脸上流露出在其他地方经历了许多重大事情的神情。

公布他迄今为止规模最大的交易的时刻就要来临了。

/ 第三十四章 /

温和的建议

同一天，美国东部时间下午5点刚过，彭博终端在全球发布了一条新闻：通用电气拟以130多亿美元的价格收购阿尔斯通，两家公司正在进行谈判。

通用电气董事会、阿尔斯通的高管和投资者都知道谈判正在进行，但克朗没有告诉阿尔斯通董事会这一消息，更重要的是，他没有向法国政府汇报此事。

这则头条消息尤其让一个人感到不快和震惊，他就是弗朗索瓦·奥朗德总统（President François Hollande）政府的经济、工业复兴和数字事务部长阿尔诺·蒙特伯格（Arnaud Montebourg）。奥朗德政府，特别是社会党的人，得知阿尔斯通正在与美国的买家秘密谈判而自己对此事一无所知的消息时勃然大怒。在蒙特伯格眼里，阿尔斯通是法国最著名的投资机构之一，也是最古老的工业公司，另外，十年前政府还救助过该公司。

随着消息的传开，阿尔斯通的股价飙升了10%以上。克朗急匆匆地赶回巴黎，于4月24日紧急会见了蒙特伯格。克朗希望能安抚好这位部长，赢得他对这笔交易的支持。为了消除阿尔斯通沉重的债务负担，让该公司发挥协同效应并最终恢复健康，克朗曾在法国企业界寻找过潜在的合并目标。他曾考虑过阿海珐公司（Areva），该公司建造核反应堆，阿尔斯通曾为该公司生产过大型汽轮机。他还考虑过把阿尔斯通与航空公司赛峰（Safran）合并。赛峰恰好是通用电气最成功的合资企业、喷气发动机制造商CFM国际

第三十四章 / Chapter 34

（CFM International）的合作伙伴。但最终他与这些公司都没有达成交易，这位CEO认为，法国没有足够大、足够健康且愿意帮助阿尔斯通的企业。

2014年初，就在克朗四处寻找买家时，阿尔斯通的股价终于如亚当·史密斯所料的那样开始暴跌了，此时乔·凯飒出现了。这位自信的西门子公司CEO为了巩固该公司在全球电力市场的地位也在四处寻找交易机会。他也面临着棘手的问题：西门子的客运铁路业务前景黯淡。他认为，如果西门子能与阿尔斯通合并，那么其客运铁路业务将会发展得更好。然而，法国和德国企业集团之间，包括高层管理人员之间，仍然存在嫌隙。

2004年阿尔斯通处境岌岌可危时，西门子在其前任管理层的领导下曾试图拆分它，还以反垄断为由在欧盟委员会监管机构攻击过它。现在，在董事会不知情的情况下，克朗与凯飒见了面，但他们没有达成交易。到了2月份，克朗表示，他愿意与正在努力寻找转型交易机会的通用电气的领导人谈谈。在巴黎共进晚餐时，两位CEO开始在蒙特伯格和奥朗德的眼皮子底下商谈交易事宜，而此时的蒙特伯格和奥朗德正在想方设法重塑法国社会党的形象，他们希望该党给世人留下一个对大企业和跨国公司很友好的印象。但无论是蒙特伯格还是奥朗德，都不希望看到一家美国公司收购阿尔斯通，不想看到其为了增加利润而解雇数千名法国工人。

通用电气法国分公司的CEO克拉拉·盖马尔（Clara Gaymard）悄悄地游说了奥朗德政府的官员，向他们保证，通用电气无意摧毁阿尔斯通。随着有关阿尔斯通的所有交易停止，这笔交易的轮廓变得清晰了起来，斗争也变得尖锐起来。伊梅尔特和他的高级顾问们登上了飞往巴黎的飞机，准备在周日与蒙特伯格会面，并在下周一与奥朗德本人会面。与他们同行的还有电力部门的CEO史蒂夫·博尔兹和通用电气的顶级交易撮合人约翰·弗兰纳里。

通用电气的高管们正准备向公司的投资者们解释这笔交易的好处，他们也要让法国政府相信，达成这笔交易对阿尔斯通和其员工以及整个法国来说都是最好的结果。他们还需要获得法国政府的帮助，让这笔交易得到欧盟委员会的竞争监管机构的批准。该机构过去就曾阻碍过通用电气的交易。在杰夫·伊梅尔特看来，这是一次商业拜访，他设想的此次拜访的前景是这样的：一家实力强大的电力设备制造商将被世界上最著名的公司所收购，之后它击败了欧洲和亚洲的所有竞争对手，甚至增加了新的就业岗位。

可惜的是，法国领导人没有和他们达成一致意见。

甚至在伊梅尔特抵达爱丽舍宫之前，蒙特伯格就先发制人地宣布，通用电气的交易"不可接受"。让美国人更担忧的是，蒙特伯格正式邀请凯飒和西门子出价收购阿尔斯通，而且这位德国CEO还被安排与总统奥朗德在爱丽舍宫会面。

尽管如此，通用电气和阿尔斯通仍在推进交易。4月29日是个星期二，通用电气董事会召开了电话会议。伊梅尔特对这笔交易及其对公司的影响做了一番典型的乐观陈述，之后董事会进行了投票。像往常一样，意见是一致的，通用电气决定收购阿尔斯通的电力业务。

4月30日，阿尔斯通的董事会也投票批准了该交易。"这不是我们在法国做的第一笔交易，也不是我们在欧洲做的第一笔交易。"伊梅尔特在当天举行的电话会议上对投资者说。他还表示，他们能够改变阿尔斯通臃肿的结构，节约成本、裁汰冗员，并能迅速获得巴黎、布鲁塞尔和华盛顿监管机构的批准。

伊梅尔特说："我希望扩大工业部门的规模，这笔交易给了我们一个将利润份额标准重新设定为75-25的机会。"他的意思是，来自工业部门的利润将占通用电气总利润的75%，只有25%的利润来自金融部门，"这笔交易给了我们一个重新设置标准的机会，而且它还非常盈利。"

但他们低估了蒙特伯格的愤怒。到了5月，这位部长敦促通用电气推迟最终的股东投票，因为完成这道程序后，阿尔斯通的投资者将不得不同意这笔交易,他还要求通用电气承诺为法国的电力业务增加1000个工作岗位。

通用电气的高管和银行家们不担心不在法国裁员的事,因为阿尔斯通在其他国家有许多工人。电力部门的CEO史蒂夫·博尔兹也不担心这个问题,对他来说,这确实不是个问题。他认为,通用电气可以雇用大批软件工程师在巴黎工作,以支持普迪克斯的运行。作为一家试图完成大规模交易的公司的部门负责人,博尔兹不需要担心这些细枝末节的问题,通用电气的规模足够大,可以吸收这些成本,满足协议中关键承诺的成本甚至不会落在电力部门头上。

蒙特伯格也攻击了克朗,他指责克朗秘密出售阿尔斯通的行为"违反了国家道德"。一次出席议会质询时,这位部长问克朗是否需要使用测谎仪。5月5日,蒙特伯格代表奥朗德写信给伊梅尔特,威胁要阻止这笔交易。不到两周后,蒙特伯格的态度变得更强硬了,他怂恿法国政府出台了《阿尔斯通法令》,这一法令扩大了政府在关键领域阻止外国收购法国公司的权力。部长可以采取行动的领域从国家安全和核利益扩大到了发电设备制造以及医疗、电信和水务等领域。蒙特伯格继续欢迎来自慕尼黑的企业参与对阿尔斯通的竞购。凯飒说,西门子有竞购阿尔斯通电力资产的强烈意愿,蒙特伯格敦促阿尔斯通领导层等待一段时间,直到西门子考虑好报价。

全世界的人都能看出伊梅尔特的如意算盘:通过吞噬发电业务的所有市场份额,将竞争对手锁定在第二梯队数十年。西门子和像三菱这样的其他竞争对手,绝不会让他轻易得手。

蒙特伯格对通用电气等美国企业巨头持坚定的怀疑态度,他担心,本国最重要的企业正匆忙地把自己出售给一家以裁员和交易混乱而闻名的冷酷无情的公司。

有蒙特伯格从中作梗,通用电气无法轻松地与阿尔斯通完成交易。

/ 第三十五章 /
"知道自己在做什么"

杰夫·伊梅尔特以其习惯性的嘎嘎笑声回应法国人的愤怒。"相信我们。"他在5月底对一群金融分析师表示。他的意思是,由于通用电气在法国有常设机构,因此该公司积累了对付法国官僚的丰富经验。"我们知道自己在做什么。"

但法国政府的要求是严肃的,它要求通用电气改变谈判姿态。通用电气表示,阿尔斯通可以把竞价的截止日期延长至6月23日;这给西门子留出了足够的时间,如果它真的想挫败伊梅尔特的图谋,那么它就可以投标。其间,通用电气新闻办公室越来越频繁地发布自相矛盾的消息,他们说,法国领导人反对该交易的原因平淡无奇,几乎没什么新闻价值,但同时他们又试图给记者留下这样的印象:通用电气的报价给法国公司和经济带来了巨大的机会。

通用电气的形象管理人员不喜欢外人把伊梅尔特视为一名推销员,不过他们都相信,伊梅尔特能活跃气氛,甚至能让最顽固的客户购买他推销的产品。现在,在这笔大交易悬而未决之际,这位老板把目光转向了法国公众,他希望他们能支持这笔交易。5月27日,在计划与奥朗德再次会面的前一天,伊梅尔特在巴黎向议员们介绍了阿尔斯通和通用电气电力部门之间的"联盟"情况。他的发言带点蔑视的意味,反映了对蒙特伯格、奥朗德和巴黎官僚机构的深深失望。尽管如此,他最后还是满怀信心地表示,与通用电气的合作将对法国公司有利,而不仅仅是对美国公司有利。"我们是来搞建设的。"他

第三十五章 / Chapter 35

说,"我们不会在时局艰难时离开。"

6月23日前,凯飒亲自将西门子的标书呈交给了克朗和阿尔斯通董事会。西门子想收购阿尔斯通的燃气轮机业务,而另一个竞争对手三菱重工(MHI)拟收购阿尔斯通的蒸汽轮机、核能、水电和电网业务的少量股权,而且它们同意未来会在研究和采购方面与阿尔斯通开展合作。此外,凯飒还说,阿尔斯通隐含的价值要高于通用电气的报价,而且再追加70亿欧元就能解决克朗的债务问题。更让法国官员高兴的是,西门子同意让该公司继续留在法国,并且保证雇用1000名工人。他开出的条件让通用电气压力大增,通用电气也不得不在自己的报价中正式增加创造就业的保证。克朗承诺会慎重考虑西门子的报价,尽管通用电气向媒体吹嘘说,这样做相当于让这家法国企业集团解体。

到了6月底,通用电气的交易团队已经忙碌了好几个星期,他们正在想办法使标书修改后的阿尔斯通交易的财务概要与他们向投资者所做的介绍大致相符,但同时对报价进行一些调整,使其看起来比西门子的报价更具吸引力。伊梅尔特在法国议会发表讲话时提及了"联盟"一词,他承认这笔交易引发的最大焦虑除了简单的失业威胁外,还有担心通用电气会侵占并拿走这家法国公司多代人积累下来的资产。他的团队对此给出的解决方案是保留法国对该公司的部分股权,这样奥朗德和蒙特伯格就能对外表示,他们的干预保留了法国人遗留下来的资产。但是,这意味着通用电气要改变原来的经营计划。按照原计划,通用电气收购阿尔斯通后会精简机构,裁汰冗员。

伊梅尔特公布了通用电气修改后的交易条件。他们将组建三家合资企业,与西门子提案的结构相似。三家合资企业分别经营阿尔斯通电网、可再生能源、核能业务,所有权由通用电气和阿尔斯通各占一半。为防范外国实体直接收购,法国政府将持有核企业的优先股。另外,法国政府收购新阿尔斯通20%的股份,收购布伊格在该公司的大部分股权,并且政府享有决定该公司未来战略的权力。

"知道自己在做什么" / "We Know What We're Doing"

连西门子都能看出，这样的交易条件对通用电气不利。从某种程度上说，是蒙特伯格获胜了。通用电气改变了条款，增加了赌注，虽然这样做不一定对阿尔斯通及其股东有利，该公司为了防止迅速逼近的财务崩溃，迫切需要找到买家或与其他公司合并，但这样的结果对法国有利。蒙特伯格主张，在特殊的公司交易中政府要发挥领导作用。蒙特伯格对这笔交易的拖延、邀请西门子出价以及他的干预主义姿态都迫使通用电气改变了条款。一贯奉行博尔维尔制（"我们最初的报价就是最终的报价"）的通用电气也不得不低头了。

但不久蒙特伯格和奥朗德就认清了欧洲的现实，阿尔斯通的交易不会再有进一步的竞争了，西门子也不会再还价了。蒙特伯格在随后的采访中说，他意识到，欧盟的反垄断规则过于严苛了，不允许一家法国大公司和一家德国大公司合并。蒙特伯格对《华尔街日报》的记者说，他曾想打造一家欧洲的"王牌"企业，增强其在电力生产和运输领域的全球竞争力，但欧盟内部的反垄断规定挫败了这一计划，导致了法国允许通用电气收购阿尔斯通。"所有的企业都病了，"他评估欧洲企业后悲观地说，"合并是不可能的。"

现在就只剩下通用电气这一个买家了，这就是伊梅尔特最终获胜的原因。奥朗德和蒙特伯格确实需要一个买家，阿尔斯通的实际状况远比表面看起来惨得多。因此，法国政府得到了通用电气的就业保护和成立合资企业的承诺后，就不再阻止它了，而且还大力支持该交易通过布鲁塞尔的反垄断监管机构的审核。正是因为阿尔斯通遭突袭、裁员或者倒闭可能造成巨大的社会和经济影响，法国政府才对通用电气收购阿尔斯通的交易如此紧张，但现在，法国政府想让欧盟顺利批准这笔交易了。

2014年6月20日，通用电气的收购交易得到了法国政府的批准，阿尔斯通董事会也投票赞同了这笔交易，现在就差欧盟的批准了，杰夫的大交易马上就要实现了。

/ 第三十六章 /

高价买入

尽管所有领导人都对数字领域充满热情，但通用电气仍在不断地革新和重塑其重工业部门。伊梅尔特梦想在圣拉蒙市打造一个重工业谷歌，但他也憧憬着成为斯伦贝谢（Schlumberger）和哈里伯顿（Halliburton）那样的大型石油工业企业集团，在金融危机后的漫长牛市里，这两大公司从设备和油田服务两大业务获得的财富急速飙升，一直持续到了2010年初。甚至在金融危机爆发前，伊梅尔特和他的副手们就开始收购了。2007年，通用电气斥资19亿美元收购了生产钻井设备的维高格雷公司（Vetco Gray），将其并入韦尔奇于20世纪90年代收购的意大利石油设备制造商新比隆公司（Nuovo Pignone）。金融危机后，伊梅尔特剥离了韦尔奇时代之后失去了吸引力的业务，改变了通用电气的资产组合。但现在，经过一系列的高价收购后，通用电气几乎在一夜之间成为了油气设备市场的玩家。它收购了英国一家油田服务设备公司，收购了得克萨斯州的水泵、井口、调节器和管道制造商，还收购了挪威一家生产测量石油压力和流量的传感器的公司。

通用电气马不停蹄地进行着收购，它把规模较小的公司聚集起来，融合成了一个大的集团。有时候，伊梅尔特的批评者，如华尔街的分析师和商业记者，会在私下里批评他支付的价格过高了。但该公司继续开辟新领域，它跨越了水力压裂和海上钻井供应商——钻头制造商、压缩机供应商、管道检查员，收购了更多的公司。种种迹象表明，通用电气正大力发展石油业务。

然后有一天，它在得克萨斯州的拉夫金市（Lufkin）落地了。

2013年4月8日，通用电气在发布的一则消息上说，拉夫金工业公司（Lufkin Industries）具有"世界一流的员工、设备和服务"，通用电气正以33亿美元的价格收购该公司。拉夫金公司及其锻造厂主要生产能从地下储层中泵出油气的"人工举升"设备。该公司已有111年的悠久历史，而且主宰着这座小城市的经济。几十年来，该公司一直是拉夫金市最大的雇主。得克萨斯州和俄克拉何马州石油的经济几度繁荣和衰落，该公司的命运也随之浮沉。

最近几年该公司的业绩很出色。北美页岩业市场的繁荣推动了该公司设备订单的激增，也大幅增加了其利润。（这是通用电气收购这家小公司时被索要高价的主要原因，批评者们认为通用电气为该公司支付的价格偏高了。）

为了增强油气部门的实力，通用电气已经完成了140亿美元的收购，拉夫金的交易是较晚的一笔。当年韦尔奇购入的油气业务部门现在已经发展成了该公司最重要的一个工业部门。实际上，通用电气在20世纪90年代就拥有了一家意大利石油设备公司，但伊梅尔特现在想扩展石油工业部门。这一战略与他有关环境的言论不符，尤其是其"生态创想"的营销标签。通用电气在所有其自称可以提高效率的产品上都贴上了这一标签。尽管如此，伊梅尔特和石油部门年轻的CEO洛伦佐·西蒙内利（Lorenzo Simonelli）相信，随着经济增速的加快和人口的增长，几乎所有经济体的石油需求都会增加，他们要未雨绸缪，利用好这些需求。通用电气找到了从石油中获利的方法。

到了2014年，经过一系列的能源业务交易后，通用电气这个企业集团内部又建立了一个企业集团。从销售额来看，通用电气油气公司是通用电气的第三大部门。与油气直接或间接相关的收入占通用电气当年1000亿美元工业收入的四分之一。一些分析师认为,伊梅尔特在油气行业的行动比竞争对手晚了几年,而且付出了高昂的代价,伊梅尔特听了这些评论后很恼火,但公司领导层确信,在接下来的几年内,公司将获得高额回报。

同年9月,通用电气油气部门的高管们在曼哈顿圣里吉斯酒店(St. Regis Hotel)的一个会议室里向投资者和分析师们简要介绍了该部门未来的发展规划。他们预测,全球经济复苏将推动石油需求增加,通用电气的客户订购的钻井设备也会增加。当分析师们啜饮着咖啡、大口嚼着美味的糕点时,高管们点击着鼠标,一张一张地播放着幻灯片,向与会者勾勒出了一幅稳步向前迈进的图画,一切似乎都预示着,该部门将获得较高的利润率、销售额将实现稳定的增长。

通用电气的高管预计,对油气的强劲需求将刺激企业在最恶劣的环境中进行钻探,比如位于遥远海域的深水油气层。通用电气将从整个生产线上获取利润,公司产品齐全,并有可能推出尚未投入使用的新机器。有一张幻灯片展示了一个巨大的分离器,它被放置在海底,当天然气从海底的沉积物中流出时,这个分离器会把天然气与原油分离开来,然后把这两种商品输送到水面的船只上。高管们表示,高油价导致挪威和苏格兰沿海的勘探活动增多,通用电气将面临巨大的机遇。

海底分离器是一种适用于恶劣环境的高科技设备,只有石油公司能靠销售石油赚到大钱时,它们才可能使用这种设备。事实上,石油公司为了实现利润最大化,在石油价格较低时会坚持采用简单廉价的生产技术,但通用电气的人仍然称,这款产品会有销路。展示幻灯片的是一位名叫安德鲁·韦(Andrew Way)的高管,他是一位海上设备专家。他说:"不用担心。"通用电气对石油部门的所有美好设想都以这一假设前提为基础:每桶石油的价格为100美元。

布伦特原油上个月的收盘价超过了每桶105美元,仅略低于夏季的峰值,但就在通用电气管理层发表演说之际,一场漫长的油价下滑期已经开启。到了10月底，油价已跌至每桶100美元以下。到年底，它的价格不到80美元一桶。一年后，布伦特原油的价格已不足50美元。通用电气刚刚向投资者说，能使其所有石油业务规划都具有财务意义的石油价格是100美元，此时，实际的油价还不到这一价格的一半。

伊梅尔特、伯恩斯坦和其他通用电气高管坚持认为，他们的判断之所以出现这么大的偏差，是因为他们对油价关注不够。他们说，他们在建立油气部门时没有想到油价会出现这样的变化。考虑到石油行业与油价的直接联系，这样的解释毫无意义。实际上，该公司是在追逐时尚，但这种时尚突然之间变得代价高昂了。这只会导致一个结果：油气部门的规模将被缩减。

与通用电气的所有工业部门一样，油气部门多年来积压的大量订单本应该是安全的，但是，当油价暴跌导致一些客户无法支付他们购买机器的费用时，这些泵、压缩机和钻头的生产订单就会给通用电气带来压力。通用电气的高管私下里承认，由于客户想重新协商价格、延迟交货或在某些情况下直接取消订单，他们正在与客户进行敏感的谈判。在积压的40亿美元订单中，有一些订单需要下调价格。不调价会失去订单，调了价又会降低利润，通用电气的管理者们感到左右为难。

面对重新谈判的压力，伯恩斯坦提议实施转型策略：他说，通用电气也要从事"标准化"的生产。对通用电气来说，定制式的生产模式代价太大，在当前的环境下，仅销售定制产品是不划算的。公司不能再为不同的石油生产商提供定制产品了，不能再像定制西装上的翻领一样根据买家的喜好为其制造设备了。为了实现"标准化"的操作，通用电气开始着手削减成本。从长远来看，公司要从最能节省资金的领域入手，也就是说，公司要裁员了。

这意味着斧头迟早会落在拉夫金工业公司身上。

得克萨斯州已经出现了令人担忧的迹象。当地官员曾希望通用电气能

第三十六章 / Chapter 36

实施媒体称之为"凤凰计划"(Project Phoenix)的项目。通用电气打算拆除五万多平方英尺的铸造厂的大量设施,之后按新的设计进行扩建,并翻新剩余的建筑。通用电气提出该计划时曾承诺,拉夫金工业公司仍然是拉夫金市的重要支柱,但该市的领导人很清楚油田工程业务的特性,当原油价格下跌时,他们知道这对通用电气的大型计划意味着什么。

数月来,通用电气一直在警告称,油气部门将裁员,并在附近另一家前拉夫金工业公司的工厂解雇了575名工人。市政府官员希望通用电气能为铸造厂找到买家,但2015年8月24日,通用电气公布了不同的决定:位于得克萨斯州拉夫金市中心的铸造厂将被关闭。

"他们已很久没给过我们好消息了,"拉夫金市长鲍勃·布朗当天告诉记者,"当他们说要拆除铸造厂时,交易的可能性已不复存在了。我刚才经过铸造厂的后门时,看见有员工低着头走出去,我的心都要碎了。"

布朗向另一位记者承认,对于石油价格的变化,他也无能为力。石油价格是促使通用电气决定关闭铸造厂和解雇安吉丽娜县(Angelina County)拉夫金工厂262名工人的关键因素。尽管如此,从某种程度上说,这家小公司是它自身成功的牺牲品。在石油行业繁荣时期,拉夫金工业公司依靠水力压裂法大赚特赚,成功吸引了通用电气的目光,并以高昂的价格被其收购,但当通用电气无法承受油价长期的下跌带来的利润损失时,它成了牺牲品。

回到通用电气总部,该公司已经厌倦了在石油业的冒险,或者说,它不得不独自应对长期低迷的境况。通用电气已经无法靠削减油气部门的成本来保持其利润率了,裁员已接近尾声,能削减的"脂肪"只有这么多,公司很快就要出现亏损了。

其他的石油设备供应商也同样疲惫不堪,他们试图通过裁员、削减项目成本、压榨客户和供应商来支撑其经营。(盲目开采油井者下场更惨,许多小石油公司都申请了破产。)一年后,通用电气的油气部门与油田巨头贝克休斯公司（Baker Hughes）合并，通用电气持有该公司50%以上的股份，这家分拆出去的新的上市公司由西蒙内利经营，受通用电气控制。这项交易缓解了通用电气在石油危机中的风险，并为新公司提供了大量可供裁员和去除的业务领域。

对于贝克休斯公司，通用电气的基调略有改变。这项交易具有变革性，但最终方向尚不明确。像伯恩斯坦这样的通用电气高管宣称，这项交易让他们获得了"可选择权"，但现实是，投资者对这一交易的目的一无所知：通用电气是对石油业务双倍下注了还是打算退出这个行业？获得长期选择权的想法很好，但关键的要素是人，那些在职的员工不知道公司未来将走向哪里。

这一合并没有让拉夫金市逃过劫难。历史悠久的铸造厂被关闭了，现在，在该市的年度财务报告中，通用电气提供的岗位数据为零，这表明，自通用电气进驻该市后，有4000多个工作岗位消失了。在两个周一之间——通用电气宣布进驻拉夫金市的那一天和该公司宣布关闭铸造厂的那一天——仅仅相隔了868天。

/第三十七章/
欧文的锤子的问题

与此同时,在加利福尼亚州,兑现将通用电气转变为一家大型软件公司的承诺要比伊梅尔特预想的难得多。连接重型机械、收集数据和提高能效的企业设想依赖于软件生态系统的建设,但这个软件生态系统还不存在,包括操作系统和应用程序、数据协议和标准、解决早期故障的工具、保存海量数据的云和服务器等。

该公司的一些高管认为,建立合作关系能够解决这一问题。几十年来,一些大型跨国公司一直在建设软件基础设施,它们影响了人类生活、通信和商业的方方面面,比如谷歌、甲骨文、微软、亚马逊等。通用电气非常了解其制造的机器及其客户的需求,但这一优势并没有使它成为构建"工业互联网"所依赖的代码框架的最佳候选人。

杰夫·伊梅尔特说,这样的说法纯属无稽之谈。通用电气的强项是"领域知识",它知道IBM不知道的来自飞机引擎热端传感器的数据。它知道它在寻找什么样的数据,它只是需要开发用来收集、存储、分析和使用这些数据的软件。它将拥有自己的平台,拥有互联网的新前沿阵地,无需与他人分享战利品。

也就是说,一旦软件运转起来,一切难题都将迎刃而解。

几年前,通用电气推出了普迪克斯,称它是"工业领域内的首个平台,提供了连通机器、工业大数据和人员的标准和安全的途径"。

当通用电气推出一款据称能改变工业机械和主要经济部门运作方式

的产品时,该公司的高管甚至无法就其发音达成一致。伊梅尔特称其为"PREE-dix",盛赞这款产品的潜力,有时轮到鲁发言时,他口中的这款产品的名字听起来更像是动词"predicts"(预测)。这样的差异表明,高管们对通用电气新软件平台存在的价值和用途存在很深的误解,不过好在还没有人公开提出这个问题。虽然通用电气在其新闻稿和介绍中大肆宣传普迪克斯,但它根本就没有真正上过市。

2015年9月8日,《斯蒂芬·科尔伯特晚间秀》(*The Late Show with Stephen Colbert*)在哥伦比亚广播公司首次亮相。斯蒂芬·科尔伯特之前是喜剧中心的节目《每日秀》(*The Daily Show*)的记者,因在衍生节目《科尔伯特报告》(*The Colbert Report*)中的出色表现一炮而红。在节目中,以诙谐夸张风格闻名的科尔伯特经常用一些幽默的话语评点最近发生的时政要闻。《斯蒂芬·科尔伯特晚间秀》首播时,乔治·克鲁尼(George Clooney)担任了嘉宾。在节目中,斯蒂芬·科尔伯特表达了对前任大卫·莱特曼(David Letterman)的谢意,并与梅维斯·斯台普斯(Mavis Staples)合唱了一首歌。正是在这档节目的商业广告中,欧文首次亮相了。

在通用电气的一些高管、退休人员或投资者看来,"欧文"是伊梅尔特和康斯托克时代末期的产物。天联广告公司在其制作的一系列广播电视节目中塑造了一个名叫欧文的人物,他是一名年轻的计算机程序员。他告诉朋友和家人说,他在通用电气从事编程工作。

在广告中,欧文周围的人对他的言行感到很困惑,他们的反应(比如其父认为,他从事编码工作是因为他举不起重锤;朋友们对他未能找到更有意义的工作表示同情,在他们看来,开发一款能让用户把水果图像附着在动物图像上的应用程序才是有意义的工作)带有一种通用电气从不为外人所知的自嘲式的幽默。为了在公众心目中塑造通用电气是一家"数字工业公司"的形象,同时提醒潜在求职者通用电气仍然是理想的雇主,天联广告公司、康斯托克及其营销团队举办了一场声势浩大的媒体宣传活动,

第三十七章 / Chapter 37

但他们首先不得不面对母公司的不时髦，因为通用电气的通讯部门所推崇的一切，比如通用电气与托马斯·爱迪生的发明之间的联系，以及它的大型工业机器行销世界各地等，似乎与它现在希望能立足的科技行业背道而驰。

欧文的广告揭示了通用电气数字公司的一些真相。尽管通用电气向投资者说，通用电气成功地吸引了脸书或苹果的年轻程序员到圣拉蒙高就，但事实上，招聘人员表示，硅谷对此的反应与欧文虚构的早午餐桌没什么不同。在广告中的人看来，年轻的程序员从事虚构的"Zazzies"工作，比如把木薯瓜图片放在小猫头上，或者从事现实世界的类似工作，要比进入通用电气数字公司更有吸引力。在通用电气数字公司工作，挑战不只是编程，还要将软件操作集成到一家机警小心、工程师众多的公司里。

通用电气声称，欧文的广告大获成功。一系列广告播出后，通用电气数字公司的求职申请增加了八倍。"公司里的人都很喜欢这种宣传，"首席营销官琳达·博夫（Linda Boff）这样告诉Contently公司（通用电气请来制作品牌内容的广告公司）的一位作家，"我们请扮演欧文的演员出席了我们举办的一些内部活动。你要是在现场，你会以为我们把披头士乐队的人聚到了一起。人们都很兴奋，因为这是一个关于公司的故事，但这实际上是一个关于他们的故事，他们就是我们的欧文。"

但该公司的其他人，包括前高管和董事会成员，却不这么认为。博夫和康斯托克的营销团队认为，自嘲式的宣传效果很好，但其他高管却认为，这样的宣传不尊重公司，效果适得其反。他们不认为通用电气需要以自讽的方式进行营销，即便是对20多岁的具有编程学位的求职者也不需要。

对于公司在这些广告中做出的承诺，人们也心存疑虑。通用电气的数字支出正在飙升，虽然支出额表面上得到了公司董事会的批准，但具体数额由鲁和各个工业部门的数字团队确定。到了2016年，通用电气数字公司的支出可能高达50亿美元——即使按通用电气的标准衡量，这也是巨额的支出，大约相当于一款全新喷气发动机研发预算的一半。

公司也发起了很多有关普迪克斯和数字事务的讨论。通用电气每年会在旧金山海滨举行投资者会议，与会的主要是通用电气的工业客户，包括联合太平洋和爱克斯龙电力公司（Exelon），通用电气会借机展示未来大数据的潜力。

问题是，通用电气投入了50亿美元，但不清楚该公司能否得到相应的回报。

随着年关临近，伊梅尔特设定了一个将决定他未来职业生涯的目标，他宣布，2018年，通用电气的每股收益至少将达到2美元。这是一个不同寻常的长期预测，对伊梅尔特的意义不言而喻。实现这一目标将是他转型战略成功实施的明证。实现每股收益2美元，不仅表明该公司在甩掉大部分金融服务公司的业务和收购阿尔斯通后仍能实现强劲的增长，而且也让投资者确信，他们的耐心坚守终将得到回报。

/第三十八章/
"不知道在卖什么"

2016年3月,宣传通用电气未来业务"数字化"的营销活动开展得如火如荼。事实证明,在投资者和分析师看来,提供软件"解决方案"比老式的服务合同更具有吸引力。

3月11日(一个周五),一群热情高涨的高管们聚集在曼哈顿下城,排队等着乘坐电梯到纽约证券交易所上层的会议室。他们是来参加通用电气医疗部门举办的"投资者日"活动的。该部门生产X射线仪器和核磁共振成像仪以及手持式超声波扫描仪,在杰夫·伊梅尔特完成规模最大的一笔交易之后,它还增加了生命科学业务部门,这个部门未来的发展将依赖于诊断技术和生物制药的崛起。通用电气医疗集团长期以来经营困难,在新任CEO、前业务开发负责人约翰·弗兰纳里的带领下,该集团首次举办了面向投资者的介绍会。如果弗兰纳里能够扭转医疗部门的颓势,那么未来他很可能成为通用电气下任CEO的黑马候选人。

但距离通用电气领导层换届的日子还很遥远。通用电气的医疗保健业务面临着与家电业务相似的威胁,而后者正是因为这一威胁被通用电气放弃了。随着新企业的建立和医疗器械单价的下降,这一行业正变得越来越大众化。通用电气医疗集团的客户,包括医疗系统和医院,以及为了报销事宜正与保险公司或医疗保险公司"鏖战"的医生,自身也面临着巨大的财务压力。他们最想要的是折扣,对可能有助于医疗保健部门提高收入和利润的新功能和设备升级反而兴趣不大。

"不知道在卖什么" / "I Don't Even Know What We're Selling"

一些公司已经完全退出了医疗业务，例如，西门子剥离了其医疗机械部门，东芝则放弃了医疗业务，飞利浦也厌倦了这个行业。前任CEO约翰·迪宁（John Dineen）因未能找到让通用电气医疗集团恢复增长的方法而被迫离职。

在这样的背景下，面部肌肉有点扭曲、声音有点颤抖的弗兰纳里拿起话筒吹嘘起了通用电气的产品线。医疗集团的一大优势是，它能为其他工业业务线打开市场的大门。正如弗兰纳里所说，在一些市场上，医疗集团就是"抢滩登陆队"。比如，在没有大型医院的贫困村庄里，销售手持式超声波扫描仪可能无法获得丰厚的利润，但可以让当地官员对通用电气留下美好的印象，这有助于达成电力设备、油田物资或喷气发动机的交易，使整个通用电气获得丰厚的利润。

一些乐观的分析师认为，通用电气医疗部门之所以有吸引力，主要是因为它是一项即将被剥离的资产。被剥离后，它将成为利润率相对较高、几乎没什么直接竞争对手的纯医疗设备企业。然而，弗兰纳里认为，该部门应继续在通用电气的保护伞下经营。他知道医疗是好业务，但在它变得更好之前就出售它是不合适的。弗兰纳里在管理通用电气的交易团队时就向伊梅尔特详细解释过他的想法，伊梅尔特最终让他执掌了这一部门并实施他的规划。

他在曼哈顿下城的演讲取得了巨大的成功，他让参会的人相信，他会比前任领导更加严格地控制成本，而且由于未来两三年内医疗市场前景黯淡，把该部门留在通用电气内经营至关重要。

通用电气的医疗团队当天也宣传了普迪克斯。高管们兴奋地介绍了利用该软件平台改进医学研究和医院护理质量的潜力。通用电气的客户，包括匹兹堡的一家医院网络，应邀与投资者和记者讨论了如何利用该软件最大限度地发挥通用电气大型机械的潜力。在普迪克斯软件平台的支持下，专家们可以远程会诊通用电气核磁共振成像仪和超声波扫描仪生成的图像。

积累的大量扫描信息将推动各个业务的机器学习过程，这是通用电气希望看到的结果。该公司表示，有数以百万计的案例可供学习，运行在通用电气软件上的应用程序可为用户提供医疗测试，它们提供的强大工具能使疾病和问题在恶化之前被人发现。

但事实证明，现实与高管们那天在会议室里做出的承诺不同，通用电气的团队无法使新产品如承诺的那般有效。即使是通用电气和普迪克斯也必须遵守不受市场影响的物理定律。核磁共振成像仪（及其他类似的机器）能在很短的时间内产生海量的数据，但文件太大了，无法像通用电气设想的那样，在医院和临床医生之间快速完成实时的数据分析、文件传输和机器学习。当营销和销售人员准备签署软件合同时，他们仍然回答不了这一问题：通用电气的目标是肯定能实现还是仅有可能实现。

尽管话说得漂亮，但这些目标仍然遥不可及。圣拉蒙和通用电气工业业务数字前哨站的团队仍在思考他们能构建什么，但同时他们也发现，他们基本上是在为通用电气的个别客户提供软件编程服务。为愿意尝试普迪克斯及其附件的个人客户定制代码，这能为通用电气数字公司提供学习机会。但公司不大可能从中获利，因为软件企业通常靠销售同样的程序来获利，这些程序一旦生成就可以被多次出售，但通用电气是逐个为客户设计独特的程序，这些定制的代码不能再被出售给其他人了。

但即使是定制销售，销售的也要是通用电气的客户确实想要的东西，这些客户包括石油钻探商、航空公司、发电厂运营商、货运铁路、医院连锁店等。

通用电气不仅向普迪克斯投入了大量资金，它还用资金扼杀了该项目。当缺乏连贯的策略和成熟流程的支持时，产品开发会变得特别费钱。由于摊子铺得过大，通用电气快速行动、生产出可行产品，然后进一步完善的计划部分落空了。为了实现设想，通用电气雇用了大批新员工，而且为这些新员工提供了他们想要的所有资源。这就像一家汽车公司建好了装配厂，

"不知道在卖什么" / "I Don't Even Know What We're Selling"

雇用了工人,然后让他们站在生产线上等待汽车被设计出来一样。

通用电气没有让一个小团队先行开发产品,然后随产品的不断改进扩大参与规模,而是一开始就建立了庞大的组织。为了启动整个流程,或者只是为了稳定系统,产品开发常常被暂停或延迟。

在通用电气内部,各个部门都面临着来自总部的这一压力:使用普迪克斯软件并展示其成果。一些部门在采用这套程序前需要做大量的准备工作,它们对是否使用它犹豫不决,而另一些部门则开发出了自己的软件工具。伊梅尔特敦促各个部门的领导人放下身段,停止抱怨。正如一位高管所说的,"有很多关于普迪克斯的溢美之词"。

营销和销售团队自然担心潜在客户发现通用电气甚至没有使用自己开发的软件。销售人员销售的是设想,但客户希望看到的是能证明设想的实实在在的证据。然而,销售人员没有什么可展示的实物。再一次地,产品还没生产出来,营销已经先行了。事实上,销售团队甚至不太确信他们销售的产品能做什么。他们以往在兜售通用电气的产品和服务时总是说得头头是道,表现得无所不知,但现在,他们要向客户推销一个难以理解、难以解释的深度分析软件平台。

随着问题的加深,通用电气似乎已经没有回头路可走了。在一次会议上,一位高管质疑推进普迪克斯是否有意义,他建议放弃它。伊梅尔特听后大发雷霆,并迅速否决这一建议。他明确表示,前进的方向没有商量的余地,"行军命令"仍然与之前相同:继续建设它。

通用电气希望该系统适用于所有设备,世界各地的客户只需连接到通用电气的设备就可使用它。然而,工程师们担心,虽然伊梅尔特和高管层都希望推行普迪克斯,但他们不了解软件开发工作,这阻碍了该平台的发展。通用电气还计划建设自己的数据中心,一切都靠自己,从浇筑混凝土地基到盖屋顶。但若从头开始构建这样的平台,进展将会极为缓慢,而且成本会极高。此外,像亚马逊和微软这样的公司已经投入了数十亿美元为

225

第三十八章 / Chapter 38

其他企业提供类似服务，为什么通用电气很晚才进入这一行业，却试图模仿他们的做法呢？

把很多数据放在同一平台上还面临一个简单的问题。工程师们发现，通用电气机器里的微型传感器生成了大量的数据，但由于他们在遍布全球的通用电气业务系统中使用不同的编码，将所有的数据都放在同一平台上会使应用程序的运行速度变得极为缓慢。

与此同时，通用电气的风险投资部门正在买入开发各类工具的公司的股份，这些工具可以与普迪克斯一起被投入使用。这些交易使该部门增加了新功能，但也使普迪克斯的代码变得更加混乱了。最终结果是软件出现了很多错误，用户界面难以打开，需要的功能缺失。

当发现自己无法与其他企业进行竞争时，通用电气改变了策略。就好像它在烤箱里放了一块蛋糕，五分钟后它就把蛋糕拿到了满心期待的食客面前。在此过程中，公司做出了大量雄心勃勃的承诺，投入了巨额的资金，员工心里也生出了很多困惑。

在纽约证券交易所，通用电气医疗部门的投资者会议已经结束，数十位容光焕发的通用电气高管和投资者以及少数记者挤进了镶着木板的电梯里。当电梯的门在七楼关上时，背靠着后墙的《华尔街日报》记者听到了两名医疗部门的年轻男员工在电梯里大声谈论着公司的数字产品。

"你们的定价问题解决了吗？"一名员工问道。

"我都不知道在卖什么。"另一名员工苦笑着回答。

/第三十九章/
杰夫想要的交易

一年后,即2015年春,亚当·史密斯的团队变得紧张起来。他们知道,通用电气必须同意剥离阿尔斯通集团的部分业务才能让世界各地的监管机构批准其交易,特别是欧洲和美国的监管机构,但也涉及亚洲和南美的监管机构。不过,做出这一让步后,这笔交易的价格与通用电气向其投资者宣称的交易逻辑就不相符了。

想保持欧洲大陆竞争力的欧洲监管机构此前曾阻挠过通用电气的收购计划。2001年,在杰克·韦尔奇任期的最后几天里,欧盟竞争事务专员马里奥·蒙蒂(Mario Monti)挫败了通用电气与霍尼韦尔进行大规模合并的企图。这桩交易本来可以成为韦尔奇的最高成就,他非常想完成它,为了让这笔交易得到批准,他延迟了退休计划,导致他的接班人杰夫·伊梅尔特尴尬地等待了一段时间。

霍尼韦尔交易的意义与阿尔斯通交易的意义相似,它们都能使通用电气的一个关键工业部门大幅扩张,不但能提高该业务部门的市场份额,而且还能通过大幅削减成本和裁员提高通用电气的毛利润率。但韦尔奇误判了欧盟监管机构的阻力,这些机构急于维护其监督美国准垄断行为的权威,它们怕这些行为对如空客这样的欧洲企业不利。欧盟监管机构提出的条件太苛刻了,以至于韦尔奇最终放弃了并购霍尼韦尔的交易。蒙蒂对这笔交易的阻挠是韦尔奇在2001年从通用电气退休到进入管理专家万神殿期间听到的唯一一个令人不快的消息。

第三十九章 / Chapter 39

现在，伊梅尔特要避免让标志着其职业生涯最高成就的工业交易出现同样的命运。要做到这一点，通用电气需要在法国政府，包括新任经济部长、一位名叫伊曼纽尔·马克龙（Emmanuel Macron）的风度翩翩的前银行家的帮助下，在谈判中做出一些不会使该公司与阿尔斯通和巴黎领导人达成的协议条款失效的让步。事实证明，这远比通用电气领导人预期的困难得多。

从一开始，该公司就面对着玛格丽特·维斯塔格（Margrethe Vestager）这个强大的对手，她是现任欧盟委员会竞争事务专员，蒙蒂是前任专员。欧洲监管机构密切关注着电力市场的整合对欧盟国家的影响。虽然法国的官员专注于法国的工作并确保了对该国重要的技术仍由法国公司控制，但负责整个欧洲大陆的监管机构却肩负着不同的使命。在动力涡轮机市场上，阿尔斯通不再作为竞争者之一，会对欧洲和世界其他地区的每一家公用事业单位和发电厂造成影响，因为购买新天然气动力涡轮机及其几十年服务的本就已经很小的选择范围将进一步缩小。在这一市场上，主要的企业将只有三家，即通用电气、西门子和三菱日立，还有一些规模较小的公司，比如意大利的安萨尔多（Ansaldo）以及中国一些增长稳定但其产品尚未被广泛使用的公司。

通用电气的交易团队与监管机构在布鲁塞尔举行了会谈，他们想借此机会弄清楚该公司需要放弃哪些阿尔斯通的资产才能得到欧盟委员会对该交易的批准。最后他们发现，要使交易获得批准，他们就必须以某种方式在欧洲为想建造新发电厂的客户保留通用电气产品的替代品。

交易团队在美国也遇到了问题。司法部已经盯上了阿尔斯通在佛罗里达州的一家名为电力系统制造（Power Systems Manufacturing, PSM）的子公司。伊梅尔特在谈到阿尔斯通的交易时不会提这家小公司，他更喜欢谈论全球性的竞争以及在全球范围内赢得新的市场份额。但在参与了这笔交易的一些银行家看来，电力系统制造公司似乎是解决通用电气电力业务问题的灵丹妙药。这家小公司为现有的燃气发电厂提供零件和服务，并且是通用电气7F型涡轮机的三个主要零件供应商之一。但是，由于这款涡轮机的销售收入占通用电气涡轮机总销售收入的70%，美国政府认为，通用电气吞并了其在零部件市场上的主要竞争对手，这可能会让它获得这些关键零部件的定价权，因此这样直接违反了反垄断法。

在通用电气电力部门的一些高管看来，电力系统制造公司更有价值的地方是，它获得了为其他公司制造的涡轮机提供零件和服务的专利授权，包括西门子。这意味着通用电气可以通过佛罗里达州的这家小公司涉足几乎所有能带来利润的电力业务。大多数电力涡轮机公司的涡轮机销售业务都是亏损的，毕竟，一台新的通用电气H型涡轮机组装完成通常需要几个月的时间，而且组装时还需要投入超过购买价格的大笔资金。但是，为了保证涡轮机的正常运转，几乎所有的发电厂运营商在签订采购合同时都会与制造商签订长期的服务合同。正是这些服务合同使通用电气和其他公司的涡轮机部门变成了盈利引擎。

控制电力系统制造公司，通用电气不仅可以向购买了其涡轮机的客户提供服务，还可以向购买了西门子等竞争对手的涡轮机的客户提供服务。在参与阿尔斯通交易的银行家们看来，这是隐藏在头条新闻中的重磅信息。通用电气能够通过电力系统制造公司获得源源不断的利润，但会损害在美国的所有其他电力涡轮机制造商的利益。

除了反垄断问题，阿尔斯通在美国司法部还有一桩公案没有解决。就在通用电气打算完成其收购账目的核算时，美国司法部针对阿尔斯通的一项调查也得出了结论。司法部发现，该公司为了完成海外交易及获得急需的现金，在国外做出了猖獗的贿赂行为，这违反了《反海外腐败法》（Foreign Corrupt Practices Act, FCPA）。在司法部的描述中，阿尔斯通的违法行为是系统性且令人震惊的：在过去十年里，该公司为赢得在沙特阿拉伯、埃及、印度尼西亚和巴哈马等国家的业务曾多次行贿，行贿额高达7500万美元。

阿尔斯通的认罪为这笔交易增加了新的变数：支付巨额罚款的钱应该来

第三十九章 / Chapter 39

自阿尔斯通，而不是通用电气。"我们坚持这一要求。"司法部刑事部门的负责人在这笔交易的信息被公布时说。通用电气的一位发言人对《华尔街日报》表示，阿尔斯通的负债是众所周知的，并且已经包含在收购价格中。但到了2015年，由于阿尔斯通的现有业务在交易陷入僵局数月后进一步萎缩，所有人都清楚，该公司根本无力支付近10亿美元的罚款。因此，摆在交易团队面前的一堆悬而未决的问题又增加了一个：他们必须想办法让司法部接受来自通用电气的钱。

让步的成本还在增加。通用电气将获得比它想要的更少的资产，通过这笔历史上最大的交易可获得的短暂成本削减机会也变小了。它仍将获得阿尔斯通庞大的天然气和煤电厂基础设施，它认为运行这些设施仍然是有利可图的。这笔交易能弥补通用电气的短板，比如电厂建设业务，通用电气长期以来一直回避该领域（部分原因是它可能会使公司陷入代价高昂的订单变更和政治纠葛的泥潭）。但是，史密斯和其他业务开发人员对某些让步的代价越来越高感到很震惊，他们之前就认为，通用电气最开始出的价就太高了，现在欧盟委员会和美国司法部想要通用电气做出的让步代价又这么高昂，他们又开始在心里打退堂鼓了。

银行家们也开始犯嘀咕。"这么说吧，"一个人告诉《华尔街日报》的记者，"与阿尔斯通做成一笔170亿美元的交易，还是实施严格的资产剥离计划并积极地收缩通用电气金融服务公司的业务，这两种策略中哪一个更受欢迎？我不觉得与阿尔斯通做交易的策略会胜出。"

局势变得更紧张了，交易团队中的一些人开始质疑通用电气请来代表该公司处理欧洲和美国竞争及监管事务的大型律师事务所的动机。这些高管们想知道，这些律师是坚守底线、捍卫客户的商业利益呢，还是在按监管机构的要求精心策划交易？

史密斯和其他人对维斯塔格的谈判代表提出的解决涡轮机市场竞争问题的方案感到更震惊。阿尔斯通远远落后于它的竞争对手，它无法率先生产出先进的重型燃气轮机,无法与西门子或通用电气的H型燃气轮机竞争(进度落后于西门子后,通用电气匆忙地将H型燃气轮机推向了市场)。维斯塔格的团队表示,为防止通用电气只吸收法国公司掌握的优质技术,放弃不需要的技术,维斯塔格不允许通用电气接管阿尔斯通新涡轮机的开发项目。一个充满活力的欧洲市场需要涡轮机项目掌握在一家欧洲公司手里。因此欧盟的监管机构决定把该项目转让给安萨尔多公司。

从商业角度来看,这样的决定并不一定会吓倒通用电气,因为阿尔斯通的涡轮机距离上市还有几年的时间,而且,与更强大的西门子和日立相比,安萨尔多只是个不起眼的小公司。但实际上,安萨尔多不仅仅是一家意大利企业,它40%的股份为上海电气公司持有。

电力部门的一些高管甚至不相信公司会考虑这项提议,但不可思议的是,这笔交易还是向前推进了,公司坚定推行既定战略的势头对谈判人员产生了很大的影响。

那年初夏的一个晚上,史密斯和交易团队的成员再次运用模型计算阿尔斯通的实物资产的价值、他们预期的成本协同效应以及通用电气为达成交易需要做出的让步。通用电气的高管们对阿尔斯通的交易越来越没有耐心了,在财务会议和投资者会议上,当被问及这项交易何时会完成时,他们也都摇头叹息了。这样的状况迫使他们开始考虑一个更为严酷的问题:这笔交易是否值得做。

那天晚上聚集在一起的小团队在计算完数据后都非常开心,因为根据他们的计算,现在通用电气需要做出的交易让步已经变得如此之大,以至于最初的交易逻辑已不复存在了。完成交易的成本似乎超过了公司可从中获得的利益。他们意识到,这样的结果会触发销售协议中的终止条款,进而使通用电气摆脱苦恼的局面。

当天忙活的不只有他们。无论是为了反抗监管机构的要求,还是为了最终完全放弃交易,公司都准备走上法庭打一场硬仗,为此它甚至还专门聘请

第三十九章 / Chapter 39

了律师。

亚当·史密斯抓起手机,把计算结果告知给了负责监督这笔交易的一位高管。他说,也许我们应终止这笔交易。

这位高管斩钉截铁地说:"这是杰夫想要的交易,我们不能退缩。"

/第四十章/
成交费用

在之后的几年里,伊梅尔特、伯恩斯坦、博尔兹和当初支持阿尔斯通交易的一些董事把交易完成后公司的失败视为时机不好的结果。他们说,没人能预见到世界会以多快的速度发生变化,相信天然气发电量将稳步上升的人们转头又关注可再生能源和存储电池了。但他们私下里会说出其他的原因:电力部门的管理不善;各个业务单位的协同行动不够迅速;到了2015年秋,当两家公司最终设法得到了布鲁塞尔的批准并达成最后的协议时,通用电气在2014年春拟收购的那家公司已经被掏空了,俨然成了一具"干尸"。

但是,通用电气领导人拒绝接受的对这笔交易的批评意见最终被泄露给了记者和公众。伊梅尔特觉得,若有人认为这笔交易不划算,他或她当时就应该表达出来。伯恩斯坦也坚称,这笔交易经过了严格的审视,任何反对该交易的通用电气高管都有义务公开站出来表态,但当时没人这么做。

杰夫·伊梅尔特在2015年向通用电气和电力部门的高管发出了一封邮件,提醒他们要同意继续进行交易,尤其是博尔兹和电力部门的领导层已经签字表明了支持的心迹。"这是一封很有威胁性的邮件,要么支持交易,要么走人,"通用电气电力部门的一位前高管说,"这笔交易将成为他的遗产。"

但缺乏强有力的反对也暴露出该公司内部广泛存在的一个问题:缺乏真正的坦率和自省意识。长期以来,这个问题一直存在于公司内部,到最

第四十章 / Chapter 40

后演变成了一场平静的危机。尽管其管理体系和问责程序备受吹嘘,但是,当需要低层管理人员站出来反对大老板伊梅尔特做出的错误决定时,没有人愿意这么做。

亚当·史密斯说,这是合理的做法。他们有违法行为吗?没有。他们是在做不道德的事情,比如说制造出了有缺陷的喷气发动机吗?也不是。那么,在知道领导们无论如何都会奋力向前的情况下,阻碍对CEO以及可能接他班的人来说非常宝贵的交易,对一个人在公司的职业生涯有什么好处呢?史密斯向同行和上司表达了自己的疑虑——他认为通用电气支付了过高的价格,而且实施了错误的策略,但他最终没有再采取进一步的行动。

通用电气就是通用电气。结果能有多糟糕呢?错误,即使是大错误,也总是能被它巨大的规模消化吸收。没有人认为,糟糕的交易、错误的决策和支出能累积到足以压倒公司其他方面的成功和优势的程度。通用电气实在太大了,不会因一笔糟糕的交易就陷入困境。

2015年9月8日(一个周四),最后的结果出来了,这一天距离两家公司首次就交易条款达成一致已经过去了整整71周。欧盟委员会同意了通用电气收购阿尔斯通公司电力资产的交易。美国司法部也发出了祝福,但与欧盟一样,它坚持要求通用电气做出让步。

通用电气同意将总部位于佛罗里达州的零部件和服务供应商电力系统制造公司剥离给意大利的竞争对手安萨尔多公司,从而保护了美国发电厂之间的竞争,但通用电气也失去了一个可能成为其利润中心的部门。在欧洲,由于玛格丽特·维斯塔格要求把阿尔斯通的涡轮机项目置于欧洲公司手中,通用电气也把这项技术移交给了安萨尔多公司,这实际上会让技术最终落到上海电气手里。

对于史密斯及其交易团队来说,做完最后的调整后,伊梅尔特的重大交易的文书工作就算完成了。高管们在最后一刻对收购价格进行了调整,使阿尔斯通多得了数百万美元。这家法国公司还有一笔未付的账单:向美国政府承诺的巨额罚款，后者一直在等待这笔交易结束后该公司支付这笔款项。公司和政府的律师都坚持要求阿尔斯通自己支付贿赂罚款，而不是由其新的美国母公司来支付。

但是，经过通用电气内部所谓的"品牌价值调整"后，这个问题也被悄悄地解决了。

/ 第四十一章 /

意想不到的客人

康涅狄格州的通用电气总部坐落于一条树木丛生的高速公路旁；从远处看不到其稀少的入口、修剪过的草坪和其他小设施。除了草地上一个醒目的小标志（通用电气的"肉丸"）外，这里看起来与政府部门没什么区别。

一位来访者正驾车行驶在弯弯曲曲的公路上，不一会儿便来到了全白色的警卫室门前。

2015年10月的一个周日上午，伊梅尔特、伯恩斯坦和一小群客人正在总部办公大楼的顶层为第二天早上召开的有关通用电气下一步全球性举措的发布会做准备。办公大楼里外都又大又冷，进入大楼就好像进入了一座巨大的迷宫。一位高管开玩笑地说，如果他有一天在走廊里倒地而亡了，他的尸体可能在好几天后才会被发现。当办公室里人不多时，从伊梅尔特的办公室里就会传出轰鸣的音乐声——奥尔曼兄弟（Allman Brothers）或其他20世纪70年代流行的吉他摇滚乐。一些高管表示，这是他们感觉与伊梅尔特关系最亲密的时候，此时的他友好随和，没有戒备心理。

但那天没有轰鸣的音乐声。有几位嘉宾来自公司新的大投资者特里安基金管理公司（Trian Fund Management），这是一家让高管们感到害怕的激进公司。到访的嘉宾还有《华尔街日报》的记者，他们来这里是为了了解公司发布会的具体安排，采访CEO，并在第二天早上发布新闻。

在通用电气宣布将出售大部分金融服务公司的业务后不久，这场会面就被安排好了。在许多投资者看来，出售金融服务业务是该公司朝着正确的方向迈出的一大步。特里安的负责人纳尔逊·佩尔茨（Nelson Peltz）在消息公布后立即向伊梅尔特打电话表示了祝贺。

通用电气的老板回复佩尔茨说："我们很希望您能买入我们公司的股票。"

一些局外人认为，伊梅尔特邀请佩尔茨这样的激进投资者是他信心十足的表现，但这也是一种防御策略。其他激进投资者正对通用电气虎视眈眈，这给公司的转型议程蒙上了一层阴影。

伊梅尔特清楚，公司面临的最大风险之一是有外部人士来搅局。尽管通用电气的规模庞大，任何人都很难在没有大量资本支持的情况下积累足以撼动它的力量，但大公司越来越成了激进股东攻击的目标，而企业集团更是他们理想的攻击目标。激进投资公司为了挖掘企业的价值，常常拆分企业，而且它们经常攻击那些不想放松权力的CEO，它们还可能利用手中的股份罢免董事会，迫使公司改变战略。可以肯定的一点是：它们不经常在同一处投资。如果某家激进公司投了一家公司，其他激进公司不太可能效仿。

尽管特里安坚称自己只是"参与度比较高的股东"，但它无疑是市场上的重量级激进投资者。不过对伊梅尔特来说，好的一点是他至少认识特里安的领导人。佩尔茨过去曾与通用电气的高管交流过，特里安的联合创始人埃德·戈登（Ed Garden）十几岁时就认识伊梅尔特了，他的哥哥和杰夫都是达特茅斯联谊会的成员，他在学校的毕业典礼上听过伊梅尔特的演讲。在伊梅尔特看来，这些联系使得特里安的参与似乎不那么有威胁性了，但他也知道，这样的联系不会让特里安改变对通用电气的策略。伊梅尔特说服了特里安的领导人支持他的计划，他向他们保证，特里安将从公司的变革中获益，因为这些变化必定会推高公司的股价。

特里安并没有像对待杜邦（DuPont）和卡夫（Kraft）等结构臃肿的公

第四十一章 / Chapter 41

司那样要求通用电气分拆，甚至没有像在家庭美元店（Family Dollar）、英格索兰（Ingersoll-Rand）、亿滋国际（Mondelez International）和百事可乐（PepsiCo）等公司里那样谋求董事会的席位。通用电气董事会的18名成员都是忠于伊梅尔特的。相反，这家颇有影响力的对冲基金以25亿美元的巨额投资高调地表达了对伊梅尔特战略的认可。

戈登是特里安公司的首席投资官，也是该公司CEO佩尔茨的女婿，但他不喜欢在媒体上宣扬这一点，因为他担心这种关系会削弱他对公司的重要性。戈登是特里安的共同创始人，也很可能是公司未来的一把手。有人说，戈登肩负了公司的大部分重担。如果他要在未来几十年内经营该公司，让投资者认为佩尔茨是该公司成功的关键可能会导致严重的问题。

但就公司的经营而言，佩尔茨和戈登的步调是一致的。他们推动投资的企业实现高效和明智的资本配置，而且希望这些企业能削减成本。他们纽约办公室的木制咖啡杯上印有"现金为王"的座右铭。当谈到通用电气时，两位特里安的领导人均明确表示，他们将与其管理层进行合作。

那个星期天，他们来到了费尔菲尔德解释他们的想法。会议开始时，伊梅尔特与伯恩斯坦相邻而坐。通用电气通讯部的工作人员想努力营造出一团和气的氛围，但伯恩斯坦的肢体语言常常与此背道而驰，他经常愁眉不展，不过今天暴露了他态度的是他的其他肢体语言。这位CFO双臂交叉放在胸前，从不正眼看即将透露自己买入了通用电气一大笔股份的激进投资者。

戈登和佩尔茨穿的都是定制西装，这与他们数十亿美元资金管理人的身份很相符，但他们也穿了运动鞋。当他们坐在通用电气董事会的会议室这一伊梅尔特掌握绝对权力的地方时，非正式的会议形式扩大了他们的话语权。在陈列着精美艺术品的房间里，他们脚上穿的运动鞋提醒人们，他们也是这里的主人。

"它不是你想分拆的对象，"谈到通用电气时，佩尔茨说，"而是你想继续照顾的对象。"

特里安在上个月增持通用电气的股票前已经做足了功课。它在一份标题为"转型正在进行……但没人注意"的长达80页的白皮书中阐述了它的发现。它辩称，通用电气当时的股价在25美元左右，到2017年底可能上涨到40—45美元。

白皮书盛赞了通用电气与阿尔斯通的交易，建议通用电气借入更多资金，再回购200亿美元的股票。特里安一如既往地根据已公布的信息进行分析，在稍后解释其结论和建议时它会指出这一事实。

大名鼎鼎的佩尔茨是唐纳德·特朗普的朋友。从沃顿商学院辍学后，他开始经营家族的冷冻食品和农产品公司，其间他带领公司转型，取得了巨大的成功，最终公司顺利上市。成为激进投资者后，他完成了多项投资，早期最成功的是对饮料公司斯纳普（Snapple）的投资。

戈登身材瘦削，戴着一副透明框眼镜，性格稳重。然而，他会坦率地说出自己的想法，而且他一直强调说，他不是那种让许多CEO担心的企业狙击手，他只是想帮助公司解决问题。他坚称，特里安是推动积极变革的力量。也就是说，当他们觉得公司的缺陷无法修复时，他们就会建议拆分公司，而且他们确实成功地分拆了很多公司。

伊梅尔特认为，特里安的支持有助于其他人认可通用电气的转型战略，也有助于遏制其他更粗暴的投资者采取行动，这些投资者试图买入通用电气的股份并改变其战略方向，甚至有可能在伊梅尔特的战略规划成功实施之前就把他从董事长的位置上赶下去。

到2015年底，在特里安的支持下，伊梅尔特的计划终于实现了。阿尔斯通的交易完成了，通用电气金融服务公司的出售速度超出了预期，数字营销仍在继续推动，这些都为通用电气开启下一个伟大的时代奠定了基础。

/ 第四十二章 /

总部搬迁

基础已经打好了,但通用电气下一篇章的故事不会在康涅狄格州的树林里书写了。在一个肆意拓展的企业园区里待了40年后,这家把自己描绘成一个处于商业前沿的企业巨头(拥有庞大的研究组织和被大肆宣传的软件能力)希望在更适宜的城市环境里扎根。

通用电气称,其总部搬离费尔菲尔德是因为遭到了州政府的压迫。伯恩斯坦通过他的妻子,康涅狄格州里奇菲尔德(Ridgefield)的一位共和党官员联系了当地的议员,他威胁说,如果拟议的州预算协议包括了大多数议员所认可的商业和财产税,通用电气将考虑离开该州。事实上,通用电气的离开已经是板上钉钉的事了,公司领导早就想和同行一样把总部搬到城市里。伯恩斯坦认为费尔菲尔德是"停尸房"。该公司的游说者没有要求州议会对正在考虑的增税方案进行重大修改;他们要求永久保留通用电气数十亿美元的税损结转权,这些税损是通用电气金融服务公司产生的。当州长丹·马洛伊(Dan Malloy)政府的预算官员想以税损结转权换取通用电气留在该州的承诺时,该公司提出了异议。

通用电气的领导人还翻起了旧账。康涅狄格州的联邦议员之前大力支持普拉特·惠特尼(Pratt & Whitney)公司成为新型F-35联合攻击战斗机的独家发动机供应商,此举惹恼了包括伊梅尔特和伯恩斯坦在内的通用电气领导人。议员们站在普拉特·惠特尼公司一边,使通用电气失去了向五角大楼提供发动机的机会,否则,这一交易有可能为其航空部门带来巨大的新业务流。联邦议员们做出这样的决定是理所当然的，因为普拉特·惠特尼公司及其母公司联合技术公司（United Technologies Corporation）是该州最大的私营雇主，而且这些发动机将在该公司位于东哈特福德和米德尔顿的大型工厂里制造。虽然通用电气的总部也在该州，许多富有的高管分散在费尔菲尔德市周围，但无论是从经济效益上还是从政治影响上看，他们都不如一大群具有投票权的中产阶级机械师重要。

最后一根稻草是康涅狄格州的议员在东哈特福德举行的胜利庆典，在向五角大楼提供发动机的提案被否决后，通用电气就把这些议员视为了眼中钉。马洛伊是一代人以来康涅狄格州的第一位民主党州长，他上任几天后接受了国会议员的邀请，参加了他们举办的庆祝活动。通用电气的一位说客说，这是通用电气无法原谅的事情。

现在，通用电气要公开甄选一个新家了，而且它要利用甄选过程获得政治上的好处。通用电气曾花费了大量的精力游说国会，希望恢复美国进出口银行（the Export-Import Bank）的放贷业务，为美国制造商的外国客户提供融资。在为总部寻找新家的过程中，通用电气公开宣称不会考虑几个地点，因为它们的国会代表反对重新授权进出口银行放贷。通用电气认为此举（恢复美国进出口银行）无可厚非，但一些左翼和右翼人士称该公司是在借机捞好处。

在高调地吊足了多个想吸引这家标志性公司入驻的城市的胃口后，通用电气最终宣布，其总部将迁往波士顿。

该公司计划翻修两幢较小的建筑，并建造一座外表丑陋但设施非常先进的现代玻璃办公大楼。该公司还从市政府和州政府获得了1.45亿美元的搬迁支持费，它向投资者吹嘘，总部的搬迁几乎不会花公司一分钱。

在向波士顿搬迁的过程中，当地的媒体进行了详细的报道，世界上规模最大的公司选择了波士顿，这点深深打动了它们。通用电气借机宣传了公司的数字业务和未来在波士顿需要招贤纳士的信息。与阿尔斯通的交易

第四十二章 / Chapter 42

一样，通用电气承诺将给波士顿带来新就业机会。

现在，伊梅尔特已为他的宏大设想做好了一切准备。工业企业的发展已经与通用电气金融服务公司完全脱钩。出售金融服务业务的现金将被用于回购通用电气的股票，这或许是伊梅尔特最喜欢的资金用途。市场上流通的股票数量的减少将提高每股收益，降低季度股息总成本，进而抵消通用电气金融服务公司的损失。

这些都是战略转型的重要环节，公司早就制定了简单合理的计划，现在只不过是在执行这一计划而已。卓越的执行向来被视为通用电气一大特点。

伊梅尔特在2016年初致股东的信中写道："在复杂的世界里，我们的经营将更简单，更具竞争力；在不确定的世界里，我们善于管理艰难的周期；在充满风险的世界里，我们拥有强大的文化和大量的现金。"伊梅尔特以惯常的语调说的这些话本质上是在告诉人们应该如何看待通用电气，体现了这位CEO标志性的乐观主义。

在很多方面，伊梅尔特都感觉良好。2015年底，通用电气的股价终于在七年半后首次突破了30美元。也许是特里安的支持见效了，投资者们对这只股票又感兴趣了。一旦他们看到了伊梅尔特的设想在逐步实现，他们就会认识到公司转型的非凡意义。现在，这只股票终于朝着正确的方向迈进了。

但不幸的是，这只股票上涨乏力了，而当股价跌破30美元后，人们觉得自己被套牢了，沮丧情绪更强烈了。

在致股东的信中，伊梅尔特最后向主要的机构投资者，包括银行、共同基金、对冲基金、养老基金、保险公司和其他大型投资者，发出了尴尬的呼吁，但主导股票市场的是机构投资者，他们通常不会被大公司CEO的公开呼吁所打动。

"在过去五年里，我们取得了很多成绩，但大投资者持有的公司股票仍然很少。在这个充满了不确定性的时代，为什么不持有通用电气的股票呢？我们有伟大的企业，有全球性的业务，也采取了强有力的举措。"伊梅尔特写道，就像一个心碎的人乞求恋人复合一样。"我们有大量的现金可以确保你们的投资安全。"他接着写道，"我们将引领工业互联网的发展，我们是数字工业公司。我们有勇气、有毅力。我们的领导人从经济动荡中吸取了深刻的教训。"

对于通用电气的电力部门来说，现在正是极为关键的时刻。它正在推出新一代的燃气涡轮机——本质上是通用电气生产的喷气发动机的近亲，但其体积要大得多，能够带动同样大的发电机发电。最新生产的机器是靠空气冷却的，而且可在比制造材料熔点高的温度下运行。没有人怀疑这款产品是工业工程的奇迹。

通用电气一直在宣扬其电力部门历史悠久，产品质量过硬。1949年，通用电气在美国制造出了发电厂使用的第一台天然气涡轮机，直到1980年它才停止运转。第一台燃气涡轮机于10年前在瑞士一家公司投入使用，该公司最终于2000年被阿尔斯通收购，现在也是通用电气的一分子。

阿尔斯通的交易让伊梅尔特的计划离成功又近了一步，也让史蒂夫·博尔兹梦想成真了。伊梅尔特对阿尔斯通交易的重视给了博尔兹崭露头角的机会。他从2008年开始执掌电力部门，2012年，50岁的副董事长约翰·克里尼基（John Krenicki）突然离开了公司，博尔兹的地位开始上升。根据与公司签订的协议，克里尼基离职后，每月将领取8.9万美元的薪水，一直持续10年。（有内部人士说，克里尼基是被伊梅尔特赶出去的，部分原因是他经常与伊梅尔特意见相左或直接拒绝后者的命令。）

阿尔斯通的交易完成后，形势变得明朗了，杰夫·伊梅尔特想垄断燃气涡轮机市场。如果说博尔兹与克里尼基关系不好的话，那么他与伊梅尔特的关系也好不到哪里去，因为他在目标和利润等问题上与伊梅尔特意见不一致，但他觉得这无关紧要，他仍然认为他得不到公司的最高职位。如

第四十二章 / Chapter 42

果不是这样的话，他不会现在还在执掌电力部门。

2016年，通用电气终于将阿尔斯通收入了囊中，此后它开始整合新业务。3月，博尔兹前往纽约出席了在摩根大通举行的投资者会议，在那里他将回答负责通用电气业务的银行分析师提出的问题。

参会的包括摩根大通的分析师史蒂夫·图萨，此人喜欢制造麻烦，而且不太喜欢博尔兹。

/第四十三章/

达成目标的渴望没那么强烈

博尔兹不知道的是，图萨此时正准备向通用电气及其投资者扔出一颗重磅炸弹。他对通用电气最新的评级为"卖出"，这是大型银行的分析师近来对该公司做出的首个"卖出"评级。考虑到摩根大通与通用电气的交往历史（通用电气从成立到快速退出金融服务业，摩根大通都扮演了关键的角色），这样的评级结果无异于打了通用电气一记响亮的耳光。

数月以来，图萨与他的团队对通用电气进行了深入的研究，他们得出的结论是，该公司的价值被高估了，其前景远没有表面上那么乐观。他发现，通用电气的核心业务部门电力公司正积极地利用升级包增加销售额，但从长远来看这样做没好处。

从本质上讲，通用电气向现有客户出售升级服务以这一承诺为前提：升级后产品所需的维护将减少，产品的使用效率将提高。问题是，未来的维护也是通用电气的业务，因此实际上该公司今天的销售消除了其明天要完成（和计费）的工作。

用财务术语来说就是，该公司正在提前销售，这是寅吃卯粮的做法。博尔兹不知道这位分析师得出了什么结论，因此他以一贯的自信态度与图萨进行了会谈。他介绍了阿尔斯通交易给公司带来的好处并解释了普迪克斯的重要性，说得就好像大多数电力客户都在使用该软件并且正在从中获利一样。

"什么是普迪克斯？它是基于云的操作系统，我们的客户把它安装在设

第四十三章 / Chapter 43

备上后能够更有效地捕获设备上生成的所有数据。"博尔兹说，他还指出，通用电气的客户越来越渴望安装该系统。

通用电气预测，未来几十年内，世界将进入"天然气时代"，博尔兹对此也深信不疑，这导致他做出了一个与事实截然不同的论断。我们也能从中看出，通用电气对其打算垄断的市场是多么不了解。

他说："在未来20年内，世界电力的需求将增加大约50%以上。未来10年最大的能源资源是天然气……天然气在未来10年内将增长近50%，我们提前做好了谋划。"

几天后，西门子的CEO乔·凯飒提出了不同的观点。

凯飒可能是伊梅尔特最大的竞争对手。他看起来有点像博尔兹，但装扮颇具欧洲风格（穿八字领衣服、戴时髦眼镜），而且头发灰白。他执掌的德国企业集团西门子与通用电气在许多市场上存在竞争，两位CEO的关系并不好。通用电气收购阿尔斯通时，西门子和三菱也参与了竞争。后来凯飒还批评通用电气压低了电力市场的价格，这使得他们的关系更加紧张了。

在伊梅尔特和他的支持者看来，西门子对阿尔斯通感兴趣刚好证明了这家法国公司需要被通用电气收入囊中。从西门子的角度来看，它已成功地拖延了阿尔斯通的收购流程并推高了通用电气的出价。

与伊梅尔特不同的是，凯飒并没有采用集团模式经营西门子，而是向相反的方向迈进——他分拆了公司，尽管他永远不会这样描述，但最终的结果是一样的。凯飒正在推行他的"舰队"战略，也就是说西门子正在缓慢但坚定地剥离一些业务，同时保留新实体的股份。

当谈到未来的电力市场时，凯飒认可博尔兹的观点，即大型燃气涡轮机的需求将增长，但他发出了一个不祥的警告。

"会有增长……但那是有代价的，每一笔订单都将面临异常激烈的竞争。"他说。

对于博尔兹来说，通往成功的道路就像一座深渊上的索桥，它是通向另一边的唯一途径。阿尔斯通交易达成前的那个夏天，博尔兹在克劳顿维尔的大礼堂里做了另一场演讲。当时伊梅尔特坐在桌子后面，注视着他的一举一动。

当伊梅尔特集中注意力时，常常会眯着眼睛，微微皱起眉头。他的头向后仰着，眼睛看着鼻子。博尔兹准备好了要展示的幻灯片。通用电气八个主要部门的领导人要逐个汇报。

正是在这里，通用电气敲定了其销售和利润目标，为它向投资者提供的财务数据估值奠定了基础。在伊梅尔特治下，工作重点是确定高管们如何实现财务目标。这种做法从韦尔奇时代就已在通用电气深深扎根了，在伊梅尔特时代也一直在推行，而且延伸到了更多的领域。

出售通用电气金融服务公司的计划已经公布几个月了，阿尔斯通的交易也接近了尾声。就像在摩根大通的会议室里一样，博尔兹表现得自信满满，他要把自己展示成通用电气的"超人"。他的容貌、履历和举止都表明，他注定有一天会执掌通用电气。

博尔兹即将执掌的全球新发电厂的资产组合和数千名员工似乎确保他辉煌的前途，只要不出现重大意外即可。在展示一张幻灯片时，博尔兹指出，电力业务的年销售额增长率估计为5%。

即使是在通用电气极度乐观的环境中，这样的预测值也是令人怀疑的。怀疑的理由很充分：一直以来，电力公司都难以实现其目标，其销售额多年来从未出现过如此大幅度的增长。

现实情况是，全球对新燃气发电厂的投资正在放缓，最乐观的估计也只能说是前景不明朗。能源利用效率在不断提高，对气候变暖的担忧引发了人们对未来利用化石燃料发电的质疑。天然气比大多数燃料更清洁，而且新的涡轮机效率很高，但发电厂仍然会造成污染，而可再生能源的成本在稳步下降。

这样的形势意味着，未来通用电气来自高利润服务合同的收入可能下

第四十三章 / Chapter 43

降,或者至少不会像预期的那样快速增长。作为电力市场发展情况可靠指标的全球国内生产总值(GDP)低于4%。

博尔兹向伊梅尔特展示的目标是根据乐观的假设得出的,如此乐观的假设很值得拷问一番,毕竟这是正式审核的重点。

当房间里的人还在盯着那张幻灯片看时,伊梅尔特自信地拍了一下他面前的桌子。

"非常好,下一张。"他说。他知道,电力部门的业务对他实现2018年每股收益2美元的目标至关重要。博尔兹必须成功地完成任务,至于采取什么方式倒无所谓。伊梅尔特知道这一点。

在这种会议上,伊梅尔特可能会对高管"发飙",但一般不会因为高管太乐观而发火。如果有下属告诉他无法完成目标,他会说:"我以前认识的那个人去哪儿了?"伊梅尔特在更衣室里表现出来的亲密友好和在公司里的大权独揽使这样的评论特别有杀伤力。虽然伊梅尔特的这种行事风格没有被明确传达过,但公司各个层面的人早已心知肚明了。残酷的真相或坏消息没有市场,身处最高位的那个人不关心它们。

伊梅尔特的指责会让高管终身难忘。因此,他们认为,与其直接告诉他坏消息,还不如想出更好的方法传达坏消息,或者干脆不告诉他。

当情绪不佳时,伊梅尔特的语气也会变差。他会说:"你们这些人就是达成目标的渴望没那么强烈。"高管们都尽力避免让他用这种语气说话。电力公司的高管就是这么做的。

/第四十四章/
调整数据

正如凯飒所料,伊梅尔特不惜一切代价地争夺市场份额。为了赢得交易,通用电气的销售团队无所不用其极,包括以越来越优惠的条款签订协议,甚至可能根本无法获得长期利润。正如伊梅尔特所设想的那样,销售人员依靠通用电气金融服务公司余下的部门提供的融资来支撑客户需求。

伊梅尔特认为,只要现在能够占领市场,方法并不重要,因为明天他就拥有这个世界了。天然气时代将属于通用电气。

但来自可再生能源的压力与日俱增。尽管政府为鼓励风能、太阳能和水能等新能源发电提供了大量的激励措施,但通用电气仍在努力地整合阿尔斯通的业务,它试图吸收和整合旧能源经济,建立巨无霸公司。

面对化石燃料设备销售的放缓和可再生能源的竞争,电力部门的管理者们开始采用航空部门的老把戏。喷气发动机一般都是亏本出售的,真正赚钱的是之后几十年的维修服务。在销售此类设备时,公司通常会与客户签订长期服务合同。电力业务部门也采用了这样的长期服务模式。

服务合同的会计准则为公司估计未来的利润提供了较大的变动空间。重要的是,当企业调整未来的预期收入时,它记录的是当前会计期间的变化。因此,当一家公司能够持续地找到确保长期合同在未来有更多盈利的方法时,该合同就可以成为现在的收入来源。当合同的期限很长,有的甚至长达几十年时,对零件的价格、维修停工的时间等假设进行微小调整,都会对最终的结果产生巨大的影响。对合同未来价值更乐观的估计可以允许公司生成今天的账面利润。

这些改变不应该被随意做出，也不应该为了生成账面利润而被做出。只有在会计要素确实发生了变化时，企业才能改变对合同盈利性的假设。错误的做法——让有关未来收入的假设朝着错误的方向走得太远——会导致相当棘手的问题，而且在合同到期时会给企业带来损失。

就通用电气而言，一项能提高涡轮叶片性能或延长其运转时间的技术创新必须在其服务合同中得到考虑。公司的大部分研究和创新都是为了提高这些合同的长期盈利能力。例如，公司宣扬普迪克斯能提高大型机器的操作效率，这意味着，如果该软件真如公司宣传的那般有效，那么公司的长期盈利能力将会提高。通用电气总是要确保履行其合同承诺的成本随着时间的推移而下降，这也意味着它能赚取更多的利润。

2016年，电力团队梳理了部门所有的服务合同组合，每个合同组合都代表发电商为了维护通用电气出售的涡轮机而向该公司支付的费用。常用的策略是，以折扣价为客户更新涡轮机，把维护合同延长至2050年。这样，一旦调整了假设，公司就能从长期合同中获得巨额收益——账面利润。

电力部门的高管们还仔细审视了现有合同，从中寻找能改变基本假设的方法。通用电气每年至少要审查一次他们的服务合同。

这些审查产生了通用电气可用来实现华尔街目标的利润，但它们是未来的利润，是单纯通过会计调整产生的，现在并没有新现金流入。报告的收入和现金流入之间的差距通常很快就会缩小，因为它们体现的是简单的时间问题——账单没有支付，或者周期与季度不匹配。当此类差距频繁出现且无法迅速弥合时，在投资者眼里，它们可能是危险的信号。当一家公司的账面上记录了大量利润但没有现金支持时，这即使不算会计造假，也算是一种激进的会计处理方法。任何人都能使用信用卡，但最终总得有人付账。虽然合同会计很复杂，但投资者仍希望能看到有真实的资金流入。

为了实现通用电气的利润目标，电力团队从其持有的大量燃气轮机和蒸汽轮机服务合同组合中发现了这些账面利润，但也为未来留下了漏洞，用非常乐观的话说就是，他们提前利用了长期资产的价值。

为了弥补漏洞，通用电气开始将其应收账款（一段时间内的客户欠款账单）出售给通用电气金融服务公司以产生短期现金流，这样，新获得的利润与流入的现金流就看似相匹配了。但同一笔销售及其应收账款相关凭证只能出售一次，电力部门正在以一种可能使其未来更难以实现增长的方式来获取其利润数据。这种会计操作是合法的，但过于激进了。随着时间的推移，这种操作势必引起美国司法部刑事调查人员的注意。

博尔兹团队的这种调整合同的操作至少可追溯至杰克·韦尔奇的辉煌时代，当时，服务合同会偶尔被当作调整利润的工具使用。最早使用这种方法的是通用电气的航空部门，后来被电力部门效仿。获取这些非现金收益的做法可能会造成长期问题，其危害可能大于利润快速增长的好处。然而，电力部门的人正无所顾忌地调整服务合同。针对大合同的调整数额巨大，而且随着杰夫·伊梅尔特转型战略的持续推进，电力部门以这种方式实现其目标的风险比以往任何时候都要高。

到了2016年底，电力部门内部有人开始表达对这一问题的担忧。有人对史蒂夫·博尔兹和管理服务合同的部门负责人保罗·麦克尔希尼（Paul McElhinney）说，电力部门管理层对销售增长和利润的预期与市场现实不相符。麦克尔希尼是一位头发灰白、长着高鼻梁的爱尔兰人，他之前在航空部门负责服务合同的管理，来到电力部门后，他的态度与以前一样激进。

低级别的电力部门管理者常称高管层的看法不符合市场现实或基本核算。当他们的意见被提交给麦克尔希尼这样的领导人时，就到此为止了。

"史蒂夫是我们的人。"麦克尔希尼在一次会议上说。如果博尔兹成了通用电气的CEO，那么电力部门的地位也会上升。如果服务部门的数据产生问题，他们可以想出一个解决方案。

"来吧，"麦克尔希尼说，"我们必须调整数据。"

/ 第四十五章 /

后湾交易

通用电气和特里安一年前在会议室里表现出来的和气关系没有维持多久。这只对冲基金认同伊梅尔特的投资观,即通用电气正在转型,市场意识到这一点只是时间问题。但是,由于通用电气多年来一直被视为多元化的金融服务公司而不是纯粹的工业公司,通用电气或其股东想要改弦易辙并不容易。

对于特里安来说,通用电气是投资对象,而不是合作伙伴。它与通用电气董事会的态度不一样,后者似乎认可伊梅尔特做出的任何解释。伊梅尔特和埃德·戈登几十年前就认识了,但这一点并不重要。

戈登知道伊梅尔特聪明绝顶,他曾就读于哈佛商学院,经营企业有道,成就斐然,但戈登不会信任任何人,他只看结果,而且同样的错误,他不会犯两次。

当特里安买入了数十亿美元的通用电气股票,却没有像往常那样要求以董事会席位作为交换条件时,这说明伊梅尔特已经得到了特里安的信任。然而,特里安从一开始就明确表示,它将密切关注其投资。

此外,特里安也有自己的投资人,他们都期待得到好的结果,对通用电气的投资是该基金有史以来规模最大的一笔投资。在特里安投资一年后,通用电气没有实现财务目标,股价没有起色。戈登和特里安认为,该公司没有实现目标不仅令人失望,而且堪称耻辱。戈登亲自出马进行了交涉。

特里安公开的大力支持曾使伊梅尔特的声望大增,而且这一支持也暗示,该基金未来几年内仍会投资这只股票。对于通用电气来说，第一年就未能兑现承诺着实令人震惊。

2016年秋，越来越不耐烦的戈登来到波士顿拜访杰夫·伯恩斯坦，后者住在波士顿后海湾（Back Bay）价值1300万美元的六层联排别墅里。和华尔街的许多人一样，戈登认为，伯恩斯坦比伊梅尔特更坦率。伯恩斯坦是金融行业出身，俩人有共同语言。伊梅尔特能描绘出鼓舞人心的未来愿景，但戈登现在不想见政治家或预言家，他想见的是能进行理性核算的银行家。

戈登向伯恩斯坦明确表示，若通用电气的业绩没有改善，特里安将谋求获得董事会席位。两个人相处得很好，但他们之间也有一种说不出的紧张关系。戈登并不怕战斗，作为一名激进投资人，他觉得含蓄的对抗方式更好。

伯恩斯坦也有类似的看法。身处通用电气这个"王国"的财务系统的顶端，他的决定可能会影响市场，而且他曾领导通用电气金融服务公司度过了危机。他的上司只有伊梅尔特，而且谁知道呢，也许有一天他会执掌这家公司。

随着会谈的进行，伯恩斯坦忍受不了戈登的抱怨了。通用电气的规模加上其在华盛顿和世界各地的影响力使其触角伸向了社会的各个角落，这意味着它不必向任何人屈服。像伯恩斯坦这样打算在公司工作一辈子的人坚信，他们比任何短视的激进投资人更清楚应该如何管理像通用电气这样复杂的超大型企业。伯恩斯坦还对戈登和佩尔茨建议的抬高通用电气股价的策略很警惕，尤其是举债回购更多的股票。"如果他们想要这样做，"他喃喃自语道，"他们就得找新CFO了。"

特里安愿意发动一场公开的争斗，通用电气则不希望看到这一幕发生。即使伯恩斯坦接受了挑战，伊梅尔特也不会接受。激进分子的攻击有可能让伊梅尔特退休，会让他在"重生后"的通用电气的"嫩芽"刚刚破土时

第四十五章 / Chapter 45

就被踢出局。

通用电气对公开斗争的恐惧给了特里安所需的筹码。

伯恩斯坦和戈登开始制定折中方案。通用电气把成本削减的目标提高了一倍,并将更多高管的奖金与核心工业部门的利润挂钩,这正是特里安希望看到的结果。设定具体的数字目标也消除了双方关于如何衡量成功的争论。

部分协议内容没有公开,但可以确定的一点是,若通用电气不能回到正轨,特里安将推动董事会席位或管理层的变动,或两者兼而有之。两人都明白,"管理层变动"意味着有人会被炒鱿鱼,包括伯恩斯坦本人,即使公司内部有很多人认为他有朝一日会接伊梅尔特的班。

/第四十六章/
管理电力部门

杰夫·伊梅尔特仍然相信通用电气会永远存在下去，仍然相信他的职务更接近于公职而不是高薪的公司闲职。他和他最亲密的支持者总是强调说，当奥巴马总统要他领导总统就业和竞争力委员会（President's Council on Jobs and Competitiveness）时，他有责任接受这项任务，因为通用电气是美国的民营实体，是美国经济的一部分。而在伊梅尔特看来，作为一名爱国者，他有义务响应国家的要求。

但在就业和竞争力委员会任职的经历对伊梅尔特来说是一场噩梦。在经济依然低迷的背景下，扩大就业举步维艰，没有任何结果，而他在议员中的知名度只会让他的公司和他本人遭受更细致的审查。互联网专家称，自称"中右翼共和党人"的伊梅尔特现在是奥巴马的盲目支持者。公司内外的许多人都不喜欢CEO因其他事务分心，都希望他能集中精力推高通用电气的股价。

接下来，美国选出了伊梅尔特的一位前电视表演者当总统。

通用电气的一些高管对唐纳德·特朗普的当选很反感。（一些人甚至哭了。）但许多人相信，这位反复无常的商人和电视名人会因工作做出改变。

他们以前曾与唐纳德·特朗普打过交道。20世纪90年代，通用电气的资产管理部门，即管理公司巨额养老基金的金融部门，取消了一笔拖欠贷款的抵押品的赎回权，获得了老旧的海湾和西部大楼（Gulf and Western Building）的所有权。这座大楼位于纽约中央公园的入口处，从上面可以俯

第四十六章 / Chapter 46

瞰哥伦布圆环（Columbus Circle）。为了改造过时的楼体结构，资产部门向包括拉里·西尔弗斯坦（Larry Silverstein）和鲁丁（Rudin）家族在内的纽约大开发商们发出了招标邀请，而且他们还接受了特朗普的投标。当时特朗普经营的赌场接连破产，再加上一些小报大肆报道他混乱的私生活，其形象一落千丈，事业处于低谷期。

虽然管理养老金的高管们对特朗普本人存有疑虑，但他们喜欢他提出的将办公大楼改造成酒店和公寓的计划，而且他们还可以利用他的名声和品牌把这些酒店和公寓销售出去。"当我把交易信息告知杰克时，他并不太兴奋。"一位高管后来说。后来，这些高管们让外部法律顾问、杜威律师事务所（Dewey Ballantine）的桑迪·莫豪斯（Sandy Morhouse）以书面形式向韦尔奇解释了与唐纳德·特朗普冒险做生意的理由。

这笔交易大获成功了，现在各方都记得他们从中赚钱了。

几年后，一些通用电气高管看了特朗普在其著作和公开言论中将与他无关的功劳据为己有时都暗自发笑，比如让·乔治（Jean Georges）餐厅入驻大楼，成为最大的租户。尽管如此，他们指出，该项目至少有一处体现了特朗普的创意，即把大楼建成了公寓式的酒店，这在当时的曼哈顿很不寻常，不过适合当地的分区状况。

一天，伊梅尔特出现在了白宫里，一群CEO受邀出席在白宫餐厅里举行的一次聚会。伊梅尔特喜笑颜开地坐在总统对面，总统旁边是副总统迈克·彭斯（Mike Pence）。在通用电气旗下的NBC电视网推出《学徒》（The Apprentice）这一节目时，伊梅尔特就与特朗普相识了。正是这档节目重塑了这位房地产开发商的形象，让新一代的美国人认识了他。最关键的是，在观众眼里，他成了成功人士。

有时候，通用电气与其领导人可能持截然相反的立场。当通用电气的发言人以新预算法解释该公司把总部从康涅狄格州迁往波士顿的理由时，他几乎无法说出该法对公司财富的具体影响。该公司的税收资产包括它用来降低税率的巨额财务损失；有消息人士告诉《华尔街日报》的记者，在大多数年份里，该公司向该州缴纳的税款都是最低的，只有250美元的登记费。但新预算法大幅提高了该州富人缴纳的所得税，包括通用电气的许多高管。

通用电气是市场上的领头羊：它验证了市场的发展趋势，并为其他公司设定了基调。作为典型的美国公司，通用电气的增长就是美国的增长。像伊梅尔特这样的领导人认为，他们不会逃避问题，包括应对特朗普上任后环境的变化。

在动荡的环境中，通用电气仍在寻找大的交易机会。航空部门的一个团队与银行家合作，于2016年底提出了收购航空航天部门的竞争对手罗克韦尔柯林斯公司（Rockwell Collins）的建议。这笔交易的金额超过了150亿美元，建议书于2017年初被提交到了伊梅尔特手里。

伊梅尔特阻止了它，这让那些认为这笔交易比阿尔斯通的交易更有利可图的人感到十分沮丧，但伊梅尔特清楚，他现在被盯得很紧，决不能露出破绽。他不想让特里安或其他人看到公司里再出现一个贪多嚼不烂的例子。相反，通用电气继续回购股票，2017年前四个月的回购额超过了30亿美元。

通用电气电力部门的销售业绩领先于其他部门，它也是伊梅尔特精心打造的新通用电气的核心部门，他希望该部门能继续保持领先地位。但他对博尔兹不满，因为博尔兹有时认为他对市场的看法过于激进了，因此他会绕开博尔兹直接与其下属联系。伊梅尔特深知自己的影响力有多大，他毫不犹豫地打电话给这些下属，让他们知道其中的利害关系，并敦促他们实现目标。当然，博尔兹听到伊梅尔特插手部门事务的消息后非常恼火。通用电气最大部门的CEO和整个公司的CEO之间的关系正在走向破裂。

拟重新谈判的服务合同就这么多，电力部门未来的利润也将耗尽。在市场需求放缓的情况下，其神秘的超常业绩不会持续太久。问题很快就显现出来了。这年4月，通用电气的一个惊人的数字暴露了电力部门隐藏的问题：第一季度，通用电气工业部门消耗了16亿美元现金，这比预期的多出了10亿美元。

伯恩斯坦坚称，这只是时间问题，今年晚些时候电力部门的财务状况就会好转。尽管如此，这一消息还是向外界发出了该公司有可能采用了激进的会计做法的危险信号，股东对该公司能否实现其目标产生了怀疑。有些人认为，这是通用电气每个季度的常态，没什么大不了，但其他人担心公司存在更大的问题。如果电力部门的现金如此紧缺，通用电气怎么能实现每股2美元的收益目标呢？伊梅尔特当初可是以自己的信誉作担保向华尔街做出这一承诺的。

在密切关注着通用电气发展的人看来，公司还存在更大的隐患：大部分现金缺口来自电力部门的核心业务——服务合同。在任何传统的工业企业里，服务合同都是利润源泉，但在通用电气，服务合同的漏洞将把整个公司拖入危机中。

/ 第四十七章 /
不可撼动的目标

2017年5月,一年一度的电气产品集团会议召开,行业投资者和高管云集。按照惯例,通用电气是最引人注目的企业,它要在最后一天压轴登场。有人说,主办方这样安排是因为它是规模最大的公司,但其他人认为这是为了防止与会人员提前离开。

从2017年初的情况来看,该集团前景看好。股价超过了30美元,大盘也表现出了强劲的势头。通用电气的投资者希望伊梅尔特在石油和电力业务的大赌注会得到回报。

但到了5月,股市虽然开始繁荣,但通用电气的股票却不见起色。股价下跌了11%,再次回到了30美元以下,这让伊梅尔特感到很恼火,而投资者们希望通用电气的财务目标保持不变。他们公开质疑伊梅尔特能否坚守他承诺的2018年每股收益2美元的目标。高管们对这一目标感到困惑,CFO杰夫·伯恩斯坦曾冒着丢工作的风险向特里安许下诺言,他会在私下里敦促伊梅尔特放弃这一似乎不太可能兑现的承诺。

伊梅尔特是一位顶级演说家,几十年来他的幻灯片演示能力不断精进。但这一年,一切都不同了。在佛罗里达州萨拉索塔市(Sarasota)长船钥匙度假村(Longboat Key Resort)的宴会厅里,面对充满疑惑的听众,这位从里到外散发着自信气息、平易近人、永远面带笑容、随时能讲出笑话的顶级销售完全不在状态。

当时,他匆匆地将演示稿的要点一带而过。到了演示稿的最后一页时,

第四十七章 / Chapter 47

他重申了公司2018年的利润目标，但已经显得不是那么坚定了。他说，如果油气市场不改善，实现每股2美元的利润目标将面临困难，公司还必须进一步加大成本削减的力度。

事实上，伊梅尔特知道他对市场做出的最后也是最大的承诺很可能会落空。通用电气能够实现他承诺的2美元利润，这只是他的愿望。但伊梅尔特并没有在电气产品集团会议上说这句话。

在这位CEO看来，他的继任者将不得不重新设定利润目标。一旦降低目标，情况可能会变得更糟糕，肯定会引发投资者的愤怒，导致他们抛售公司股票。伊梅尔特认为，投资者和公司最好等一等，让下一任老板决定何时以及如何调整目标。

但现在，人群中却是一片混乱。

巴克莱银行（Barclays）的分析师斯科特·戴维斯（Scott Davis）甚至直接问伊梅尔特是否支持该目标。

"这在我们的能力范围之内，斯科特，"伊梅尔特说，他因遭到了质疑而变得情绪激动起来，"如果想把它从这一页删除，我们肯定已经这么做了，但我们不想这么做。"

德意志银行的分析师约翰·英奇（John Inch）刚刚下调了通用电气股票的评级，坐在前排中间的他目睹了发生的一切，他感到很意外。"他的反应令人震惊，"他说，"杰夫显然失去了冷静。"

接下来的提问态势并未好转。阿尔斯通的交易有没有使通用电气获益？电力部门能否改善现金流？公司是否会考虑剥离伊梅尔特此前运营的医疗部门？

像往常一样，伊梅尔特认为投资者的判断有误，对通用电气的股价定价错误，股价本应该在30美元以上。公司的航空业务正在飞速发展，其最新型的产品远远优于竞争对手。一度陷入困境的医疗部门也已经开始好转，此前因油价大跌而遭受重创的油气业务正在反弹。

"情况不赖，挺好的，真的。"伊梅尔特这样评价公司的财务表现。

一轮又一轮的拷问结束后，伊梅尔特一刻也没有耽搁，他火速离开了萨拉索塔。不到一个小时后，他就登上了一架通用电气的飞机。这次会议上糟糕的表现让伊梅尔特的信誉在华尔街大打折扣，在接下来的几天里，仍不断地有愤怒的投资者致电要求公司做出澄清。伊梅尔特艰难地熬过了这一周。

埃德·戈登最近罕见地公开表示，通用电气实际上可以超额完成伊梅尔特提出的2018年目标。被自己投资的公司的CEO打了脸，戈登变得怒不可遏。打来电话的投资者中就有特里安，这位一度友好的激进股东明确表示，它将谋求在通用电气董事会中占有一席之地。

突然之间，伊梅尔特在佛罗里达提问环节用一个笑话轻松回应的那个问题似乎变得严峻起来。

摩根大通的分析师史蒂夫·图萨一直建议投资者卖出通用电气的股票，他对伊梅尔特说："不想让您为难，不过，我想了解关于您继任计划及潜在时间点的最新情况。"通常情况下，分析师不会公开提出这样的敏感问题。通用电气的工作人员曾透露，伊梅尔特不喜欢别人问及有关他退休的问题。但图萨仍然开玩笑地说："我知道，来不了萨拉索塔的想法会让您受不了。"

伊梅尔特在电气产品集团会议上的表现表明，他看不出自己的领导能力有限。在金融危机中濒临崩溃的经历让一批投资者不再相信通用电气了，但管理团队依旧没什么变化。在这些投资者看来，要解决通用电气的问题，首先要让杰夫走人。

/ 第四十八章 /

下一任CEO

在萨拉索塔遭遇惨败后,杰夫·伊梅尔特意识到投资者已经对他失去了信心,尤其是特里安。失去了投资者的信任,即使再乐观的人也回天乏力了。伊梅尔特去不了应许之地了。

在许多投资者看来,通用电气早就失去"魔力"了。它平淡无奇的业绩、模糊的财务状况和未知的风险与它庞大的资产组合不匹配。投资者过去之所以持有通用电气的股票,是因为他们认为通用电气的业绩稳定可靠,而且它生产出了高质量的产品、培养出了高素质的人员,但现在,这一切都不存在了。

在目睹了公司的金融危机和伊梅尔特没完没了的交易之后,许多投资者都不愿意再冒险了。他们已经把钱投到别的地方了,而且若管理通用电气的人不变,他们肯定也不会再回来了。

伊梅尔特很难理解这样的想法,他认为通用电气仍然需要他的设想、计划和转型战略。但在许多人看来,除非他卸任,否则公司不会真正改变。在参加完电气产品集团会议后,他终于意识到大势已去了,是时候做出改变了,而且他不想被人赶下台。

当年杰克·韦尔奇接班人的竞争犹如一场噩梦,伊梅尔特不想复制那场旷日持久的公开斗争。他曾公开表示,希望通过不公开的方式挑选继任者,他信守了诺言。

遴选接班人的工作一直在悄无声息地进行着。董事会一直在密切关注着最终的候选人，与他们一道视察业务部门，让他们出席董事会会议，并确保他们在公司中担任重要的职务。但是，即使是候选人本人也不清楚自己是否在候选名单上。

采用完全保密的方式可以避免一些问题出现。尽管未被告知在候选名单上的高管可能会离开，但公司还是没有公布候选人名单，因为它担心公众看出继任过程即将结束。当年选韦尔奇的接班人时公司公布了最终的候选人名单主要是因为，他任命了继任者做首席运营官。

几年前，通用电气董事会悄悄地设定了新任CEO于2017年底接管公司的目标，并确定了四名候选人，他们是杰夫·伯恩斯坦、史蒂夫·博尔兹、约翰·弗兰纳里和低调的油气业务负责人洛伦佐·西蒙内利。

2017年2月，当《华尔街日报》报道说这四位候选人在下一任CEO的角逐中领先时，他们才得知实情。

几个月后，即在伊梅尔特出席萨拉索塔的会议之前，董事会召集几位候选人前往纽约参加了面试。在曼哈顿市中心的一家酒店里，几位候选人陈述了他们对通用电气未来发展的看法。

组织者之所以选择这个地方是因为它不引人注目。这一做法反映出该公司自视过高，事实上，世界上没几个人能认出除伊梅尔特之外的通用电气董事会成员。

那个时候，秘密竞赛已经决出胜负了。虽然候选人都到纽约参加了面试，但弗兰纳里已经是准接班人了。

令博尔兹大感意外和失望的是，他早就出局了，而且公司预计他会离开。他的团队一直在努力，都希望他能登上大位，但他没有机会了。他执掌的部门业绩不佳，拖累了整个通用电气，他偶尔还会与伊梅尔特发生冲突，因此在遴选初期就被淘汰了。

现年45岁的西蒙内利对于担任CEO这种重要职位而言还太过年轻，公司转而派他执掌由通用电气油气部门和油田服务公司贝克休斯合并而成的

第四十八章/ Chapter 48

上市公司。但事实上，他的年龄与伊梅尔特和韦尔奇担任公司最高职务时的年龄差不多。

因为伯恩斯坦以前没有经营过通用电气的业务部门，伊梅尔特和董事会认为，如果他同意留下来，公司可以给他安排更好的职位，让他辅佐新任CEO。伯恩斯坦曾是华尔街的宠儿，但一些大投资者对他未完全实现承诺感到失望。

将继任进程加快几个月的决定是伊梅尔特做出的，因为他已经失去了投资者的信任，特里安的人也加入了公司董事会，他认为自己没有理由再待下去了。董事会同意了他的意见，尤其是得知伯恩斯坦会辅佐弗兰纳里后。

6月初的一个星期五，董事会开会做最后的表决。保密工作做得滴水不漏：前一天，房间已被搜查过，看有没有窃听设备，保安也整夜守在那里。

人力资源总监苏珊·彼得斯（Susan Peters）在其波士顿的公寓里召集了几名职员，为公告撰写新闻稿和其他材料，他们没有在办公室里工作。董事会担心办公室里人多嘴杂，会向媒体泄露消息。

董事们一致投票支持弗兰纳里，他当天下午接到了电话通知。公告将于下周一发布。通讯部的员工整个周末都在担心会有人打电话来询问消息，尤其是《华尔街日报》的乔安·卢布林，她在报社工作了近半个世纪，根基深厚，与公司董事会的关系也极好。他们担心消息传出后，伊梅尔特会大发雷霆。

最终的结果让许多人感到惊讶，他们认为弗兰纳里适合担任CEO，但他缺乏运营公司或部门的全面经验。他把医疗部门管理得很好，但他们还是觉得博尔兹和伯恩斯坦的胜算更大。伊梅尔特支持擢升弗兰纳里的决定。

刚被任命为CEO后，弗兰纳里与当年的伊梅尔特一样，马不停蹄地乘专机飞行、握手、为接受媒体采访做准备和出席会议，但弗兰纳里细言细语、善于分析，与和蔼可亲的伊梅尔特风格完全不同，他更像是一位银行家而不是推销员，而且，他不像伊梅尔特那样神气十足、风度翩翩或具有人格魅力。

在特里安看来，弗兰纳里是理想的CEO接班人，他的当选让他们对伊梅尔特的不满得到了一丝慰藉。这位新任CEO具有投资者的思维，对数字高度敏感，十分重视业务部门创造的现金流。而且与继续担任公司CFO的伯恩斯坦也不同，他此前与特里安没发生过任何冲突。

虽然弗兰纳里发迹于通用电气金融服务公司，但他热爱整个通用电气。公司培养了他，让他步步高升，最终登上了CEO的宝座。多年来，弗兰纳里一直希望通用电气成为一家更为精简的企业，公司迟迟无法达成成本削减的目标让他困惑不解，现在，他要以低调但毫不妥协的方式实现这一目标。

通用电气董事会的看法与特里安的类似，它认为弗兰纳里正是通用电气所需要的CEO。他们并不认为伊梅尔特执掌通用电气的时代是灾难性的，但他们越来越觉得公司需要冷静的坦率和自我反省。

弗兰纳里很清楚伊梅尔特的缺点，他想改变通用电气的文化，鼓励下属畅所欲言和关注核心业务，他不想成为一名独裁者。弗兰纳里毕生都认为，通用电气最有价值的是它数十万的员工，若能利用好他们，公司就会大放异彩。

随着弗兰纳里的上任，伊梅尔特时代的一些标志性举措和口号消失了。这不禁让人觉得弗兰纳里是个"反伊梅尔特派"，但他也深谙通用电气的文化。他来自金融服务部门，自10年前金融危机以来，该部门的员工一直觉得他们与母公司格格不入，他们认为金融服务公司是一家世界级的金融机构，长期优于华尔街的竞争对手。尽管弗兰纳里在担任CEO后曾试图与阿尔斯通的交易保持距离，但他也在这笔交易中发挥了重要作用，而且认为阿尔斯通是一笔宝贵的资产。现在，约翰·弗兰纳里肩负着把通用电气带往新方向的重任，但他也深深扎根于伊梅尔特为公司奠定的基础。

第四十八章 / Chapter 48

在当选CEO后的第一次讲话中,弗兰纳里明确表示,他计划对公司进行一次全面的审查——这是即将上任的CEO的典型举措。

他说:"在接下来的几个月里,我和我的团队将对公司的方方面面进行评估。"

"我坚信,美好的日子就在前方。"

/第四十九章/
幕后

杰夫·伊梅尔特通常"乘坐"两架公务机在全球出行。

在职业生涯的大部分时间里,当这位著名的CEO环球旅行时,经常会有一架空的商务飞机跟着通用电气旗下的庞巴迪(Bombardier)或湾流(Gulfstream)飞机飞行,以防出现机械故障,导致出行延误。

备用飞机在伊梅尔特任职初期就开始出现了,而且在他辞职前的几个月里继续跟随他飞行,这是一种前所未有、极不寻常的做法,即使是国家元首也没有这种待遇,不是因为这么做不重要,而是因为这么做不明智。在紧急情况下,地面上总有其他飞机可乘坐。

通用电气一直悄悄地保持着这种做法,就连董事会都不知情。董事会只批准了预算,没有看到有关公司飞机运行的详细说明。伊梅尔特经常旅行并不是什么秘密,乘飞机出行并为此花费数百万美元不足为奇。

伊梅尔特起初否认自己知道两架飞机同行的事情,但后来转而说,他是在2014年发现的,之后这种做法就被叫停了,但事实并非如此,飞行记录显示,两架喷气式飞机的飞行模式如往常一样,它们经常沿着同一条航线飞行,行程相隔仅几分钟。这一事实暴露出他的决策是不明智的。

在为私人飞机提供服务的小型机场里,如韦斯特切斯特(Westchester)和哈德逊河谷(Hudson Valley)的机场里,通用电气飞行运营部的人都对飞机的事情保持沉默。这些机场没有航站楼,只有一些小建筑物,还有一些座位和卫生间,可能还配备了一台电视。在中途停留和维修检查期间,

第四十九章 / Chapter 49

通用电气的机组人员都不得使用某些术语，他们不能公开谈论这两架飞机。他们还被指示不要让两架飞机在停机坪上靠得太近。

另一架飞机的乘客名单上有时写的是"罗伯特·杰弗里斯"（Robert Jeffries）或"杰弗里·罗伯茨"（Jeffrey Roberts）。飞行团队的一名成员曾因公开称这架飞机为"影子飞机"而遭到了上级的谴责。

尽管这种做法被曝光后引起了外界的批评和指责，但多年来，公司内部传达的信息一直很明确：CEO乘坐两架飞机出行的消息被外人知晓对通用电气的每个人都不利。一些人警告说，这种做法劳民伤财，不计后果。据一位人士透露，CFO基思·谢林曾当着伊梅尔特的面反对过这种做法，不过，伊梅尔特不为所动。

伊梅尔特上任初期在国内出行时使用了备用喷气式飞机，但后来就取消了这一做法。然而，在一些海外和国内的旅行中，通用电气为其支付了在不同目的地待命的包机费用。

两架飞机曾多次被人发现。2010年9月，一位匿名的蒙大拿州政治博客作者写道，两架通用电气的飞机将伊梅尔特送至蒙大拿州的巴特（Butte）参加参议员马克斯·鲍卡斯（Max Baucus）主持的经济峰会。考虑到出席此次会议的通用电气代表团的人数不多，这位博主认为，该公司没有必要使用两架飞机。与机场工作人员交谈后他得知，第二架飞机是空的。在询问通用电气后，这位博主从其发言人那里得到答复：出于安全考虑，董事会要求CEO出行使用公务机，"所谓'追逐机'的说法是错误的"。这位博主透露的信息在当时没有引起广泛的关注。

几年后，两架飞机的问题再次出现，这一次是有人给董事会写了一封告密信。尽管投诉针对的是整个集团，但董事会却不知情。相反，由人力资源主管苏珊·彼得斯、杰夫·伯恩斯坦和总法律顾问布拉克特·丹尼斯顿组成的执行委员会对这一投诉进行了审查。该委员会建议公司改变做法，不要同时使用通用电气的两架飞机，遇到紧急情况可使用当地的包机。该委员会向独立董事桑迪·华纳报告了调查结果。

但现在，随着弗兰纳里掌权，这种做法成了一个大问题。伊梅尔特卸任董事长后不久，《华尔街日报》就刊载了一篇关于他乘坐两架飞机出行的文章。通用电气和伊梅尔特忙不迭地提供了另一架飞机的前后不一致的细节信息，而且向媒体做出了解释。他们声称，《华尔街日报》的报道是不准确、不公平的。最后，他们坚称，2014年公司就停止了这种做法。但飞行记录和其他确凿的证据表明，这种做法一直持续到了伊梅尔特离任前的几个月，《华尔街日报》在随后的一篇报道中公布了这些细节。

其他董事直到看了2017年10月的《华尔街日报》报道后才知道了公司的这一做法。董事会对这一消息感到震惊，于是发起了内部调查，但伊梅尔特坚称，这种做法是公司航空团队确立的，在他担任CEO期间，他几乎没有与该团队的主管们交流过。

事实与他的解释不符。熟悉这位CEO出行情况的人士表示，伊梅尔特对飞机非常挑剔，对使用哪架飞机有明确的偏好。他也非常清楚飞机的组织运作。在与波士顿官员就通用电气搬迁总部迁往该市的谈判中，提到了能快速使用通用电气的飞机对于伊梅尔特是一件要事。

数据显示，双机飞行一直持续到了其被曝光前的几个月。《华尔街日报》从政府部门获得的飞行记录显示，几个月前，即2017年3月，两家通用电气的庞巴迪环球快车飞机在19分钟内先后从波士顿起飞，飞往了阿拉斯加的安克雷奇。其中一架在安克雷奇停留了五天多，另一架则飞往了韩国和中国。伊梅尔特在访问中国期间参观了一家工厂。他乘坐的飞机于3月17日返回安克雷奇。飞行记录显示，在他到达安克雷奇后90分钟内，两架飞机都飞离了阿拉斯加，返回到了东海岸。

即使在投资者向通用电气频频施压，要求其削减开支和提高利润时，这种做法仍然存在。专家们告诉《华尔街日报》，另一架飞机环球飞行一次的成本约为25万美元。大型喷气式飞机的大小与支线客机的相当，通常可

第四十九章 / Chapter 49

容纳10—14名乘客。

为安全起见,通用电气董事会确实要求其CEO因公或因私出行时乘坐公司的飞机,许多大公司也有类似的政策。乘坐私人飞机出行看似不必要,但对于一位日理万机、惜时如金的高管来说,这种做法非常便利。沃尔玛的创始人山姆·沃尔顿就常常驾驶着自己的飞机去公司各地的店面视察。

伊梅尔特在写给通用电气首席独立董事杰克·布伦南(Jack Brennan)的信中吹嘘了他在公司的功绩,并否认自己知道在旅途中有另一架飞机相伴的事实。

在弗兰纳里看来,两架飞机的争议反映了他早已察觉的一个事实:公司与大多数人想象的不一样,其CEO日理万机,很容易迷失在细节中。

他向通用电气前高管们求助,请他们指点迷津。不管这些前高管们如何看待伊梅尔特,他们都乐意帮助弗兰纳里管理好通用电气。弗兰纳里甚至去南塔基特拜访了杰克·韦尔奇。有些人认为弗兰纳里更像韦尔奇而不是伊梅尔特。在航空部门,一些工人听到弗兰纳里接替伊梅尔特的消息时高呼:"杰克回来了。"这种高涨的热情犹如一把双刃剑:一面是对弗兰纳里的热捧,一面是对伊梅尔特的斥责。

在接任CEO之前,弗兰纳里采用了与他接手医疗部门时一样的策略:视察公司、查看经营情况、与员工面谈。他相信,摸清各个部门的底子能使他高效地重组公司。但问题是,从他已经了解到的实情来看,完成这项工作需要的时间比他预想的要多得多。

此时他仍然不确定伯恩斯坦是否意识到了通用电气的问题。这位CFO坚称,他也是刚刚才知道这些信息的,但弗兰纳里和其他一些人认为这不可思议。然而,弗兰纳里需要信任他的搭档,而且鉴于他对公司的了解,不端行为有可能在每个人的眼皮子底下发生。

资金短缺的问题令人头疼。在8月1日正式接任CEO的前几周里,弗兰纳里除了评估各部门的经营状况外,还与数十名大投资者进行了会晤,了解了他们担忧的问题。在许多人看来，弗兰纳里的财务思维令人欣慰。像"普迪克斯"和"通用电气商店"（the GE Store）这种不太有说服力的词语已经从这些对话中消失了。当投资者说他们希望弗兰纳里迅速采取行动时，弗兰纳里告诉他们，他需要四个月的准备时间。

问题在于，通用电气的组织结构使他难以立即全面了解各个业务部门的状况，对这一问题的抱怨可以追溯到韦尔奇时代。另外，该公司还形成了每隔18—24个月重组业务部门的惯例，这使得对比和深入分析变得异常困难。当弗兰纳里试图了解这个孤岛式组织里的其他业务部门时，他发现，尽管他在公司里工作了整整30年，而且还执掌过一个重要的工业部门，但他仍然无法弄清楚整个公司的运作状况或者说最大的问题。公司目前正在对业务进行重组，即把电力与能源部门合并，这意味着随着市场对通用电气设备的需求不断下降，其经营的复杂性和不透明性只会进一步增加。

此外，接替博尔兹担任电力部门CEO的是备受推崇的拉塞尔·斯托克斯（Russell Stokes），他之前执掌能源部门，现在他要负责两个部门。斯托克斯被分派了一项艰巨的任务，而且他基本上只有一个周末来做准备。

斯托克斯在通用电气工作了20多年，此前曾负责运输部门的经营。他在克利夫兰长大，经常去内拉公园（Nela Park）看通用电气的圣诞灯展。和弗兰纳里一样，他对通用电气的大量幻灯片展示很不满。他告诉人们，长时间展示幻灯片是个坏兆头，通常表明展示的人想隐瞒什么。他说，一家经营良好的企业不需要展示太多幻灯片，只需要用事实说话。

现在弗兰纳里要靠他去扭转电力部门的困境。他们两人对电力业务的经营状况看法一致。博尔兹及其团队积压了大量的存货，希望市场形势好转时能借机卖个好价钱，没想到市场急转直下，导致大量的现金被存货占用。最大的问题是，对库存的误算不能很快得到修正。与其客户和供应商一样，通用电气的生产计划是提前几个月制定的。现在，博尔兹的愚蠢投资行为是显而易见的，处理电力部门积累下来的大量过剩的涡轮机和部件

第四十九章 / Chapter 49

仍然需要很长的时间。

电力部门是通用电气规模最大的部门，特别是在阿尔斯通的交易完成之后，它的成功经营对通用电气的财务健康至关重要。弗兰纳里知道，其他部门可以帮助缓解电力部门带来的压力，但这几乎让公司没有了犯错的余地。他感觉到通用电气微薄的利润即将消失。

7月底，通用电气公布了第二季度的财报。与投资者举行的电话会议气氛很尴尬。伊梅尔特、弗兰纳里和伯恩斯坦一起出席了会议。高管们很清楚，电力部门的市场风向在转变，今年的需求将下降，而且从现在的状况来看，2018年的需求也将下降。

伊梅尔特即将卸任，他以一贯的乐观态度回应了投资者的疑问。"我们的电力和油气业务面临需求压力，但我们的成本削减很出色。"他指的是固定成本的削减。当他后来再次提到这一点时，伯恩斯坦接住了他的话。

伯恩斯坦说："鉴于现在的市场状况，改变该业务部门的成本结构既有机会也有必要。"伊梅尔特的看法很乐观，其他人的则比较慎重。弗兰纳里指出，他将在11月公布对公司的评估结果。

伊梅尔特在最后一次出席投资者会议时声称，他很重视股息。他对投资者说，他一生中最糟糕的一天就是在危机中削减股息的那一天。他说，"无论CEO是谁"，股息都是通用电气优先考虑的事项。而此刻，弗兰纳里得出了与其完全相反的结论：通用电气没有足够的现金支付股息了，而且这种状况已经持续好几年了。伊梅尔特的转型战略不灵了，通用电气无法继续在每个季度向投资者派发数十亿美元的股息了。

在此次会议召开之前，还发生了一件不祥的事情。当高管们为此次会议做准备时，杰夫·伯恩斯坦对投资者关系团队说了一句话。

"哦，我们应该提及保险审查的事。"他说。

弗兰纳里立刻扭头望向他——保险？通用电气曾表示，它在很久以前就已经出售了所有的保险业务了。

/第五十章/
鉴别分类

就像首次赢得选举的政治家一样，人们开始认识弗兰纳里。在伊梅尔特执掌通用电气16年后，现在弗兰纳里被视为通用电气的"王室成员"了。

弗兰纳里从来就不是籍籍无名之辈，多年来，他一直在高升：他监督过通用电气的全国性运营，完成过引人注目的交易，而且熟知通用电气高管面临的压力和享受的舒适。他可能不像其他人那样在乎礼节，但他越来越习惯于行程被人安排得妥妥当当、随时有汽车、飞机或直升机等候的生活了。

弗兰纳里和伊梅尔特一样擅长跟人打交道，但他们的风格大不相同。当弗兰纳里谈到个人感兴趣的事务时，比如一本书、一则新闻或家庭，他会放松神经，变得愉快起来。无论是在严肃的询问环节还是在社交场合中，听众的插话都会让他明显地紧张起来，回归到本能的防守状态。即使是在商业场合，他也无法做到不露声色。

伊梅尔特能说会道，都能进入"闲聊名人堂"了。他有着如政治家般老练的眼神，有逗乐周围人的能力。在拥挤的大厅里，他就像一位优秀的政治家一样游走在人群中，让每个人都觉得他和他们直接交谈了。

伊梅尔特有一个有名的癖好，无论去哪里，他都喜欢待在低温的环境里。这是在公司内外常被提及的一个幽默话题，但算不上笑话。为了适应老板的癖好，不管他是否提出了要求，工作人员都会不遗余力地确保会场处于储肉柜的温度。

第五十章 / Chapter 50

CEO应该命人调整不合他胃口的室温吗？电梯门应该总是开着等他进入吗？或者，当他走进一个房间时，他喜欢的冷饮总是要被摆放在餐柜上，而不管他视察的范围有多广或离会议室有多远？他的一些同事和下属注意到了做好准备工作的重要性，即使没有收到相关要求，他们也会做好准备。

这些额外的待遇不是任何人做这份工作的原因，但他是公司的负责人，享受这些待遇也无可厚非。必须为老板准备好房间。

伊梅尔特毫不掩饰自己对等待的厌恶。当会议被电话铃声打断时，伊梅尔特会厉声责问肇事者："怎么回事？"他目光犀利地盯着对方，表露出极大的不满情绪。当他乘公司的直升机来到克劳顿维尔时，经常会有一辆黑色的汽车等着把他从停机坪送到前门——仅一两百米的距离。

但现在，杰夫·伊梅尔特走了，他虽然还是董事长，但他基本上从公司消失了。待在公司有点碍事，他自己能感觉到这一点。他没什么事可做，他的办公室也从公司总部搬到了波士顿照明业务部的一个分支机构所在地。

在正式卸任CEO之前，伊梅尔特已经在寻找其他工作机会了。总部位于旧金山的优步（Uber）公司考虑请他出任CEO，这家拼车服务公司目前出现了治理危机，创始人正在争夺权力。伊梅尔特表现得很成熟稳重。媒体对优步的遴选过程非常关注，甚至有记者在伊梅尔特下榻的酒店盯梢。最后伊梅尔特意识到这份工作不太适合他，而且他也知道自己得不到需要的支持，为了保全面子，他选择了退出。

回到通用电气。弗兰纳里正式上任几天后就推行了重大举措。无论是否有意为之，他的许多举措都以削减成本为目的。

他停飞并出售了公司的飞机，要求员工出行使用包机或乘坐商务航班，他还取消了公司为排名前800的高管提供汽车的福利。

他推迟了波士顿总部的部分建设项目，把那些之前竭尽全力引进通用电气的地方官员惊出了一身冷汗。不过通用电气坚称，其总部迁往波士顿的决策没有改变。

鉴别分类 / Triage

弗兰纳里取消了每年在佛罗里达博卡拉顿度假村（Boca Raton Resort & Club）举办的为期三天、仅受邀者才能参加的奢侈度假活动。这是一项面向全球各地的通用电气领导人的社交活动，与会者下午可以打高尔夫球和钓鱼。聚集在博卡拉顿时，许多通用电气高管都穿着伊梅尔特时代的公司制服：乐福鞋和道克斯全棉长裤，圆领毛衣和带纽扣的衬衫。一些人认为这一会议的安排与《我为喜剧狂》（30 Rock）的情节相似，后者是一部根据发生在NBC及其前东家通用电气的趣事制作的情景喜剧。在博卡拉顿的最后一个晚上，CEO会颁发广受欢迎的内部奖项。

根据弗兰纳里的指示，通用电气的领导人不会在阳光明媚的佛罗里达州聚会了，取而代之的是1月份的波士顿会议。参会的人数将减少，而且与会者再也不能打高尔夫球了。

他还下令关闭了在上海、慕尼黑和里约热内卢的研究中心，将部分设计制造工作转移到了各个业务部门。曾经大肆扩张、不断增长的研究业务现在被集中到了两个地点，一个是纽约的尼斯卡尤纳（Niskayuna），一个是印度的班加罗尔（Bangalore）。

公司的一些遗留问题开始显现出来。经营没有实现预期的目标。几乎无人怀疑出售通用电气金融服务公司的决策，但用其他部门的利润替代该部门利润的计划落空了。工业业务的增速不够快，公司投入了大量资金回购股票，但收效甚微。在伊梅尔特任职期间，通用电气回购了1000多亿美元的股票，其中大部分的价格远远高于当时的市场交易价。在不调整神圣而昂贵的股息目标的情况下，公司已经无法产生出现金了。

通用电气此前曾表示，2017年它将获得120亿美元的现金流，但从上半年的数据来看，它几乎不盈利。支付股息至少需要80亿美元，此外还需要向其他诸多领域注入资金，比如研发，在这些领域，定期注入资金对公司的发展至关重要。前方的道路变得越来越清晰了，但它正朝着一个几周前还难以想象的地方前进。

/ 第五十一章 /
换血

2017年8月，通用电气的高层管理人员汇聚在克劳顿维尔参加一年一度的领导人大会。

这一年，许多人曾在这里听课和授课。他们与中层管理人员、客户和想学习通用电气领导"魔法"的其他公司的高管进行了交流。通用电气的高管在参加完夏季的大会后通常会感到精神振奋，他们坚信通用电气成功的基石既不是动力涡轮机，也不是喷气发动机，而是屋子里的这些人，是这些在克劳顿维尔培养出来的管理人员。他们相信自己可以进入任何行业、任何地方，并牢牢占据主导地位。

但2017年的大会与以往不同。公司的股价一直在下跌，担任了16年CEO的伊梅尔特刚刚辞职，公司里的许多人都不清楚通用电气未来会如何发展。他们知道，弗兰纳里已对公司的各个角落进行了长达数月的评估，公司的不确定状态让很多人惶恐不安。

在那个夏日的午后，礼堂中弥漫着关于公司前途的窃窃私语。没有人怀疑这家具有125年悠久历史的公司能够像往常那样重振雄风。

弗兰纳里发表了讲话，阐述了他首次发现的有关公司运营的许多细节。弗兰纳里说，公司的现状很糟糕，未来可能更糟糕，这与伊梅尔特的乐观态度和鼓舞式讲话形成了鲜明的对比。伊梅尔特从未发表过这样的讲话，从未说过公司面临风险甚至严峻挑战的话。但与会者后来记住的并不是弗兰纳里和他冷静的评论。

接下来发言的是几周前在CEO的竞争中落败的杰夫·伯恩斯坦。他对伊梅尔特那种无节制的乐观形成了一种制衡，他的财务能力也让他赢得了华尔街的尊敬。让许多与会者感到欣慰的是，他将继续为通用电气效力，辅佐新任CEO弗兰纳里熟悉各项工作。

现在，伯恩斯坦对大家提出了一个忠告：要以主人翁意识去经营公司，要成为通用电气希望把你们培养成的那种领导人，要为每一个预期和没有实现的目标承担责任。

"我爱公司。"他说。接着，他停顿了一下，深吸了一口气，试着继续讲话，但还是讲不下去了。杰夫·伯恩斯坦这位捕猎过鲨鱼，平时嚼尼古丁口香糖，喜欢举重运动的CFO，居然……哭了。

现场的人反应各异，一片混乱。一些人受到了伯恩斯坦情绪的感染，而另一些人则警惕地观察着这奇异的一幕。如果连他都忍不住流泪了，那公司一定是出现了严重的问题。人们在震惊和混乱中迈着沉重的步伐离开了会场。弗兰纳里和伯恩斯坦一直在努力克服通用电气的一些坏习惯，没有透露过任何重磅消息。但此时此刻，巨大的压力和沉重的负担让最坚强的人流下了眼泪。这一幕深深地烙印在通用电气员工的脑海里，多年后他们会发现这是个警示信号。在那一刻，他们中的许多人意识到，通用电气正身陷泥淖中，没有人知道局面会变得多么糟糕。

尽管通用电气承诺会按时派发股息，但投资者已经准备好接受公司下调利润预期、减少派息的现实了。在一些人看来，减少股息是一项积极的举措，因为它能缓解公司缺乏现金的压力，而且也表明管理层采取了积极行动。

弗兰纳里同意考虑这一建议，但他认为一段时间后才能做出决定，因为他掌握的信息不全面。

如果说伊梅尔特以坚定的乐观而闻名，那么弗兰纳里很快就以优柔寡断和无休止的分析而闻名了。他做出的决定，即使是重大的决定，也会一

第五十一章 / Chapter 51

改再改。他可能推出一项关键的战略举措，比如剥离一个重要的业务部门，但这项举措随时都会被重新评估。弗兰纳里的风格很快就惹恼了与他共事的高层管理人员。

通用电气的复杂性及其面临的问题需要决策具有稳定性，否则公司自上而下会陷入混乱。为了发现自己推理中的缺陷，弗兰纳里经常征求外界的意见，但大量的反馈会使前行的道路更加模糊，结果是更难以做出决策了。弗兰纳里总是在与董事会协商，而且还公开鼓励辩论。一些高管越来越不满。

一些董事担心弗兰纳里缺乏经营公司的经验，但他们从他的顾问名单中获得了一丝安慰。公司的老人约翰·赖斯和贝丝·康斯托克都是副董事长，他们可以给他指点迷津，而新任副董事长杰夫·伯恩斯坦基本上是弗兰纳里的搭档。但到了2017年秋季，这个网络被迅速清除了。

从表面上看，伊梅尔特没有选择冒险与特里安对抗，但他也不想眼睁睁地看着新任CEO毁掉自己辛辛苦苦打下的江山，于是在10月份卸任了董事长一职，这比预期的提前了几个月。最后，他与公司、弗兰纳里以及董事会彻底告别了。

随后，弗兰纳里开始对公司高层进行大调整，很快就"除掉"了伊梅尔特的两名爱将康斯托克和赖斯。

康斯托克后来说，弗兰纳里亲自解雇了她，这让她十分震惊。但康斯托克此前就对人说过，她早就想离开通用电气了，她留下来只是为了应伊梅尔特的请求。弗兰纳里想专心经营业务，不想为故事情节或广告宣传操心。他还关闭了通用电气商店。

伊梅尔特前脚刚走，弗兰纳里就解雇了他的爱将，这让很多人感到震惊，不过，更令人震惊的事情在后头。周五晚些时候，通用电气向政府提交的文件中包含了一个惊人的消息。

当董事会召开10月份的例会时，弗兰纳里走进会议室宣布：伯恩斯坦将辞职。伯恩斯坦后来亲自出面解释了他的原因：通用电气不得不为特里安留出一个董事会席位，此时他的离开可能缓解特里安和管理层之间的冲突。伯恩斯坦将与康斯托克和赖斯一起离开。

这个消息让好几位董事感到猝不及防。他们对这种不征询董事会的意见就擅自决定离职的做法感到失望，他们觉得自己原本可以说服伯恩斯坦留下来。CFO的辞职进一步加剧了投资者们的担忧。从以往的经验看，CFO突然辞职不是什么好迹象，通常暗示着公司存在深层次的问题。

在接下来的周一，通用电气任命特里安的埃德·戈登为董事，从而让这位激进的股东对决策有了直接发言权，而且他也能获得公司的详细财务信息了。由于通用电气没有达成伯恩斯坦在后湾区别墅里向戈登承诺的业绩目标，几个月来特里安一直都在酝酿这一行动。现在，通用电气引狼入室了。

为了避免代理权之争，弗兰纳里和董事会没有对戈登的加入提出反对意见。虽然戈登有些蛮横，但仍有部分董事对其加入表示了欢迎，其他人则毫不留情地表达了对他的厌恶。戈登很喜欢提醒各位董事，正是拜他们所赐，特里安才损失了数亿美元。

戈登还称，通用电气的一些董事完全是作壁上观，为了反驳戈登的这一说法，执掌洛伊斯公司（Loews Corporation）的资深董事詹姆斯·蒂施（James Tisch）买入了5400万美元的通用电气股票。

在通用电气内部，戈登扮演了一个他和他的特里安同事们都非常熟悉的角色。对通用电气的投资可能是该基金唯一一次在未获得董事会席位的情况下做出的。特里安在绝大多数的投资中都扮演了"高度参与的股东"的角色，戈登和佩尔茨喜欢说，他们把私募股权的思维模式带到了公开市场，也就是说，他们会与公司的管理层一起审查数字、反思决策和制定策略。

伊梅尔特和一些思想顽固的董事对特里安的人进入董事会一事嗤之以

第五十一章 / Chapter 51

鼻。他们认为，一旦戈登出任董事，公开的争论和大量的冲突就会出现。戈登第一次出席董事会会议时就训斥了一位正在发言的主管。一些董事尊重他的智慧和经验，重视他的意见，但对他的沟通方式感到愤怒。他们觉得他说话时盛气临人，粗鲁无礼。而且显然，许多董事将失去董事会席位。

尽管戈登扮演的角色很复杂，但一些董事仍对他的加入表示了热烈的欢迎。他可能会出言不逊，但他有助于解决公司面临的众多问题。这些董事认为，特里安已经因投资通用电气而损失了很多钱，推动董事会改变做法是戈登的分内之事。由于公司经营业绩惨淡和股价下跌，戈登只不过是代表所有投资者发泄了对公司的不满和愤怒而已。

有的董事在开会时睡觉，有的董事似乎对公司专机和其他福利更感兴趣，许多董事意识到，董事会已经不能发挥其正常的功能了，他们渴望特里安的人能改变局面。华尔街的人也表示了赞同。"纳尔逊·佩尔茨是个天才，"财务顾问和投资专家乔什·布朗（Josh Brown）在推特上写道，"当他要求获得一个董事会席位时，你就得给他一个，并对他说谢谢帮忙。"

在伊梅尔特离任和新挑战迫在眉睫的背景下，一些董事也准备离开。例如，61岁的威瑞森（Verizon）董事长兼CEO洛厄尔·麦克亚当（Lowell McAdam）一直对留在通用电气董事会一事感到担忧。麦克亚当在威瑞森的管理非常严格，善于削减成本。他是一名工程师，毕业于康奈尔大学，曾在美国海军服役六年。在连续工作了多年并萌生了从威瑞森退休的想法后，他成了通用电气的一名董事。通用电气的董事被视为令人羡慕的闲职，能加入这家集团，麦克亚当感到很荣幸也很兴奋，他是一名汽车收藏家和机器爱好者，对通用电气的重工业非常感兴趣。

但一段时间后他就想离开了。通用电气的董事会运作不正常，公司内部问题重重，在多事之秋为其提供服务要比他当初预期的耗时费力得多。过去，通用电气董事会每年一般只召开十几次会议，但弗兰纳里上任后，它一年召开了近五十次会议。

当弗兰纳里表露出要缩减董事会规模的意思时，麦克亚当借机提出了辞职，他要经营自己的公司，他不确定通用电气接下来会发生什么。

另外，戈登并不是一个人进入通用电气董事会的。对通用电气的投资是特里安有史以来规模最大的一笔投资，它所有的员工都致力于通用电气的经营，其中包括一名分析师，他几乎把所有的时间都花在了通用电气身上。

他们一进来就开始梳理公司面临的各种问题，几乎没受什么限制。加入通用电气董事会使特里安对该公司有了更全面、更深入的了解，但这也引发了新的问题：根据证券法，特里安现在成了内幕人士，它不能根据从董事会获得的非公开信息进行相关操作了。埃德·戈登掌握了通用电气内部运作的原始数据，但他现在受到了束缚，无法施展拳脚了。

/ 第五十二章 /

保守的计算

通用电气的内部变革步伐很快,但在外部,投资者看不出任何行动的迹象,这导致一些投资者抛售了该公司的股票。到10月份通用电气公布第三季度的业绩时,其股价已跌破了25美元,而且没有任何止跌的迹象。通用电气警告称,其工业业务的全年现金流将只有70亿美元,远不及此前预期的120亿美元。而损失几乎全部来自问题缠身的电力部门。该部门在服务合约上大做文章,虽然改善了收入与账面利润,但却导致现金流入的时间延后。另外,该部门误判了新型涡轮机的市场形势,积压了大量成本高昂的存货,进一步消耗了现金储备。

结果令人沮丧,复苏计划尚不明朗。弗兰纳里认为,在伊梅尔特治下,公司许多重大的现金支出决定均未经过严格的审核。现在,由于通用电气分散式的组织结构很不透明,他需要有更多的时间深入了解各业务部门。

在一位独断专行的CEO手下工作了多年后,一些通用电气高管发现弗兰纳里坦率的做法令人振奋,但其他人很快就变得不安和恼火起来。就连之前执掌运输部门的新任CFO杰米·米勒(Jamie Miller)最后也对弗兰纳里瞻前顾后的做法感到厌烦了。她和其他一些人认为弗兰纳里太过消极,而且对伊梅尔特的做法矫枉过正,致使通用电气的问题更加难以解决了。

不管怎样,弗兰纳里都要按照自己的方式开展工作。他之所以这么固执、谨慎,部分是因为他相信自己有充足的时间。通用电气CEO的任期一般都比较长,他认为确保道路正确是自己的职责所在。

保守的计算 / Conservatively Calculated

他声称，在他对公司资产组合的战略性评估中，"没有神圣不可侵犯的人或事"。几年前，在带领交易团队缩减通用电气金融服务公司的业务和出售家电业务时，他也曾发出过类似的豪言。在他看来，经营企业不能靠情感，尤其是在形势危急时。

当通用电气主要业务部门的负责人提交2018年的预算计划和预估数据时，弗兰纳里让一些人重新确定数字，并要求他们加大成本削减的力度。他在总部明确表示，公司将对存在的问题持更加开放的态度，他为扭转公司困局付出的努力而产生的效果会在股价上得到体现。

11月中旬到了，投资者急切地等待着新管理团队公布战略方案。华尔街和商业新闻界都满怀期待地等待着这位新任CEO公布通用电气的新计划。尽管一些顾问认为，此时出台新计划为时过早，而且计划最终恐怕无法得到落实，但在投资者无情的重压下，弗兰纳里还是仓促地制定了计划。

数百名投资者、分析师和记者来到了曼哈顿中城一间镶着木板的大会议室里。几个小时前，通用电气宣布将把股息减半，现在公司需要对这一决定做出详细的解释。

弗兰纳里把一些责任推给了之前的电力部门管理层，他还宣称，伊梅尔特所谓的转型战略已经失败。他对投资者和分析师说："多年来，我们支付的股息一直超过了我们的自由现金流。"这是一个听起来极为糟糕的判断。公司发放给股东的所谓超额利润实际上是借来的。股息只是名义上的。

◆

弗兰纳里在投资者会议上道出的事实令世人震惊。通用电气一直在回购股票和支付股息，但它却未能通过常规经营获得足以覆盖这些支出的资金。通用电气利用融资兑现了承诺，但这种做法是不可持续的。公司通常用超额现金回购股票和支付股息。

大公司会定期回购自己的股票。得益于证券规则的改变，这种做法于

1982年出现。回购会减少市场上的股份，进而减少公司支付的股息；回购股票还可以抵消作为员工薪酬而发行的股票；回购还可以减少市场上的股票数量，助推每股收益，使公司高管获得合理的报酬。

回购股票也是一项重要的资本配置决策。每一美元的用途都会对企业造成影响，它可被用来投资于业务，也可被用来做交易或回购股票。

回购是有争议的做法。有些人认为，当管理层无计可施时才会使用回购之法。其他人则把它视为二次分红，是"向股东返还现金"。沃伦·巴菲特及其长期搭档查理·芒格（Charlie Munger）建议，回购股票时要满足这两个前提条件：公司必须有充足的运营资金；拟回购的股票的价格必须"远低于保守估算的企业内在价值"。

满足第二个条件可能很困难。正如伯克希尔-哈撒韦公司的投资大师们所说，"在某一个价格上你是明智的，但在另一个价格上你可能就是愚蠢的"。回购最大的风险可能是，"许多CEO认为本公司的股票是便宜的"。

选择回购股票而不是一笔能够显著提高公司利润的交易可能会带来灾难性的后果（当然，前提是这笔交易是有价值的）。然而，正如巴菲特和芒格所宣称的，当股票被严重低估时，回购就是明智之举，这相当于以低价买入了高价值的东西。若股价下跌了，回购股票无异于烧钱。花一美元买价值80美分的东西并不合理。

杰夫·伊梅尔特使用通用电气现金的决策不明智。在伊梅尔特的领导下，回购是一项固定的措施。从通用电气按证券交易委员会的要求披露的信息来看，2004年后伊梅尔特投入了1080多亿美元回购股票。2018年底，通用电气的总市值为670亿美元。在伊梅尔特担任CEO的最后18个月里，他用于回购股票的资金高达260亿美元，尽管在这段时间里，公司的股价一直在30美元左右徘徊。仅仅15个月后，它就跌破了10美元。

2017年6月，伊梅尔特宣布辞职，公司也停止了回购股票的操作。通用电气6月份的股票回购额仅为1.53亿美元，7月份的仅为1800万美元。

/ 第五十三章 /

重置年

弗兰纳里描绘了一幅可怕的画面。重振公司的一些业务需要几年时间，其中最棘手的是电力部门，而且他打算把股息减半，这样每年可节省出42亿美元。伊梅尔特不会这么做。弗兰纳里还大幅削减了伊梅尔特制定的2018年财务目标，取消了每股收益2美元的目标。新老板警告称，2019年也将十分艰难。他称2018年是通用电气的"重置年"。

弗兰纳里想集中精力发展电力、航空和医疗这三大核心业务，退出其他业务。正如《华尔街日报》几周前所报道的那样，通用电气将出售旗下的运输公司，它曾是历史最悠久、规模最大的内燃机车制造商之一。它还希望出售照明部门，这么多年来它一直没有找到合适的买家。这两个部门的起源都可以追溯到托马斯·爱迪生。

弗兰纳里还放弃了伊梅尔特时代规模最大、问题最严重的油气业务部门。这些年来的交易都是在糟糕的时机下进行的，现在，斯伦贝谢和哈里伯顿这两家巨头占据了该行业服务领域的主导地位。整个石油行业陷入低迷不是伊梅尔特的错，但让通用电气的投资者遭受如此惨重的损失他难辞其咎。后来通用电气的油气部门与贝克休斯合并成立了市值高达400亿美元的新公司，仅几个月后，通用电气希望出售其持有的该公司的三分之二的股份。

为了安抚投资者，通用电气将董事会的人数由18人减少至12人，而且加入了几名新成员。杰夫·伊梅尔特走了，但他的董事会还存在，现在没

第五十三章 / Chapter 53

有理由再维持原来的结构了。

这些都是弗兰纳里为精简通用电气而推行的初步举措。尽管他没有分拆公司，甚至没有对公司进行彻底的重组，但他计划定期审查资产组合的结构，也不排除将来分拆它的可能性。

弗兰纳里的提议与通用电气一贯的轻快优越的口吻大相径庭，他一个人的坦率显得很突兀。承认通用电气需要进行重大的结构改革可能是该公司吸取教训并将积极进行改革的信号，市场正在等待这样的信号，但市场没有做出乐观的反应。

相反，通用电气的股价跌至了20美元以下。弗兰纳里坦率地描述了公司的惨况及重组举措，这表明该公司的实际状况比任何人想象的都要糟糕。尽管弗兰纳里提出了一些改进建议，但分析师和评论员们怀疑他做得不够。

与此同时，持续的不确定性和不断下跌的股价打击了员工们的士气，他们持有的股票期权变得一文不值了，而且弗兰纳里的意思是，通用电气要过一段时间的苦日子。经济大环境还好，但通用电气的员工，尤其是硅谷的员工，正在离去。

弗兰纳里坚守公开透明和诚实守信的原则，他在每周录制回答员工问题的视频时都践行了这些原则。他的语气和管理观都很务实。他告诉员工，通用电气拥有自行修复的工具，但完成修复并不容易，过程也不会那么愉快。总部和整个公司的人愈来愈清楚，在弗兰纳里的领导下，通用电气昔日的辉煌已不复存在了。

换句话说，不用再假装糟糕的软件还在运行了。

不再不计成本地做交易了。

不再假装模糊的概念和指标有价值了。

不再大肆宣传营销故事了。

不再是绝对正确了。

不再有神话了。

/ 第五十四章 /

账单到期

杰夫·伊梅尔特知道约翰·弗兰纳里一直在联系他。自弗兰纳里上任以来，俩人交流不多，或许就寥寥几次。伊梅尔特还有其他事情要忙活。

当通用电气传出坏消息时，伊梅尔特开玩笑地说，硅谷的人不看《华尔街日报》或CNBC的节目。他那段时间在硅谷，有充分的理由忽略这些消息。许多评论员都把矛头指向了他，深入揭露公司问题的新闻报道也是如此。

自卸任董事长以来，伊梅尔特在加利福尼亚州度过了很多时间。他才61岁，还没有准备好过退休生活，他觉得自己宝刀未老，还能发挥余热，因此，他角逐了陷入困境的出租车初创公司优步的CEO一职，不过最终未获成功。他说他想在医疗或者新技术领域做点什么。他想在初创公司以幕后操纵者的身份开启自己职业的第二春，以此参与医学、技术或生物学领域的新突破。认识他的人认为，尽管他不承认通用电气的问题是他导致的，但他对救赎机会感兴趣，因为这能证明他的领导才能。

但约翰·弗兰纳里试图联系伊梅尔特的原因与后者的未来无关。

约翰·弗兰纳里想通过他了解通用电气的保险业务情况，这一业务的具体情况鲜为人知。记者、分析师、投资者都认为，该公司为了降低金融服务公司的业务风险，在很久之前就出售了该业务。伊梅尔特和他的高管们经常在公开场合夸耀这一举措，他们常常斩钉截铁地说：通用电气退出了保险业务。

第五十四章 / Chapter 54

通用电气确实退出了保险业务，但它仍然面临着巨大的风险，因为其他公司不愿意接手其保险业务中最糟糕的部分。通用电气于2004年将其大部分保险资产剥离给了金沃斯金融服务公司，并在两年后将其余大部分保险业务出售给了瑞士再保险公司。然而，通用电气的保险账簿中仍有一部分业务是金沃斯金融服务公司不愿意接受的。

伊梅尔特知道，公司正在审查长期护理保险业务，这些保险涵盖了疗养院和辅助生活设施等费用。通用电气金融服务公司在2006年之前一直在承保长期护理险，但事实证明，这一业务对保险公司来说是一场灾难，因为大多数保险条款都设计得很糟糕，而且设计条款时所依据的假设前提是完全错误的。

自通用电气为大量长期护理保单进行再保险（也就是说，在满足条件时他们要为保单支付巨款）开始，它就成了一项遗留业务。这些设计不良的保险成了出售它们的保险公司的噩梦，许多公司出现了巨额亏损，一些公司最终倒闭。

伊梅尔特说，在资产组合显示保费收入高于预期的理赔支出时，他让相关人员对此类保单和公司增加准备金的潜在需求进行过评估。当时估计的准备金额为20亿—30亿美元，对其他公司而言，这是一大笔钱，但对通用电气不是。通用电气规模庞大，承担这一压力不在话下。记住，10亿美元可以是一大笔钱也可以是无形的，取决于它是来自销售合同还是非现金调整。

事实上，多年来没有人仔细研究这些保单的细节，也没有人知道当初设计保险条款时采用了什么假设。当审计人员细致地分析它们，并采用更保守的假设重新构建模型时，他们发现结果是灾难性的。要履行保单责任，通用电气需要准备150亿美元的资金。

数字出入太大了，让人觉得不可思议，弗兰纳里一头雾水。对他来说，这是最糟糕的问题，通用电气根本没有这么多资金。

公司手头拮据，公司每个季度定期发行近200亿美元的商业票据，从中获得的现金只够支付债务。虽然从理论上看，通用电气能开出150亿美元的支票，但它必须谨慎地管理现金。

弗兰纳里给前任打了好几次电话，却始终没有联系上。伊梅尔特提供不了什么好建议，他只会翻来覆去地谈他对资产组合的精妙评估。伊梅尔特后来私下里承认，如果当初他知道存在这笔债务，他永远不会拿出售金融服务公司业务得来的钱回购股票。

通用电气必须向民选的堪萨斯州保险事务专员做出解释。由于投保人数众多，州监管机构一般不希望保险公司倒闭。

当年，随着年轻的投保人增多，通用电气通过能带来丰厚现金流的交易构建了其保险组合，而现在，这些保单在其资产负债表上造成了一个指数级的大缺口，再加上养老院和长期护理的成本高于预期，该公司最糟糕的时刻还没有到来。

该公司开始与堪萨斯州的保险事务专员讨论如何在不损害其现金持有能力的情况下履行其义务。纾困谈判于2017年12月开始，直到2018年1月才结束。那时，该公司为了预防监管机构坚持要求其全额付款，已经安排了130亿美元的信贷。

事实证明，通用电气不需要这道安全网，它获得了监管机构的豁免。监管机构允许它在七年内筹齐资金，而不是一次性完成，且通用电气答应对其资产组合进行更为频繁的审查。

但这一巨额开支的消息像一股冲击波一样传遍了整个公司。一些董事会成员对此大为震惊。通用电气风险管理部门最基本的任务应该是监测不良资产的最坏情况并提供警示。潜在的风险应该早就在某处表现出来了。

董事们还想知道，为什么他们得到的信息是公司已经完全退出了保险业。有人私下里问，这样的事情怎么可能出现在通用电气呢，这太蹊跷了，弗兰纳里也是丈二和尚摸不着头脑，但没有人对此做出解释。

第五十四章 / Chapter 54

核心的问题是，通用电气在承保长期护理保单时做出了一些错误的决定。一旦外界知道该公司积累了最糟糕的保险资产，它就不可能找到买家了。司法部对这些资产的调查也使得它们无法被出售了。

与此同时，正如前员工所述，监管不力和隐藏的风险导致该公司多年来没有意识到其业绩在不断恶化，因此没有预留出更多的准备金。

通用电气否认了欺诈指控。截至2018年初，该公司为约30万份长期护理保单提供了再保险，约占行业内所有此类保单的4%，这一业务入不敷出。

"我不想说我看到了欺诈行为，"一名通用电气金融服务公司的前员工告诉《华尔街日报》的记者大卫·贝诺伊特（David Benoit），"但确实有太多的问题促使我决定离开，因为我不想在他们整猫腻的时候待在那里。"

据《华尔街日报》报道，这名员工原本是被通用电气请来帮助改善保险业务准备金的管理的，看到该部门的高管随意更改数字和方法后，他离开了。另一名通用电气金融服务公司的前员工表示，2004年金沃斯金融服务公司首次公开发行股票时，许多长期护理保单显然存在问题。

银行家们认为，长期护理保险业务不能被打包剥离给金沃斯。为增加交易的吸引力，通用电气同意承担该业务的一切损失。金沃斯在提交给监管机构的备案文件中也明确指出，长期护理保险业务"没有达到我们的目标收益阈值"，通用电气保留了该业务。

金沃斯最终因自身的长期护理问题遭受了20多亿美元的损失，其他保险公司也为其长期护理保单承担责任，但直到弗兰纳里上任，通用电气才对这一业务做出了调整。

通用电气是否了解正在出现的问题引发了诉讼以及其他问题，很明显，通用电气出售了保险业务，但它还保留了一小部分，而且许多投资者、高管和董事都不知情。通用电气为其行为进行了辩护。

在通用电气这样规模庞大的公司里，许多变动细节从未向投资者披露过，因为它们根本不足以对财务绩效产生显著的影响。该公司在2012年的年报中删除了与长期护理保险责任有关的信息，直到五年后才又重新披露。在提交给法院的文件中，通用电气将这一行为描述为"正常的商业决定"，并声称这样的变化并不意味着之前的财务报表具有欺诈性。

杰夫·伊梅尔特和基思·谢林经常说，他们退出保险业的策略很正确。伊梅尔特说，若不是放弃了保险业务，通用电气可能无法平安度过金融危机，他和他的支持者常常以此为例宣扬他对交易时机的精准把握。

但暗示公司没有完全退出保险业的细节开始慢慢地浮出了水面。

2017年初，杰夫·伯恩斯坦开始谈及"残余的保险业务"，这是保险行话，指的是几乎所有保险业务被出售后剩余的部分。他说，这些业务"几乎不会产生收益"。伯恩斯坦提到这些业务时，语气比7月份弗兰纳里刚得知此事时更为严肃。到了10月份，伯恩斯坦告诉投资者，金融服务公司将暂停向通用电气支付现金红利。

杰米·米勒是接替伯恩斯坦的新任CFO，她在11月份召开的战略发布会中提到了保险业务的风险，而且她在这次长达三个小时的令人失望的会议上还发出了一个鲜为人知的警告：投资者以为通用电气在多年前就摆脱了保险业务的阴影，其实不然，这项业务的幽灵导致金融服务公司无法向总部奉上承诺的30亿美元。

就在米勒发出上述警告两个月后，人们发现，保险业务对通用电气的影响要比预想的严重得多，该公司准备了60多亿美元的资金，而根据监管部门的规定，它必须筹集150亿美元才能应对未来的理赔费用。这个数字相当庞大，几乎是通用电气调整后的年度股息的四倍。

/第五十五章/
玩忽职守

没有人把保险业务的问题归咎于弗兰纳里，但他却是那个收拾残局的人。作为现实主义者，他描绘了一幅严峻的画面，他的沮丧之情显而易见。和伊梅尔特一样，他认为自己能力挽狂澜，但事实并非如此。

他描述保险业务时就像一位工程师担心溃坝一样。保险业务损失惨重，但通用电气金融服务公司得到了利润丰厚的飞机租赁业务的"支持"。他对投资者说："我们坚信，通用电气金融服务公司能处理好保险业务问题。"

但这场危机已经使市场对通用电气财务状况的信任荡然无存了。弗兰纳里曾在11月份宣布，他对公司的评估已经涵盖了方方面面，但保险业务问题促使他改变了想法。和许多长期担任通用电气高管的人一样，他对公司有深厚的感情，他在这里工作了大半辈子，他不想拆分它。

在董事会的建议下，他对外表示将继续对各项业务进行审查，包括考虑拆分公司。让他感到难过的是，虽然他谨慎地回避了"拆分"一词，但市场仍从他的讲话中读出了"拆分"的意味。拆分公司的主要部门就意味着现代通用电气的终结。

在公司内部和董事会上，一切问题都被摆在了台面上。保险支出高昂，特里安要求全面审查所有的业务，想办法弥补股东的一些损失。

弗兰纳里一直在忙着灭火，不过他发现有更多的地方着火了。此外，董事会和弗兰纳里之间以及杰米·米勒和弗兰纳里之间的关系也变得紧张起来。

总的来说，在弗兰纳里努力控制损失的过程中，董事们是支持他的。在支持者看来，弗兰纳里推行了正确的举措，尽管行动比预期的要慢一点。他一直在说他需要时间。随着董事会的改革，董事们知道，新加入的三名董事能帮助弗兰纳里解决通用电气管理中和董事会里持续存在的问题。但在换届的过程中，新老董事之间没有什么好感。

毫无疑问，通用电气董事会的权力因CEO兼任董事长而受到了削弱。许多公司仍然坚持这种结构，但它公然违反了公司治理的基本原则。CEO也不应该执掌雇用他的委员会。一些通用电气的董事曾对伊梅尔特的做法提出过质疑，但通常都徒劳无功，有的会遭到惩罚，甚至被扫地出门。

通用电气的董事们大多是被遴选出来的，他们没有全面调查也不了解该董事会的运作模式。另外，通用电气的董事会会议声势浩大，除了18名董事，还有十几人长期列席，议程也安排得很满。事实上，有时候，高管和顾问抬头时会发现，一些董事睡着了。

尽管伊梅尔特说他鼓励大家各抒己见，但与会者往往不敢提出尖锐的问题。一位高管回忆说，在一次会议上，基思·谢林介绍了季度财务状况。电力业务损失惨重，但他没有说明具体是哪里出了问题。谢林做好了接受董事质询的准备，但没有董事问他出了什么问题。

当弗兰纳里想更换董事会成员并缩减董事会规模时，董事会里有六位现任或前任CEO、共同基金巨头先锋集团（Vanguard Group）的前掌门人、纽约大学商学院院长，以及证券交易委员会前主席。17位独立董事每年能拿到价值逾30万美元的现金、股票及其他津贴。在通用电气还在生产家电的时候，这些福利甚至更为优厚：董事们每三年可以获得价值不超过3万美元的通用电气产品。董事为慈善事业捐款时，公司也会拿出相应的金额。董事离职后还可以让通用电气掏出100万美元捐给一家慈善机构。

一些董事承认，他们被伊梅尔特坚定的乐观主义所蛊惑了。他们知道他不是最出色的交易者，但他们知道他工作不容易，作风强硬，而且领导

第五十五章 / Chapter 55

公司多次安然度过了重大的危机。另外，他们喜欢他。

伊梅尔特表示，他尽最大努力让董事们了解了相关信息，而且他还要求董事们前往通用电气的各部门进行实地考察，但他也知道，业务的复杂性限制了董事们的参与。与韦尔奇在任时一样，董事会往往会批准CEO的建议并遵循他的领导。

一些人认为伊梅尔特操纵了董事会，有人私下里说，董事都是他挑出来的，而且他希望董事们能站在他的立场上看待公司事务。还有人担心，董事会并不完全了解通用电气的运作方式，而且伊梅尔特对此心知肚明。和许多兼任董事长的CEO一样，伊梅尔特要确保董事会和他是一条心。

2016年，伊梅尔特与担任了24年通用电气董事的摩根大通前CEO桑迪·沃纳就接班事宜产生了冲突，沃纳随后被排挤出了董事会。沃纳认为通用电气应加快接班速度，而且他理想的接班人选是电力部门的负责人博尔兹，但伊梅尔特不满意博尔兹的表现，他认为必须挤走沃纳才能阻止博尔兹当选。

沃纳在闭门会议上呼吁其他董事讨论更换CEO的问题，结果，董事会站在了伊梅尔特一边，沃纳彻底出局了。通用电气在提交给证券监管机构的文件中指出，沃纳离开是因为任期限制，对背后发生的争执只字未提。

伊梅尔特经常在董事会上就某个问题询问一圈，以确保每个人都有机会对战略决策发表意见，但董事们很少对他提出质疑。在伊梅尔特看来，这是他集思广益和鼓励辩论的明证，但纽联储在监督该公司时看到的是，董事会对董事长的制衡不够。纽联储，包括伊梅尔特的死敌卡罗琳·弗劳利，敦促董事们加强对伊梅尔特的制衡。

与韦尔奇和伊梅尔特一样，弗兰纳里也想把董事会变成自己的地盘，但他不希望董事会只批准他的提议，他希望大家能畅所欲言，积极讨论，这也是他欢迎特里安的埃德·戈登加入董事会的一大原因。

他还请来了一个更小的企业集团丹纳赫公司（Danaher Corp）的前

CEO拉里·卡尔普（Larry Culp）。卡尔普执掌这家以植牙和医疗设备闻名的公司14年，赢得了交易手腕高超、花钱谨慎的美誉。卡尔普任职期间，丹纳赫的股价节节飙升。在赚取了3亿多美元的收入后，卡尔普于52岁时从该公司退休。通用电气的董事开会时偶尔会提到丹纳赫公司，把它作为企业集团高效运作的例子。

卡尔普是马里兰州本地人，身材高大，一头浓密的灰发向两边梳着，有时穿着尺码偏大的西装，说话时带有一丝南方口音，行事沉稳。工业公司的投资者尊重他，但其他行业的人不太了解他，部分原因是他行事比较低调，不喜欢被媒体关注。

在董事会引入卡尔普时，弗兰纳里很清楚这对他的未来可能意味着什么。早在卡尔普4月份加入董事会前，就有一位顾问警告弗兰纳里说：一旦出现差池，卡尔普可能会取代他执掌通用电气。弗兰纳里说他不介意；他需要最优秀的人才来帮他扶正通用电气这艘倾斜的大船。

/ 第五十六章 /
"考虑更大的问题"

5月底,轮到弗兰纳里在电气产品集团会议上发表讲话了。

自伊梅尔特那次不如人意的表现已经过去一年了,所有人的目光都集中在了这位新CEO身上,他们都在想:他是打算实施一项新战略吗?还是将出售重要的资产或者拿出能真正解决金融服务公司问题的方案?

弗兰纳里在通用电气高层中的声誉开始恶化。人们觉得他不够沉着冷静,面对高压时会显得慌乱。一些人批评他有时会情绪失控。许多认识他的人说,以前的他冷静自信,现在的变化令人震惊。

和伊梅尔特一样,弗兰纳里也善于演讲。在2015年1月于佛罗里达州博卡拉顿举办的通用电气全球管理者大会上,他发表了一场精彩的演讲,至今为人津津乐道。这是通用电气领导人的终极社交活动,每年一月份举行,为期三天,只有收到邀请的人才能参加。有时候,演讲者是世界各国的通用电气领导人,被选中发表演讲可是件大事。在韦尔奇时代,准备工作在圣诞节前就开始了,被选中的高管私下里会就演讲内容向韦尔奇征求建议。

2015年的弗兰纳里惊艳了在场的所有人。他在发表演讲时没有使用幻灯片,而只是简单地说了说他认为医疗部门需要什么,包括做错了什么。他镇定自若的风度和气场令现场观众赞叹不已,一时被传为佳话。

三年后,众人发现,担任通用电气的CEO和在博卡拉顿发表演讲是两码事,特别是当所有人都眼巴巴地指望着弗兰纳里来拯救公司时。他的形象完全变了。他变得缺乏自信,有时还会情绪失控。他会在高压之下陷入

"考虑更大的问题" / "Managing in a Broader Sense"

慌乱,而他每次开口发声,公司股价总会应声下跌。

他的手下帮他做了准备,免得又出岔子。他们罗列了许多可能被问到的问题以及恰当的回答。他们还模拟了当天的情形,用各种不同的方式向他提问,以便能随机应变,做出最好的回应。

登台后,充足的准备工作依旧无法掩盖弗兰纳里的陈旧说辞:电力部门面临多年的压力,而集团的重大变革要过一段时间才能显现出效果。

面对追问,弗兰纳里拒绝对2019年的股息做出承诺。他给出了财务专家式的回答。股息反映的是现有业务组合的支付能力,业务组合变化时,股息也可能随之变化。若公司卖掉了一半的业务,它就无法再支付同样的股息了。投资者对此的解读是:股息可能会被再次削减。

弗兰纳里遵循了CEO的一贯套路,即坚守派息承诺,等到实在坚持不了时再说。从某种意义上说,他太直率了。他拒绝在变化无常的情况下做出长期的承诺,从而把自己逼入了困境。他还为近来对公司业务的细致评估进行了辩护。"我们会在考虑周全后朝着更有意义的方向前进,我们不会因外界的压力采取行动,这不是我的行事风格,"他说,"我知道大家希望我加快速度,但我要考虑更大的问题。"

弗兰纳里发表讲话后,通用电气的股价再次下跌了——下跌了7%。

即使人们现在认为,伊梅尔特过于乐观是造成通用电气麻烦的一大原因,但这位前CEO具有较强的沟通能力,他至少能让室内的人平静下来,他能就公司及其管理人员所做的任何事情说出令人信服的理由,比如公司业务遍及全球,得到了世界领导人的赞赏,能解决面临的任何难题等。

伊梅尔特经常感叹他时运不济,必须应对太多的外部灾难,但从他多次的回忆中可以发现一个确凿无疑的事实:通用电气以许多人眼里过时的商业模式经受住了多次风暴,就连韦尔奇的一些密友也在私下里承认,在演讲、处理职场人际关系和应对人群等方面,韦尔奇不如伊梅尔特。

在约翰·弗兰纳里看来,伊梅尔特的行事风格难以被效仿。

/ 第五十七章 /

中途换帅

6月份传来的消息直接戳破了通用电气的神话：其股票被道琼斯工业平均指数（Dow Jones Industrial Average）剔除了。

自1907年以来，通用电气的股票一直是该指数的成分股之一，也是该指数最初涵盖的30种股票之一，现在它被该指数剔除了，这向市场发出了一个明确的信号：通用电气已经不再是美国最重要的公司之一了。取而代之的是连锁药店和药品分销商沃博联（Walgreens Boots Alliance, Inc.），其市值仅为通用电气的一半。

通用电气已然低迷的士气再次遭受重创。被道琼斯指数剔除，意味着员工们效力的不再是美国最负盛名的公司之一了。尽管弗兰纳里知道公司的普通员工会将这一变化视为沉重的打击，但他表现得泰然自若。他知道这样的结果不可避免，不过他认为，道琼斯指数已不像过去那么重要了。

现在，弗兰纳里要考虑更重要的事情。他将在一周后公布一项计划，拟将这家由爱迪生和摩根孕育，由韦尔奇、伊梅尔特及其他前辈打造的公司分拆掉。此时此刻，这位通用电气老将身扛千钧重担，心里五味杂陈。

准备工作进行得如火如荼。投资银行家、危机公关顾问及其他顾问都被请来，为弗兰纳里提供帮助。他拟于6月26日宣布分拆计划。

当天，弗兰纳里公布了很多人期待的分拆计划。根据该计划，公司将剥离医疗部门，出售持有的油田服务公司贝克休斯的股份，削减债务，并精简公司架构。金融服务公司的去留是唯一悬而未决的问题。

弗兰纳里还宣布，公司任命一年前加入董事会的拉里·卡尔普为首席董事，取代共同基金业巨头先锋的前CEO布伦南。卡尔普善于经营企业，特里安等投资方都认为，他是执掌董事会的合适人选。

卡尔普在那个夏季掌控了董事会，他询问新CEO有关电力业务的问题，在董事们面前谴责弗兰纳里对库存水平等基本细节一无所知。实际上，通用电气的业务范围极为广泛，鲜有人认为弗兰纳里应随时掌握这些细节，但卡尔普不这样认为，他在执掌规模小得多的丹纳赫公司时，对各个子公司的情况均了如指掌。他不会让高管们到总部汇报工作，而是会亲自前往子公司，深入车间视察。

弗兰纳里认为，他正在审查之前被掩盖的重大问题，比如如何最好地利用资金。在一些董事会成员看来，卡尔普的批评揭示了一个更大的问题：弗兰纳里缺乏经验，无法一边经营这家公司，一边应对层出不穷的危机。

此时董事会中已经有一批人在考虑换掉他了，他们担心弗兰纳里无法胜任这份工作，而通用电气已经没有犯错的余地了，哪怕一点正常可控的麻烦也可能酿成灾难。整个夏天，随着弗兰纳里优柔寡断的风格的延续，这些董事对他越来越不满。几个月后，当董事会得知电力业务出现新问题时，所有的董事都不支持他了。

弗兰纳里在9月份召开的电话会议上向董事们简要介绍了电力业务问题的根源。电力部门最新生产的重型燃气轮机的叶片出了故障，大型公用事业公司埃克西隆（Exelon）为了维修叶片，不得不关闭其在得克萨斯州的两家发电厂，而通用电气则需要修复已出售的数十台使用了相同叶片的涡轮机。这令深陷困境的电力部门雪上加霜，已经疲软的销售进一步下滑，维修成本上升。公司原本还指望拿这款机器与西门子等竞争对手抗衡。

麻烦还不止于此。通用电气已经无望实现现金流目标，而且还要承担先前收购阿尔斯通等资产导致的200多亿美元的损失。

董事会已经受够了。他们决定让弗兰纳里为最近的一系列坏消息负责。

第五十七章 / Chapter 57

伊梅尔特执掌了通用电气16年，弗兰纳里认为自己也有更多的时间来扭转局面，但当他向董事会寻求支持时，他没有得到一点儿回应。

到那个周末结束时，弗兰纳里已经丢了工作，他只在最高位置上待了14个月，是通用电气历史上任职最短的CEO，取而代之的是卡尔普。

弗兰纳里十分震惊。他曾经告诉董事会，扭转局势需要时间，而且过程是痛苦的。董事们承诺支持他，但他们后来食言了。董事会担心弗兰纳里难以驾驭，其犹豫不决的行事作风会贻误时机。

卡尔普接受了这份工作。在愉快地从丹纳赫公司退休后，他去了哈佛商学院教书，学生们对他的课程都赞不绝口。在被任命为通用电气CEO的当天，他在课堂上向学生们解释了他不再担任教授的原因。

他在通用电气董事会的表现表明，他有可能修复该公司存在的问题。他是非常适合的人选，有14年担任CEO的经验，而且年龄不大，只有55岁。

卡尔普知道这份工作不轻松，是否接受它，甚至是否加入董事会，他都经过了深入的思考。虽然已经退休，但他渴望有机会施展自己的才华，扭转通用电气的局面。再说了，有谁能拒绝拯救通用电气的机会呢？

与弗兰纳里不同，卡尔普很清楚他身处的环境，至少对自己将会遭受的冲击做好了准备。几周后，他大幅削减了通用电气的股息，这样投资者每季度只能获得1美分的象征性股息了。

卡尔普的信誉也比弗兰纳里的高，他有担任CEO的丰富经验，而且因为他是外来人，董事会不会把上一年的烂账算在他头上。尽管卡尔普对弗兰纳里的行事方式感到失望，但他处理问题时采用的方式与弗兰纳里并没有多大的不同。另外，和弗兰纳里一样，他也有拆分公司的打算。当前通用电气饱受调查和诉讼的困扰，人们对它的偿债能力日益缺乏信心了。

卡尔普称，扭转通用电气的困局需要多年的时间，这与弗兰纳里长期以来持有的观点相呼应。弗兰纳里的看法是正确的。

一些严重的问题仍然存在，管理层的变化对它们没有影响。联邦刑事和民事调查人员对公司展开了多项调查，包括电力公司如何修改服务合约以计入更多的短期利润，通用电气金融服务公司如何披露其在长期护理保险的责任，以及阿尔斯通和其他交易的减值。

股东们指责通用电气欺骗了他们，他们在诉讼中举出了电力合同和保险责任等事由，通用电气否认了这些指控。过去，通用电气的信用几乎可与美国政府媲美，所发的债券是市场的宠儿，但现在，评级机构纷纷下调了其债券的评级。

和弗兰纳里一样，每次卡尔普开口说话，公司股价都会下跌。卡尔普11月份接受电视采访时直言，电力部门的危机尚未见底，他拒绝设定新的财务目标。通用电气的股价很快就跌到了7美元以下，这是2008年金融危机爆发以来的头一遭。

股价崩塌得如此彻底，几乎到了跌无可跌的地步。曾带头指出通用电气存在严重问题的摩根大通分析师图萨近期取消了对该公司股票做出的卖出评级，这位最顽固的怀疑分子觉得通用电气已经千疮百孔，但其风险已被充分暴露在了阳光下，公司股价因此回升至了7美元以上，但仅几个月后，图萨就再次发起了攻击，他称投资者让通用电气的股价提前反弹了，他再次敦促客户抛售持有的该公司股票。

连外人都觉得通用电气的股价跌得惨不忍睹了，内部人更是如此了，杰克·韦尔奇、杰夫·伊梅尔特和约翰·弗兰纳里这些对通用电气忠心耿耿的人的心情则更加沉重。许多职务较低的人也承受着同样的痛苦，有的几代人都在通用电气的工厂里做工人，他们仍然相信通用电气的管理及其生产的产品，对他们来说，通用电气永远不会消亡。

20年前，通用电气的市值近6000亿美元，今天，其市值不足之前的十分之一了。无情的历史深深地刺痛了所有通用电气信徒的心。

被解职后，56岁的弗兰纳里与通用电气刻意保持了距离。他和妻子完成了为期六周的公路旅行，这是他一直以来的梦想。在通用电气步步高升

第五十七章 / Chapter 57

的30年里，他始终没找出空闲时间实现这一梦想。他穿行在美国的大地上，而不久前，他还乘坐着公务机巡游在这片土地的上空。弗兰纳里没有急于求成地为他热爱的公司谋划一条更好的路线，对此他并不后悔。

认识他的人说，和许多人一样，弗兰纳里对通用电气的没落深感绝望。他本可以想方设法保全通用电气的各个部门，包括修补电力部门，直到它扭转颓势，而不是直面问题，但是，当弗兰纳里看到通用电气存在的许多问题时，他立即把它们暴露了出来并加以修正。

卡尔普经验更丰富，对通用电气也没有感情上的依恋。当弗兰纳里面临着伊梅尔特不会或不能面临的问题时，外界的很多人都在担心，内部人无法处理它们。弗兰纳里经常说，没有什么是不可冒犯的，但卡尔普不需要做出这样的免责声明。

弗兰纳里发现了严重的问题，他做出的每一个决策都不轻松，动辄会影响成千上万个工作岗位，影响等着派发股息的孤独的退休老人。被解职后他依然确信，不论投资者和董事会多么心急如焚，通用电气的问题终究没有一个快速解决之法。从目前的情形来看，他的判断没有错。

现年62岁的伊梅尔特在硅谷和波士顿两头跑。在硅谷，他加入了一家从事科技业投资的风险投资公司，还进入了初创公司的董事会；在波士顿，他担任医疗软件公司雅典娜健康公司（Athenahealth Inc.）的董事长。他的办公室位于一座由老旧的兵工厂改造的楼房里，那里挤满了科技公司，室内光照充足，现代设施一应俱全，与他在费尔菲尔德的旧公司地堡截然相反。但他为通用电气奔波劳碌了一生，谈到离开时的痛苦经历，他仍然记忆犹新。他觉得自己被误解了，外界对他的解读也不公平。伊梅尔特仍在谈论其他人的失误，仍在为他的做法进行辩解。他的一些支持者认为，他说得太多了。

谈及通用电气时，他的言辞就好像他仍在该公司工作似的。他说他担任CEO时不专制，但他常常会说出"我的董事会"以及"我们"、"我们的"

这些词。他喜欢向人提及这一点：他没有卖掉任何通用电气的股票。他说，股价会涨回来的。

这位前老板把他在通用电气的任期视为一场史诗般的斗争——一场试图解开金融服务公司捆绑的西西弗斯式的努力，这努力一次又一次地遭到目光短浅的投资者和专家的阻挠，还受到了电力业务意外失败的影响，令通用电气的核心陷入了混乱。

伊梅尔特卸任通用电气董事长一年多后表示："将金融服务和工业企业捆绑在一起或许能带来短期的好处，但从长期来看，这是个标新立异的糟点子。"

伊梅尔特承认，他对通用电气的糟糕状况负有一定的责任，但他很快就谈到了他战略的正确性，以及他对如何在复杂和变革时代领导企业前进的理解。

伊梅尔特离任几个月后，随着通用电气股价的持续下滑，《哈佛商业评论》发表了伊梅尔特撰写的文章《我是如何重塑通用电气的》（How I Remade GE）。这篇文章就像胜利演说词，体现了伊梅尔特一贯的风格。他以"全力参与"、"愿意转型"等作为小节的标题，告诉读者们应该如何看待他在通用电气的岁月。他写道："通用电气需要数年时间才能从转型战略中获益。我相信，我移交给下一任的是一家将在21世纪蓬勃发展的公司。"这篇6000多字的文章让几乎所有了解通用电气实情的人都震惊不已。

过去发生的事情没有给伊梅尔特造成困扰，他也适应了不受媒体关注的生活。现在，他又要乘坐商务飞机出行了。伊梅尔特告诉同事们，他对他在通用电气工作时困扰他的媒体毫不介意。他还告诉他们，他正在写一本书，他自己版本的杰夫和通用电气的故事。

到2019年晚些时候，许多通用电气的现任和前任高管们还在等待着联邦政府对其部门会计和业务方法的调查结果。令人不安的阴云仍然笼罩在那些确信自己在管理通用电气账目时没有违反任何规则的人的头上，这些

第五十七章 / Chapter 57

账目仍在美国证券交易委员会和司法部的审查之下。政府从高管那里搜集了大量电子邮件，这在公司内外引起了相当大的恐慌。只有在政府决定开展调查时，公司才着手进行调查。直到那时，公司请了律师，打算专注于新的事业和爱好。

前通用电气电力部门的CEO史蒂夫·博尔兹现于私募股权巨头黑石任职，他基本上从公众的视野里消失了。杰夫·伯恩斯坦在康涅狄格州里奇菲尔德的家里另起炉灶，继续他的风险投资事业。

埃德·戈登仍然是通用电气的董事，他偶尔会公开表态，声称他对卡尔普扭转局面的能力充满信心，对通用电气的发展持乐观态度。尼尔森·佩尔茨在2019年末告诉CNBC的记者，特里安在几年前没有出售其持有的通用电气股票是"犯了大错"。

很多通用电气的前高管们出现在了领英（LinkedIn）平台上，为前同事的新工作或职业变化点赞，也分享相关的工作信息。电力部门的乔·马斯特兰格罗（Joe Mastrangelo）最终去了意大利工作。伯恩斯坦对一位朋友的生意了如指掌，而且当通用电气金融部门的前员工到其他公司工作时，他会向他们表示祝贺。贝丝·康斯托克正在推广她的新书《想象未来》（*Imagine It Forward*），她还出现在了与颠覆、创造力和"变革"力等概念有关的易于理解、但也容易被遗忘的视频中。

约翰·弗兰纳里透露，他被波士顿的一家私募股权公司聘用了，他将从事自己最擅长的工作：做交易、提供咨询，配置资本，直截了当地评估（投资）哪些有效，哪些无效。

一些通用电气的老员工认为，弗兰纳里是个悲剧性人物，他要收拾别人在多年里造成的烂摊子。弗兰纳里对他的朋友说，他仍然确信，对于他发现的严重问题，没有快速解决的办法。

韦尔奇已经上了年纪，与巅峰期的风风火火相比，如今的他行动已有些迟缓。他继续在私下里发泄对他选择的接班人的不满。他说他给自己的表现打A分，给他的接班人打F分。韦尔奇会不可避免地谈及听到的有关公司的最新消息，他对转型的失败、伊梅尔特的回购和支出以及电力部门管理的失败都很愤怒。

韦尔奇怪董事会让伊梅尔特执掌公司太久了。韦尔奇认为，CEO早就该换人了，而且董事会有充分的理由。韦尔奇说："我失望透顶了，我的期望要比这高多了，我以为我做出了最好的选择，结果却不如人意。"

杰克·韦尔奇也说不准公司能否重振往日的雄风，但他希望卡尔普能"打造出一家新的通用电气"。

卡尔普这个外来人肩负着拯救美国一家具有悠久文化和自豪感的卓越公司的重任。他毫不掩饰地表示，他正在改变公司的文化，推行自下而上的管理模式，他要废除以往那种自上而下的不考虑一线需求的模式。他正在推动这个庞大的伞形组织进行变革，让管理者对各自经营的业务更加负责，他还试图让公司摆脱数十年来在季度末编造数据的一贯做法。卡尔普希望在公司内营造"敢于说真话"的氛围，这与弗兰纳里当初推行的举措相似，他们都试图改变伊梅尔特治下的那种"成功剧场"氛围。

在卡尔普的领导下，通用电气出售了运输业务，退出了油气业务，并以210亿美元的价格出售了医疗部门的生物制药业务，他表示，这些举措有助于减轻通用电气的巨额债务负担。在撰写本书时，与通用电气的灵魂人物托马斯·爱迪生关联最大的业务（照明）仍在出售中。

卡尔普的一些做法反映了韦尔奇时代的通用电气文化，当时公司的经营是集中的，精益生产提高了公司的效率。他本人是精益生产这一源自丰田的理念的信奉者。为了团结工人，这位来自外部的CEO常常宣称自己就是一名工人。但即使卡尔普的努力取得了成功，这样的结果也破坏了通用电气最古老、最宝贵的核心原则：它知道如何管理企业，而且它能培养出杰出的管理人才。只是到了最后，当通用电气身处绝境，需要一位管理者来拯救时，它不得不到别处去寻人。

尾声："杰夫是朋友"

在几年的时间里，当我们请与通用电气高层领导关系密切的人，包括在职或离职的员工、银行家和律师、董事和分析师、股东和退休人员，思考和分析公司的变革导致的灾难性后果时，他们常常会说出"杰夫是朋友"这句话。当我们强烈要求他们谈谈公司和计划失败的原因时，即使是对通用电气战略最严厉的批评者也会说："听着，杰夫是朋友。"许多人会反复提及这句话。

这样的声明如同一句"咒语"，令人难以信服，就像政客们在参议院猛然抨击对手的立场前承诺会与对手合作一样。但从某种意义上说，他们说的是事实，杰夫确实是朋友。对生意场上遇到的每一个人，他都会使用销售人员惯用的工具，比如他嘎嘎的笑声，他的嘘寒问暖，他热情的肢体语言。即使是一些强烈反对他的人也认为，他待人非常热情。他也会做些小善事，能说出令人信服的激励语。他记得手下的员工，而且会以意想不到的方式照顾他们。他支持家庭贫困的孩子，会邀请他们到他位于新迦南（New Canaan）的大房子去度周末，还会让他们打几轮高尔夫球。

但他有时候也表现得冷酷无情。2016年夏末，约书亚·雷蒙德（Joshua Raymond）在通用电气的华盛顿总部办公室里收拾东西，准备走人。由于通用电气退出了贷款业务，国会落入共和党手中，前民主党国会工作人员、金融和监管事务专家雷蒙德变得不再被需要了。考虑到自己的工作性质，雷蒙德对这样的结果并没有感到不快。

尾声:"杰夫是朋友" / Epilogue: "Jeff Is a Friend"

一天,伊梅尔特出现在了华盛顿的办公大楼里。当他发现了雷蒙德时,这位CEO从过道径直走了过来,他从公司其他高管的身旁经过,包括公司令人生畏的政府事务部负责人南希·多恩(Nancy Dorn)。

"你怎么还在这里?"这位CEO厉声问道。其他人没敢吱声,雷蒙德皱起眉头回复说:"我还要在这里待两个星期。"

"哦。"杰夫·伊梅尔特粗鲁地回应了一声就走开了。

2017年伊梅尔特离开通用电气几周后,一系列负面的报道和令人尴尬的曝光揭示了导致该公司股票长期下跌的主要问题。有关过去发生的事情的谈论不可避免地转向了指责,伊梅尔特显然是被攻击的目标。他执掌了通用电气16年,不管韦尔奇当年给他留下了什么,他都应该有足够的时间修正问题。

但其他方也难辞其咎,尤其是董事会这个监督CEO的独立团体。董事们声称,自己不知道公司有问题,而且他们从外部顾问那里得到了糟糕的指导,他们不明白公司是如何在一夜之间变差的。一些董事没有相关的业务经验,一些董事开会时昏昏欲睡,许多董事说,我们怎么知道问题出在哪里呢。然而,查明实情本来就是他们的工作,他们应该深究那些没有被完全解决的难题或者提出可能存在的难题。他们的职责是监督管理层,保护投资者免受致命的傲慢带来的伤害。

尽管如此,终极责任人还是伊梅尔特。他是董事长,领导着董事会。毫无疑问,在他任期内,通用电气的规模和复杂性呈指数级增长,这使它变得难以管理,甚至无法管理。一家公司无论规模有多大,其CEO都要负责日常的经营管理。董事长领导董事会,董事会负责监督管理层和CEO。当董事长和CEO是同一个人时,CEO就成了自己的老板。如果董事长按个人好恶重组董事会,随着时间的推移,情况只会变得更加糟糕。简言之,如此多的权力集中于一人之手,而股东的权力又是如此之少,这是极为糟糕的治理。这也是自安然时代以来这种治理结构逐渐从美国公司中消失的

尾声："杰夫是朋友" / Epilogue: "Jeff Is a Friend"

原因之一。

也有很多问题应归咎于通用电气自上而下的组织文化，韦尔奇和众多中层管理者都像伊梅尔特一样利用了这种文化。他们在一个规模庞大、容易隐藏错误的组织中灌输了一种为达目的不择手段的理念和不重视成本的懒散心态。不合理的举措年复一年地被大范围实施，最终造成了严重的后果。实际上，通用电气的规模优势也是其最大的弱点。

若以股价或投资者的严格标准衡量伊梅尔特的表现，那么结果是很差劲的，但这种简单化的评判忽视了他的领导能力、他取得的成功，以及他为了使通用电气更加多样化和创新而付出的努力，以及除了不断上涨的股价之外的其他成就。

伊梅尔特有大胆的设想，但具有讽刺意味的是，他所崇拜的企业领导人显然与通用电气员工崇拜的不一样。他钦佩亚马逊的杰夫·贝佐斯（Jeff Bezos）和联邦快递（FedEx）的弗雷德·史密斯（Fred Smith）等人，这些人都有独特的创意，他们创立公司，促进公司成长和发展，最终超越了竞争对手。他有这样的设想也是可以理解的，因为他为当代最著名的一位CEO工作了18年后才接了班，很多人都把公司的成就归功于他的前任，但把公司的失败视为他的责任。

也有很多人认为伊梅尔特成功地改造了通用电气。他的支持者坚持认为，历史终将展示出伊梅尔特设想的光辉一面。一些人坚称，伊梅尔特辞职时，通用电气已经走上了正确的道路，公司崩溃的原因是他制定的战略被取消了，而不是战略本身。

伊梅尔特的离开让公司里的一些人欢呼雀跃，其他人，包括他最亲密的助手和忠实粉丝，则伤心不已。在伊梅尔特离任后的第二天，公司通讯部获悉，《华尔街日报》新一期的"ahed"专题（该报几十年来一直开设的专题，以轻松的语调讲述头版故事，还可能以温和的语气嘲弄企业领导人）打算讲述伊梅尔特参加公众活动时坚持要求开空调制冷的趣事。《华尔街日

尾声:"杰夫是朋友" / Epilogue: "Jeff Is a Friend"

报》认为,他辞职后,公司员工和观察人士出席活动时不用再穿毛衣了。

伊梅尔特对低温的偏爱实际上是很人性化的,甚至连鄙视他的人也喜欢他这一点,包括一些出席在洛克菲勒30号举办的年度投资者会议的分析师。伊梅尔特的哥哥斯蒂芬也愉快地分享了一些信息,他有一次发现伊梅尔特疯狂地寻找制冷空调,就像他童年时在俄亥俄州南部的家里所做的那样,当时空调是很受欢迎的奢侈品。

《华尔街日报》的文章语调轻松明快,但它却让伊梅尔特的一位支持者大为震怒。

"他是代表公司和我们的国家与国王和世界级领导人一起就坐的人,"时任通用电气首席通讯官的德尔德雷·拉图尔(Deirdre Latour)在致该报记者和编辑的电子邮件中说,"他是个非凡的人,他的司机和保安昨天听到他辞职时都哭了,他平易近人,尊重他人。"

拉图尔宣称,伊梅尔特"从杰克·韦尔奇手里接了个烂摊子"。与新上任的总统的言论相呼应,她声称伊梅尔特"使这家公司再次伟大了起来"。"《华尔街日报》在美国历史上最重要的商业领袖离任第二天就刊载这样的故事令人生厌,"拉图尔写道,"这是可耻的行为。"

但拉图尔的电子邮件"轰炸"失败了,《华尔街日报》如期刊载了伊梅尔特的故事。尽管她为伊梅尔特辩护时情绪显得过于激动,但她说的显然有道理。杰夫·伊梅尔特确实曾与最高领导人一起出席过涉外活动,也确实是"美国商业界举足轻重的人物",仅仅以股价评判通用电气过于简单化了。就像在韦尔奇治下一样,在伊梅尔特治下,通用电气的资产组合也发生了变化,伊梅尔特试图让这家公司再次伟大起来。

拉图尔不希望《华尔街日报》刊载伊梅尔特使用空调的故事,她希望该报能写一写她和通用电气新闻部多年来希望写的故事:全面审视杰夫·伊梅尔特的遗产——他是如何改变公司进而改变美国和世界商业的轨迹的。拉图尔写道:"我认为,首先应该写关于数字和业绩的内容。这是一家商业报刊。不重视这些内容是错误的。"这位女发言人愤怒地抛出了一个看似简单的问题，她认为，若《华尔街日报》想要给这位退休的CEO一个他应得的欢送，那么它就应该回答这个问题："究竟该如何评价伊梅尔特？"

一年多后，通用电气的一位前官员在纽约吃早餐时得知，失去了权力、遭受市场和媒体打击的伊梅尔特把责任推给了德尔德雷·拉图尔。尽管拉图尔在与媒体打交道时可能表现得不太理性，但她是伊梅尔特形象的坚定捍卫者，这位CEO把其垮台归咎于她似乎是奇怪的做法。这位官员提到"杰夫是朋友"时本能地耸了耸肩。他对老板如此随意地把一位助手当替罪羊的做法表示了不满，他说："这听起来很像杰夫的做派。"

尽管如此，伊梅尔特仍然有自己的过人之处。他和前任一样好胜心强、富有激情，只不过他们的表现形式有所不同罢了。

"杰夫是朋友。"他的同事们会这样说。然后，他们会解释他的热情和乐观如何掩盖了他的缺点，如何破坏了通用电气标志性的程序和讨论，解释这位对公司实力最有信心的人的盲点如何损害了公司坚不可摧的形象，并使公司的生存受到威胁。

通用电气的员工发现，他们得解释过去发生的事情，而且还要承担责任。有的人反应很谨慎，有的人怒不可遏，还有的人沉默不语。

有时，捍卫公司做法的努力也变得荒谬可笑起来。在伊梅尔特辞职和弗兰纳里遭解职几个月后，一位前董事为伊梅尔特时代通用电气涉足油气业务的策略进行了辩护。在大多数观察家看来，通用电气的这一举措是在赶时髦，它为自己不了解的业务支付了过高的费用，最后被市场压垮了。尽管这位董事没有为伊梅尔特的行为进行辩护，但他对通用电气董事会没有监督这位CEO的交易这一说法感到很愤怒。

尽管大公司的董事会进行了各种改革，但这类批评在很长的时间里都一直存在。不过，随着企业集团数量的减少，那些与通用电气的业务广度和复杂度不相上下的企业集团越来越需要喜欢剖根究底的明智董事会。尽

尾声："杰夫是朋友" / Epilogue: "Jeff Is a Friend"

管通用电气对其管理层赞不绝口，对其人才培养理念深信不疑，但作为一家大型上市公司，其所面临的经济风险多种多样，如油价、家用电器的时尚潮流以及亚洲大型经济体的航空旅行增长率变化等，它需要一个态度认真且能全面参与公司事务的董事会。

因此，一些人的看法仍然是有道理的。人们普遍认为，伊梅尔特被他的乐观主义害了，而且他无视令人不快的事实——他是个富有远见的傻瓜。人们的这种观念让伊梅尔特大为恼火，通用电气的董事会也是如此，它现在也意识到了自己不讨人喜欢。董事们在自己的职业生涯中积累了风光的头衔，取得了不可否认的成就，他们履历非常丰富，大多数人都很富有，而且几乎所有的公司都认为他们具有非同寻常的商业头脑——尤其是因为他们是通用电气高薪聘请的董事。然而，在他们的监督下，不管是对个人误判还是宏观经济趋势发出什么警告，他们都没有采取任何措施阻止世界上最可靠的工业公司从悬崖上跌落。

多位董事声称，他们仔细审查了通用电气高管的所作所为，他们强调，董事会的成员对公司的各个业务都很了解，甚至对油气业务也很了解。但事后来看，通用电气风风光光地进入了这些业务，最后却又灰溜溜地退出了它们。石油行业巨头康菲（ConocoPhillips）的前CEO、后成为通用电气董事之一的吉姆·穆尔瓦（Jim Mulva）对石油行业及其风险了如指掌，可为什么通用电气会被油价下跌搞得如此狼狈呢？一位董事愤怒地回应说，穆尔瓦对这个行业有敏锐的认识，"他只是耳朵不太好使"。

最后，通用电气过去难以想象的衰退发生了。在伊梅尔特离开后的一年里，1400多亿美元的股票市值蒸发了，损失额是2001年安然公司倒闭时的两倍多，雷曼兄弟的损失与它相比也是小巫见大巫。

公司的迅速崩溃不只让华尔街的大公司遭受了沉重的打击。通用电气的股票长期被数十万普通人持有以备退休之用，大量的通用电气前员工也是如此，他们通过补贴购买计划买入了公司股票。

由于股权激励和股票期权奖励几乎毫无价值了，通用电气的高管也蒙受了重大的损失。尽管他们中的许多人在其职业生涯中获得了丰厚的报酬和津贴，但股价下跌仍然对他们造成了严重的损害。他们乘坐通用电气的喷气式飞机拜访遥远的客户或视察公司，但还有一些人使用它们与家人去度假。高管们的买车费用全部由通用电气支付，韦尔奇最初给大约125名高管这一福利待遇，后来伊梅尔特将享受这一福利的人数增加至了700人（后被约翰·弗兰纳里终止）。

接下来是工资。韦尔奇获得了丰厚的报酬，部分原因是他管理公司有方和股票暴涨，但他也早早锁定了持续到退休后的额外福利，包括通用电气购买的一栋曼哈顿的公寓、公司的飞机、体育比赛和歌剧的门票、鲜花和私人厨师等。韦尔奇本人后来放弃了许多福利，因为他离婚时披露的公司福利信息惹怒了公众，这让公司感到非常尴尬。尽管如此，有人估计，他在通用电气工作时获得的收入超过了10亿美元；2002年《华尔街日报》估计其收入为4.5亿—8亿美元。据该报报道，他在通用电气最后一年的报酬为1.225亿美元。

高管的薪酬很难衡量，因为直到2006年政府才出台了相关的信息披露要求。毫无疑问，杰夫·伊梅尔特也享受了很多额外的福利，包括频繁地使用公务机。与伊梅尔特有关的许多事情都存在争议，比如他享受的福利与他16年来马不停蹄地完成工作时所需要付出的精力是否相匹配。有人说他在公务机上只吃一个鸡肉沙拉三明治；也有人说机组人员必须准备好熟龙虾和牛排以备他选择。其中的一些问题可能永远无法得到解答。

高管薪酬咨询公司Equilar的数据显示，尽管通用电气的股票在伊梅尔特任期内表现不佳，但他获得了丰厚的薪酬，仅在2006—2017年间他就获得了约1.68亿美元的收入。Equilar的数据显示，杰夫·伯恩斯坦在担任CFO的四年里获得了约3700万美元的收入，而基思·谢林在2006—2016年获得了1.08亿美元的收入，这还不包括谢林在韦尔奇在任期间或自1998

年起担任CFO的收入。

在现代企业界，高管们获得巨额薪酬是常见的现象，即便如此，通用电气的高管薪酬仍然令人震惊。"孤寡"的散户们能得到什么呢？通用电气的退休人员能得到什么呢？他们持有的通用电气股票的价值已大幅缩水了，许多人用以养老的股息支票不再以美元计算，而是以美分计算了。

昔日的辉煌已不复存在了。当年有成群结队的应届毕业生来这里申请令人垂涎的实习和工作机会，而他们的父辈、祖辈也曾在通用电气的车间里挥洒过汗水。

一位前高管最近表示，他的女儿找工作时甚至没有考虑过通用电气。"年轻人还会考虑它吗？"他问道。

最后，再回到德尔德雷·拉图尔提出的那个问题：究竟该如何评价杰夫·伊梅尔特？如何评价他的任期、策略和业绩记录？通用电气本身现在对其利益相关者和它曾帮助定义的社会又意味着什么呢？毕竟，许多公司都在出售燃气发电设备或驱动着美国的战斗机飞翔在更开阔的水域上空。

在20世纪末和21世纪的头20年里，通用电气不只制造商品，它还代表了资本主义的精英领导体制，这种体制不仅是资本主义企业获得成功的核心要素，也体现了制定目标、超越目标、获得利润、市场为王的模式。通用电气的经历也说明了一种模糊但受人欢迎的观念：追求公司和个人财富理所应当，但要正直诚实——这也是其他公司或个人应该吸取的教训。

但通用电气也表现出了根深蒂固的傲慢。在伊梅尔特任期内，该公司认为，实现目标的意愿可取代数学计算，即使数十万人的生计，包括投资者、客户和供应商、工人、退休人员及其家人的生计，没有了着落也是如此。通用电气让人联想到这样一种观念：在公司和每股收益2美元目标之间的唯一障碍是动力——仅仅是非常想要得到它。

该公司采用了激进的会计做法、奉行男子汉主义文化、依赖竞争隐喻。甚至在伊梅尔特最坚定的支持者看来，作为一名管理者，他最大的优势是尾声："杰夫是朋友" / Epilogue: "Jeff Is a Friend"

他的进取心和胆量，就如一名足球教练一样。在赛场上，当比分落后时，教练会让队员去拼抢，去铲球。

杰夫·伊梅尔特过去常在讲台上问道，我以前认识的那个人去哪儿了？你们这些人，就是达成目标的渴望没那么强烈。

这曾经是一种鼓舞人心的领导力，但后来不是了。

现实不是铲球手。讲故事不是一种策略。有时候单靠想象力是没有用的。

致谢

没有《华尔街日报》，我们不可能写成此书。2014年，企业分社要派一位从来没有参加过业绩电话会议的记者去报道一家最著名的工业公司的事宜，泰德由此开启了对通用电气的报道生涯。2017年春，托马斯接替了泰德的工作，并在不久之后采访了杰夫·伊梅尔特。10周后，伊梅尔特辞去了通用电气CEO一职。本书主要讲述了那一刻之前的十几年间发生的故事。

《华尔街日报》新闻编辑室的各位同仁充满热情、尽职尽责、乐于合作、珍视诚信。纽约和华盛顿企业分社的同仁给了我们充分的选材自由，打破了故事报道的传统模式。编辑们对通用电气及其员工的故事的信任和认同让我们受益良多。其中最主要的是杰米·海勒（Jamie Heller）、保罗·贝克特（Paul Beckett）、卡伦·潘塞罗（Karen Pensiero）和马特·默里（Matt Murray）。

通用电气的员工，包括离职的员工，是我们最大的信息源，他们提供的信息是对我们假设的最可靠的检验。他们的讲述也提醒我们，这一企业故事里出现的每一分金钱都会对人产生实实在在的影响。通用电气的员工热爱他们的公司，他们始终相信，不管高管层成败如何，公司的精髓都在于它的普通员工。他们渴望公司能够重振雄风。一些人在回忆起挚爱的公司历史上令人失望的时刻时内心很痛楚，尽管如此，他们还是与我们进行了交流，在此向他们致以诚挚的谢意。

致谢 / Acknowledgments

多年来，有无数的人，包括幕后的一大群人，为我们的报道做出了贡献，正是有了他们的帮助，这本书才有可能问世。同事们不断地支持和鼓励我们，做出了很多的贡献，我们无法在此一一列举。在讲述通用电气的故事的过程中，《华尔街日报》的多位记者发挥了至关重要的作用，包括马塞洛·普林斯（Marcelo Prince）、安德鲁·道威尔（Andrew Dowell）、凯特·林堡（Kate Linebaugh）、乔安·S. 卢布林、大卫·贝诺伊特（David Benoit）、来自令人生畏的交易团队的达纳斯·西米卢卡（Danas Cimilluca）和达纳斯·马蒂奥利（Danas Mattioli）以及马修·罗斯（Matthew Rose）。

我们也要感谢提供了关键性支持的其他人，包括：保罗·维格纳（Paul Vigna），他一直在鼓励和指导我们；亚历克斯·马丁（Alex Martin），他指导我们如何讲述故事，还花费数小时与我们分享了他那令人眩晕的词汇；埃里克·卢普弗（Eric Lupfer），他是我们的经纪人，就本书的结构给予了我们明智的建议，而且当我们陷入迷茫时，他一直在为我们加油鼓劲；里克·沃尔夫（Rick Wolff），他是我们的编辑，对本书的故事坚信不疑，帮我们完成了许多体力和脑力工作，而且对于我们提交的稿件，他总是能给予积极的反馈。我们也深深地感谢HMH评论（HMH Editorial）的奥利维亚·巴茨（Olivia Bartz）对本书所做的评论，以及洛伦·伊森伯格（Loren Isenberg）对涉法问题的仔细审核。还要感谢劳拉·布雷迪（Laura Brady）、丽莎·格洛弗（Lisa Glover）、辛迪·巴克（Cindy Buck）和凯蒂·金默尔（Katie Kimmerer）为手稿的制作付出的辛勤努力，也感谢艾玛·戈登就本书的宣传给予的指导。

在寻找素材时，之前负责编辑通用电气文字材料的同事们向我们提供了很多帮助。对于应该把哪些原始的观察材料编写为故事这一问题，安德鲁·道威尔、马塞洛·普林斯和凯特·林堡是决策者，而当故事引起了通用电气公关部的极大愤怒时，他们又成了我们坚定的捍卫者。

致谢 / Acknowledgments

精力充沛的安德鲁公正审慎，遇到挑战时无所畏惧、不屈不挠。他给每一个想法尚不成熟的记者都下达了一个让人又爱又怕的命令："开始写"，而后为了确保故事的理性、深刻和真实，他一路陪伴着我们前行。

马塞洛的耐心、睿智和对我们的信任让我们大受振奋，他对最后期限的精准预估多次拯救了我们。面对压力，他毫不动摇，总是让我们自由地做需要的工作，有他坐镇，我们不会误入歧途。

凯特·林堡此前也报道过通用电气的事宜，对该公司非常了解。她古道热肠，不仅向我们提供了指导，还对一些问题进行了深入的分析。当她认为我们有错时，她会直言不讳地指出来。她的友谊、领导和严格要求值得我们终生铭记。

托马斯：感谢所有助我踏上这条非常规之路的人。首先感谢我的父母和兄弟杰伊一直以来对我的关爱和支持；感谢岳父岳母多年来的扶持。感谢我的妻子弗吉尼亚，她给了我无尽的鼓励和关爱，是我幸福生活的秘诀。我们的孩子玛吉（Maggie）、亨利（Henry）和弗兰妮（Frannie）是我们的生命之光，永远让我保持理智和微笑。

泰德：我的父母和兄弟姐妹们都阅读了本书，感谢他们在所有事情上对我的支持。我在图书馆里一待就是几个小时，幸运的是，我的岳父岳母和岳祖父都还健在，他们帮我承担了许多家庭责任。最重要的是，我要感谢我的妻子安妮（Annie）和儿子卡莱布（Caleb），没有他们的关爱，我不可能安心写作，没有他们的陪伴，我不可能完成本书。